Société
des Bibliophiles Belges,
séant à Mons.

1976

N.º 19 des Publications.

Tiré à 125 exemplaires destinés au commerce.

N.º Cent et Vingt-deux.

Le Secrétaire,
Hipp. Roupell

Le Président,
R. Chalon

VOYAGE
de
GEORGES LENGHERAND,

MAYEUR DE MONS EN HAYNAUT,

A VENISE, ROME, JÉRUSALEM, MONT SINAÏ & LE KAYRE,

— 1485 - 1486 —

avec Introduction, Notes, Glossaire, &c.

PAR LE MARQUIS DE GODEFROY MÉNILGLAISE,

Membre de la Société des Bibliophiles de Mons, de celle des Antiquaires de France, etc.

MONS,

MASQUILLIER & DEQUESNE, Imprimeurs de la Société des Bibliophiles.

M. DCCC. LXI.

INTRODUCTION.

L'Occident qui depuis plus d'un siècle semblait avoir oublié la terre où fut accompli le mystère de la Rédemption, reprend enfin la vieille et pieuse tradition du pèlerinage au tombeau de Jésus-Christ : d'édifiantes caravanes, peu nombreuses encore sans doute, mais choisies, vont maintenant chaque année s'y agenouiller, et remettre en honneur le nom Latin parmi les Orientaux. Un doux intérêt s'attache à leurs narrations, et nous fait comprendre avec quel empressement étaient recueillies celles des pèlerins du moyen-âge. Alors le *saint voyage*, comme on l'appelait, était une grande et hardie entreprise. La navigation était longue, incommode, dangereuse ; les routes de terre et de mer offraient mille périls. Il fallait braver des fatigues et des privations extrêmes, endurer les avanies que prodiguait le musulman superbe, haineux et cupide, se résigner à ne rencontrer ni justice, ni protection dans un pays lointain et infidèle. C'était vraiment suivre la voie douloureuse : beaucoup y succombaient. Mais la foi qui animait nos pères et imprégnait leur vie pour ainsi dire, leur faisait aborder résolument tant d'obstacles. Tous les rangs, toutes les conditions, s'acheminaient en foule aux lieux où vécut et souffrit le Sauveur. Dans la simplicité de cette même foi, à peine s'ils croyaient accomplir un grand acte de dévouement chrétien. Du moins ils ne le font guères valoir dans leurs récits ; ils parlent naturellement et sans étonnement de tout ce qu'ils ont à supporter ; leur émotion est réservée pour les souvenirs religieux qui jaillissent sous leurs pas. Ils n'accordent non plus qu'une attention secondaire aux détails scientifiques et pittoresques. Ne leur demandez que les idées et les habitudes de leur époque ; n'y cherchez point des pages de touriste, ni des dissertations de critique. Ils acceptent les légendes, les traditions établies ; ils enregistrent soigneusement les reliques et les indulgences, but essentiel de leur pérégrination ; ils consignent les renseignements et les avis utiles à ceux qui viendront après eux. De là une certaine uniformité et comme un fonds commun dans la multitude de relations qui nous sont restées, et dont une partie seulement ont été imprimées. Nous ne les passerons point en revue. M. de

Châteaubriand et d'autres l'ont fait, bien mieux que nous ne saurions le faire.

Celle que nous publions aujourd'hui nous a paru mériter d'être distinguée dans le nombre, d'autant qu'elle appartient à une grande époque, la fin du xv.ᵉ siècle. L'auteur tenait un rang dans son pays; ses compagnons de route étaient gens de qualité. Il est doué, sinon d'imagination, au moins d'instruction et de sens, quoiqu'il ne se défende pas de certaines fables; mais elles étaient accréditées alors. Il observe sur sa longue route le pays, les usages, les mœurs, et entre dans des détails souvent intéressants, parfois amusants. Il est exact et naturel, peu occupé d'ailleurs de sa propre personnalité: son accent est celui de la bonne foi. Il a bien vu Venise, en ce temps à l'apogée de sa splendeur, et Rhodes, encore retentissante de l'héroïque défense du Grand-Maître d'Aubusson.

Son itinéraire nous le montre chevauchant à petites journées par la Champagne, la Bourgogne, la Franche-Comté, le canton actuel de Vaud, la rive septentrionale du lac Léman, la vallée du Rhône jusqu'à Martigny. Il trouve en divers lieux la trace des récentes et sanglantes luttes entre Louis XI, Charles-le-Téméraire, les Suisses. Franchissant le S.ᵗ-Bernard avec d'extrêmes difficultés, il traverse le Piémont, le Milanais, le Bressan, le Véronais, et demeure dix-huit jours à Venise, d'où il se rend à Rimini en longeant l'Adriatique; de Rimini, par Urbin et Spolete, à Rome qui ne le retient que six jours. Il remonte à Lorette et Ancône pour regagner Venise, où après une nouvelle halte de dix jours, il s'embarque. Sa galère touche à Zara, Raguse, Corfou, Modon, Candie, Rhodes, Chypre, et le dépose à Jaffa. Sept semaines sont consacrées à la Terre Sainte. Ensuite il s'aventure au pèlerinage du mont Sinaï, si fréquenté jadis, bien abandonné depuis. De là, il va au Caire, y séjourne une semaine, descend le Nil, reprend la mer à Damiette. Une interminable et rude navigation le ramène à Venise. Le voilà de nouveau en selle, se dirigeant obliquement à travers le Trevisan, le Trentin, les montagnes du Tyrol, et atteignant les bords du Rhin, près de Spire. Il suit le cours du grand fleuve jusqu'à Cologne, d'où il rebrousse vers Juliers, Aix-la-Chapelle, Maestricht, et Mons sa patrie, qui le reçoit dans ses murs, le 16 février 1486, après une laborieuse pérégrination accomplie en 372 jours.

Georges Lengherand (que je trouve aussi Lengherant, Lenguerant, Languerant, Langueran, Lengrehant, Lengrant, et même Langer Haen) fut bailli d'Havré pour le noble chapitre de Ste-Waudru, receveur-général du Hainaut, conseiller ordinaire de Philippe-le-Beau roi de Castille et souverain des Pays-Bas, mayeur de la ville de Mons. Il prêta serment en cette dernière qualité le 7 décembre 1477, et il paraît avoir occupé cette charge jusqu'en 1488.

Les comptes de la *massarderie* de Mons constatent que le corps municipal lui alloua deux cents livres « pour l'aidier en son voyage de Jhérusalem, veu les » plaisirs que par cy devant il avoit fait, et faisoit jour- » nellement à la ville. » Le même corps lui offrit au retour trois cannes de vin blanc et autant de claret, et renouvela cette gracieuseté le jour où « pour fêter sa » bien revenue il requist aller disner en son hostel » Messeigneurs Escevins, pensionnaires, clercs, et mas- » sard. » Le vin blanc coûtait onze sols le lot; le claret, neuf sols.

En 1493, Georges Lengherand fit partie d'une députation des États du Hainaut envoyée en Allemagne vers Maximilien roi des Romains « pour lui donner response » de l'aide demandée aux dits États. »

Trois ans plus tard il s'acquittait d'une ambassade en Bourgogne et en France, et au retour recevait un présent de deux cannes de vin, valant 26 sols.

Il mourut en mai 1500; les comptes portent la mention suivante :

« Le jeudi 21.e jour du mois de may 1500, que ce » jour avoient esté Messeigneurs Maïeur et Escevins à » l'obsecque de feu George Lengherant, et à leur re- » tour disnèrent en le maison de le paix, accompagnés

» d'autres du conseil, pensionnaires, massart, clercs
» et sergens à la dite ville, outre ce que des biens
» du dit obsecque l'on servit, cy mis . . 70 s. 6 d. »

Sa femme, Adrienne Ansel ou Ansseau, lui survécut, au moins jusqu'en 1507. Il eut deux filles, Marguerite et Jeanne : l'une d'elles parait avoir été religieuse au couvent de Beaumont. On trouve en 1495 un Echevin nommé Hoste Engherant ; était-ce son fils ? (*)

Les deux frères de S.ᵗ-Genois, compagnons de Lengherand, étaient fils de Simon de S.ᵗ-Genois, maître d'hôtel et chambellan du roi de France Charles VII, prévôt de Tournai en 1455, 1459, 1477, mort en 1494.

Nicolas de S.ᵗ-Genois, seigneur de Clairieu, etc., fut à son tour cinq fois prévôt de Tournai, de 1486 à 1501. En 1500, à la tête des Tournaisiens, il assiégeait la ville de S.ᵗ-Amand dont plus tard il fut gouverneur. Son frère Arnoul, seigneur de la Berlière, etc., qui habitait Ath, paraît avoir vécu jusqu'en 1530. C'est de lui que descend le baron Jules de S.ᵗ-Genois, membre de l'Académie royale de Belgique, connu par une foule de savantes publications.

Le troisième compagnon, Jérôme Dentiers, est certainement Jérôme d'Ennetières, seigneur de Mastine,

---

(*) Nous devons la plupart de ces détails à l'un de nos estimables confrères, M. LACROIX, archiviste de l'État et de la ville, à Mons, que plusieurs fois nous avons utilement consulté.

chevalier du S.ᵗ-Sépulcre, prévôt de Tournai, mort en 1525, dont le grand oncle avait épousé Agnès de S.ᵗ-Genois.

Foppens, dans sa *Bibliotheca Belgica*, mentionne la relation de Lengherand, mais se trompe en disant qu'elle fut imprimée en 1489, in-f.°, fig., sans nom de lieu, sous le titre : « Les saints voyages et pèlerinages » de la saincte cité de Hierusalem, et du mont de » Sinay à Mad.ᵉ Saincte Catharine vierge et martyre. » Cette désignation convient à la traduction française d'une relation qui eut une réelle célébrité, celle de Breidenbach, dit le Doyen de Mayence, lequel visita les lieux saints en 1483 avec Jean comte de Solms et Philippe de Bucken, chevalier. Elle parut d'abord en latin à Mayence, l'an 1486, puis en français, avec les mêmes planches, l'an 1489, sans nom de lieu. On lit à la fin : « cy finit les saints voyages et pèlerinages de la saincte » cité de Hierusalem et du mont de Sinay à Madame » saincte Katherine, vierge et martyre.... imprimés le » xvııı jour de feurier l'an mil CCCC L XXXIX. »

C'est bien à la Société des Bibliophiles Belges, séant à Mons, que l'ancien mayeur de cette ville devra pour la première fois les honneurs de l'impression, sauf quelques pages reproduites par M. Mone dans le recueil allemand, *Anzeiger für Kunde der Teutschen Vorzeit*. 1835. p. 276, in-4.° Elles racontent le trajet de Lengherand à travers l'Allemagne. Sa relation n'avait même eu qu'une notoriété bien restreinte ; car nous n'en connaissons que deux manuscrits, l'un et l'autre petit in-4.°, en papier.

Le premier, qui nous a fourni notre texte, repose dans la bibliothèque de Lille, où il est coté 5, n.° 186. Il est revêtu d'une reliure ancienne, et chiffre 196 feuillets, folio et verso, d'une écriture de la fin du xv.e siècle, nette et correcte. Le savant M. Leglay l'a décrit dans son excellent catalogue raisonné (p. 110). Quoique contemporain, ce n'est point un autographe ; il y a des fautes qui trahissent l'ignorance ou l'étourderie d'un copiste : ainsi l'auteur n'eut pas écrit son propre nom en deux manières différentes dès la première page (Languerand, puis Lengueran). L'orthographe des mots est également variante et incertaine; nous avons seulement corrigé quelques erreurs évidentes, régularisé l'accentuation et la ponctuation.

L'autre manuscrit appartient à la bibliothèque de Valenciennes. Il est relié en veau, coté Q. 5. 9, porte la date de 1548, et a 466 feuillets d'une écriture cursive à longues lignes, du xvi.e siècle. Il contient avec la relation de Lengherand, celles de Jean de Tournay, Valenciennois, aussi pèlerin de Jérusalem en 1487, et d'Eustache de la Fosse, marchand de Tournay, qui visita l'Afrique et l'Espagne en 1479. Lengherand y occupe 130 feuillets. Sur ce manuscrit est inscrit le nom d'un bourgeois de Valenciennes, Louis de la Fontaine, dit Wicart, seigneur de Salmonsart, lequel était parent par alliance de Lengherand, visita lui-même la Palestine, et en revint avec le titre de chevalier du S.ᵗ-Sépulcre. D'Oultreman assure qu'il a rédigé un récit de son voyage; nous ne le connaissons point. C'est probablement pour s'entourer des renseignements nécessaires qu'il forma ce volume, où il prend d'assez grandes libertés avec le texte original, l'abrégeant, le modifiant, quelquefois le retaillant à sa guise, quelquefois lui donnant une tournure plus moderne. Il y introduit ses propres réflexions, et aussi des emprunts faits à d'autres, notamment au Doyen de Mayence. Nous en avons fait usage, mais avec discrétion, tantôt pour corriger une faute évidente du premier manuscrit, tantôt pour combler une lacune ou éclaircir une obscurité. (*)

Nous avons en même temps interrogé plusieurs relations de la même époque, celles entr'autres du susdit Doyen, de Le Huen, de Jacques Lesaige, d'Adorne, de Miribel. Ces deux dernières, non publiées, reposent dans la bibliothèque de Lille. Elles sont rappelées avec

(*) Ce manuscrit a été transcrit par M.ʳ L. Cellier, de Valenciennes, qui nous a fourni cette description, en y joignant de judicieuses remarques.

détail dans le catalogue raisonné de M. Leglay, et dans l'intéressant volume, *les Voyageurs Belges,* dû à la plume de M. le baron J. de S.ᵗ-Genois.

L'itinéraire de Lengherand nomme une multitude de lieux, ce qui lui donne une certaine valeur pour la géographie du xv.ᵉ siècle ; il méritait donc un index topographique. Nous n'avons pas la prétention de les avoir retrouvés tous, quoique ayant mis à cette vérification minutieuse tout le soin possible.

Notre voyageur était contemporain de Comines. Son français ne vaut certes pas celui du célèbre historien. Mais il sera étudié avec quelque intérêt comme constatant le langage de la classe aisée en Hainaut à cette époque. On y remarquera des expressions particulières au terroir : il en est qui manquent dans tous les glossaires. Nous avons pensé qu'il ne serait pas inutile de joindre un glossaire spécial, afin d'épargner des recherches au lecteur. Le même motif nous a guidé pour nos annotations.

Nous n'avons point compris dans le glossaire les mots encore usités dont la forme est seulement altérée par la prononciation du temps : par exemple, gambe pour jambe, mollin pour moulin, fine pour finit, faillir pour falloir, etc., etc.

Le lecteur rencontrera quelques crudités. Nous les avons laissé subsister. Le vieux français est à cet égard en possession du même privilége que le latin. D'ailleurs notre bon pèlerin s'exprime si simplement qu'il ne pense point à mal, et a droit de honnir qui y penserait.

Suivant un usage qui n'était pas abandonné au xv.ᵉ siècle, Lengherand commence l'année à Pâques. Il ouvre son journal le 9 février 1485; le 26 mars suivant, jour de Pâques, il compte 1486, pour finir le 16 février 1486. Selon notre calendrier on devrait compter du 9 février 1486 au 16 février 1487.

AVIS. Les chiffres arabes que le lecteur rencontrera dans le texte renvoient aux notes. Celles-ci pour ne pas embarrasser la narration, ont été placées séparément à la suite depuis la page 209 jusqu'à la page 245.

Généralement les parenthèses indiquent des mots omis par le copiste, et que le sens invitait à rétablir.

Itinéraire.

			PAGES.
I.	De Mons à Dijon	9 – 19 février 1485.	1 – 6
II.	De Dijon à Lausanne	20 – 24.	6 – 10
III.	De Lausanne au Mont S.t-Bernard	25 – 28.	10 – 16
IV.	Du Mont S.t-Bernard à Verceil	28 – 3 mars.	16 – 20
V.	De Verceil à Milan	4 – 5.	22 – 23
VI.	De Milan à Venise	6 – 11.	24 – 32
VII.	Premier séjour à Venise	12 – 28. 1486.	32 – 48
VIII.	De Venise à Rome	29 mars – 11 avril.	48 – 57
IX.	Séjour à Rome	11 – 16.	57 – 73
X.	De Rome à Venise	17 – 28.	73 – 78
XI.	Second séjour à Venise	28 avril – 7 juin	78 – 85
XII.	De Venise à Rhodes et séjour	8 juin – 15 juillet.	85 – 106
XIII.	De Rhodes à Chypre et Jaffa	15 juillet – 9 août	107 – 113
XIV.	De Jaffa à Jérusalem	10 – 13.	114 – 117
XV.	Premier séjour à Jérusalem	13 – 17.	117 – 134
XVI.	Excursion à Bethléem et au Jourdain	17 – 22.	135 – 141
XVII.	Second séjour à Jérusalem	23 août – 13 sept.	141 – 144
XVIII.	De Jérusalem au Sinaï	13 sept. – 16 oct.	145 – 159
XIX.	Séjour au Sinaï	16 – 19.	159 – 166
XX.	Du Sinaï au Caire, et séjour	20 oct. – 6 nov.	166 – 182
XXI.	Du Caire à Damiette, et séjour	6 – 26.	182 – 188
XXII.	De Damiette à Venise	26 nov. – 4 janv.	188 – 190
XXIII.	De Venise à Trente	10 – 20.	190 – 197
XXIV.	De Trente à Ulm	21 – 30.	198 – 199
XXV.	De Ulm à Cologne	31 janv. – 11 fév.	200 – 203
XXVI.	De Cologne à Mons	12 – 16.	205 – 207

S'ensieuvent les gistes, repaistres et séjours que moy George Languerand ay fait en cuidant aller de prime fache à Romme, avec et en la compaignie de sire Nicolas de Saint Genois et Arnoul son frère et leur serviteur, et Jhéromme Dentiers, filz Jaques; et dudit Romme à Venise, et en Jhérusalem, et Sainte Catherine du Mont de Sinay. Et se joindy avec nous Arnoul Crocquevillain et son serviteur jusques à Milan, &.ª : ainsy et par la manière qui s'enssuit :

Et premiers.

Le jeudy, second jour de karesme, ix.ᵉ jour de février an IIIIˣˣ et cincq, moy George Lengueran party de la ville de Mons en Haynnau à l'intencion de faire les voyages dessusdits, et m'en allay au giste en la ville de Vallenchiennes où l'on compte sept lieuwes. Ouquel lieu je trouvay les dessusdits Nicollas et Arnoul de Sᵗ-Genois, frères, Géromme Dentiers avec le serviteur desdicts de Saint Genois, et aussy ledit Arnoul Crocquevillain et son serviteur; et tous assamblez à l'après soupper, conclusmes de nostre partement et du chemin que avyons à tenir, &.ª

Le lendemain, x.ᵉ jour dudit février, partismes dudit Vallenchiennes tous ensemble après boire, pour le mauvais temps

9 février 1485 (v. st.)
Départ de Mons.

Valenciennes.

10 février.

de gellée qu'il faisoit; et d'un trac allasmes prendre nostre giste au Chastel en Cambrésis, où dudit Vallenchiennes jusques illec l'on compte vii lieuwes.

Chastel en Cambresis.

11 février.
Ghuyze.

Le lendemain samedy partismes du matin dudit Chastel en Cambrésis, et allâmes disner à Ghuyze, où l'on compte cincq grandes lieuwes; et à l'après disner vinmes ce jour au giste à Marle, où dudit Ghuyse jusques illec l'on compte iiii grandes lieuwes.

Marle.

12 février.

Le dimenche ensuivant, xii.ᵉ dudit mois de février, partismes bien matin dudit Marle, et vinmes dyner à Nostre Dame de Lyesse où feysmes dyre la messe; et dudit Marle jusques audit Lyesse, l'on compte iiii lieuwes. Ce jour à l'après dyner parteymes dudit Liesse, et veinmes couchier au Bac à Berry, où l'on compte dudit Liesse vi lieuwes.

Liesse.

Bac à Berry.

Mémore que dudit Marle en venant à Lyesse, nous passâmes parmy la ville de Pierrepont qui aultres foys a esté bonne ville, comme il puelt sembler, et en fort pays de marescaille; et à l'une des portes y a ung grand cailliau qui semble qu'il doit cheoir sur les passans qui passent emprès d'icellui.

Pierrepont.

Aussy assez près de nostre chemin, veymes ung chastel desmoly qui se nomme Montagu (1), qui parcidevant fut ainsy abatu pour cause de la destrousse que le s.ʳ de Commarsy et Jehan de Beauraiges (*) feirent sur Madame Yzabeau de Portugal (2), ducesse de Bourgogne, de ses biens jusques aux bloucquettes de ses soliers, laquelle alloit devers monsgr̅ le duc Phelippes, son mary.

Montagu.
Cause de sa destruction.

13 février.

Le lundy xiii.ᵉ jour dudit février, partismes du matin dudit

(*) Le ms. de Valenciennes écrit Beaurain.

Bac qui est l'entrée de la conté de Champaigne, et après avoir passé l'eauwe sur ledit bac, vinismes oyr la messe à Rains en l'église de Nostre Dame. Nous y dynasmes, et demourames tout le jour pour refaire noz chevaulx qui fort estoyent traveilliez de la gellée. Et y a dudit Bac jusques audit Rains quatre lieuwes. Ladite église de Nostre Dame audit Rains est la plus belle église que je avoye veue à ceste heure et le plus bel portal ; elle est fort sombre, mais il puelt sambler que la cause sy est pour ce que les verrières sont sy fort riches et playnnes d'ouvrages.

RAINS.

Eglise Notre-Dame.

Le mardy, xIIII.ᵉ jour dudit février, nous partismes dudit Rains du matin, et à cause du mauvais temps de gellée alâmes dyner à Mordion le Petit, où il y a dudit Rains jusques illec, v lieuwes. Et ce jour à l'après disner alâmes au giste à Chaallon en Champaigne où il y a aultres cincq lieuwes, &.ᵃ

14 février.

Mordion le Petit.

Chaalon en Champaigne.

Item, Pasquier Bringot, l'oste de Mordion, nous dist qu'il y a telle roye de terre en Champaigne, que de deux lieuwes de loing, et n'en fait une charuwe que quattre royes le jour.

Le mercredy, xv.ᵉ jour dudit febvrier, partismes dudit Chaallon et alâmes repaistre à Lestrée pour cause de la gellée, où il y a cincq lieuwes. Et ce jour après disner au giste à Archies sur Aube appartenant à Mess.ᵉ Phelippe de Poictiers (3), chevalier, et y estoit pour lors en ung chastel y estant non pas de grant extime et très mal retenu. Et à l'entrée dudit Archeyes y avoit tant d'eauwe, qu'il nous failly mener en ung petit botkin, et par ghides faire mener noz chevaulx parmi l'eauwe. Et après nous estans descendus dudit botkin, nous failly tout à piet passer plusieurs ponts et planches, très mauvaix et périlleux passages, par dessus

15 février.

Lestrée.

Archies sur Aube.

l'eauwe, de meme quand les eauwes sont fort grandes comme elles estoyent lors. Et dudit village de Lestrée jusques audit Archies sur Aube a viii liewes, et est encoires de la conté de Champaigne.

16 février.

TROYES.

Cloches du beffroi.

Le jeudi, xvi.ᵉ jour dudit février, nous partimes du matin dudit lieu de Arceyes sur Aube, et d'un train tirâmes au disner à Troyes en Champaigne, et y séjournâmes tout le jour pour refaire nos chevaulx qui, comme dit est, estoient fort traveilliez de la gellée. Audit Troye allâmes voir le beffroy de la ville ouquel a deux cloches, l'une et la première qui peult tenir deux destres en croysie, de ix piez de cloyere ou environ, et de haulteur ix piez et plus, et croy mieulx qu'elle a autant de haulteur que de largeur. Et nous fut dit que quand elle fut premiers faicte, il y eubt que d'estain que de métal fondu xxxᵐ ; mais elle ne poyse à présent que xxiiᵐ ; et le bateau de ladite cloche poise iiiiᶜ xiiˡ de fer, et est icelle cloche fausée et fendue ung petit. Ung peu plus hault par dessus icelle grosse cloche, en y a une aultre beaucop mendre sur laquelle se frapent les entrans en ladite ville de Troyes. Et à mon advis, icelle ville de Troye est une ville fort marchande et de grant passage ; dont dudit Arceyes sur Aube jusques audit Troyes a sept lieuwes ; et passe assez près de Troye la rivière de Saynne. En laquelle ville de Troyes, l'on voit qui voelt aller par la ville grant quantité de tordoirs pour faire huile de noix, lesquelz tordoirs sont assiz ès bouges des maisons de ceulx, et ung cheval tourne la roe continuellement, comme se c'estoit que par eauwe courant ladite roe tournast.

Tordoirs à huile.

17 février.

Bar sur Sayne.

Le vendredy, xvii.ᵉ jour de février, partismes du matin de ladite ville de Troyes et vinmes repaistre à Bar sur Saynne où il y a vii lieuwes et mauvais chemin ; laquelle ville a esté aultresfois murée, et au dessus y a ung chastel, et entens(⁴) que ladite ville et chastel est ducié de Bourgoingne. D'illec partismes après disner, et vinmes couchier à Mussy l'Evesque sur la rivière de Saynne, appartenant à l'évesque de Langres, assez belle petite villette; où dudit Bar sur Saine jusques audit Mussy a iiii lieuwes. Ouquel chemin de Bar sur Saine jusques audit Mussy trouvâmes deux chasteaux sur laditte rivière de Saine ; le premier nommé Polisy, et est à Monsgr̄ D'Eschiennet (⁵); et le deuxième nommé Gyet, présentement appertenant à Monsg.ʳ le mareschal de Gyet de France (⁶), qu'il acquist à Mons.ʳ de Beauchamp, et est chastellenie, et y a trois beaux villages y appendant, et monstre avoir esté grand chose.

Mussy l'Evesque.

Polizy.
Gyet.

Le samedy, xviii.ᵉ jour de février, nous partismes dudit Musy l'Evesque et alâmes repaistre à ung village nommé Zeleduc où il y a ung beau chastel sur la rivière de Saine, ouquel l'on dist que feu Monsg.ʳ le duc Phelippe fut nourry (⁷) en sa jonesse, et y a ung beau parc d'emprès ledit chastel. Dudit Mussy jusques illec, six grosses lieuwes, et passâmes au dehors de la ville de Chastillon sur Saine qui est Bourgoingne, en laquelle y avoit chastel ; mais ladite ville et chastel furent brulez. Dudit Zeleduc après disner vinmes au giste à Sansiau où il y a autres vi lieuwes, et y a assez bon village.

18 février.
Zeleduc.
Chastillon sur Saine.
Sansiau.

Le dimence, xix.ᵉ jour dudit février, partismes du matin dudit village de Sanseau à intencion d'aller oïr messe (comme fut fait) à Saint Saine où il y a une abbeye de noirs moysnes, et eulx et leur église est scituée en forme d'un chasteau ayant pont levich et toutte aultre fermeture servant à chas-

19 février.
Abbaye de S. Saine.

teau. Et avant que l'on entre oudit village de Saint Saine, trouvasmes pluiseurs grans montaignes et vallées; et porta ceste avant disnée trois lieuwes seullement. A l'après disner et après avoir oy la messe, partismes dudit Saint Saine et vinsmes couchier à Digon, duchié de Bourgoingne; et deux lieuwes oultre Saint Saine passames le val de Suzon, et après la montaigne y est assez destroicte. Et assez près dudit Digon, il y a grande quantité de vignobles. Et passâmes entre la ville de Tallent et ung chasteau nommé Fontaines; et puis entrâmes en ladite ville de Digon. Et y a de Saint Saine jusques audit Digon v lieuwes; ouquel lieu il me failly changier mon cheval parce qu'il estoit lâche, mengoit mal aveine, et estoit enclouwé du piet derrière hors montoir.

Le lundy du matin, xx.ᵉ jour de février, allâmes veoir l'église des Chatrois lez Digon qui est très belle églize. Ou coer d'icelle y a trois tombeaux; les deux tous acoustrez et estoffez, et l'autre non. Le premier est le tombeau de Phelippe, filz de Jehan roy de France et de dame Bonne fille du roy de Behagne, duc de Bourgoingne. Le second, le tombeau de Jehan duc de Bourgoingne; et se y gist lez lui dame Marguerite de Baivière sa compaigne. Et le tiers est le tombeau de Phelippe, duc de Bourgoingne, qui moru à Bruges l'an LXVII, et madame Yzabeau de Portugal, sa compaigne, lez lui; qui encoires n'est fait ne mis en estat, mais les deux aultres sont bien riches. Les viaires de Phelippe le Hardy et du duc Phelippe, darrain trespassez, sont en ceste église paints après le vif. La nef d'icelle église est bancquié et painte d'or et d'azur bien richement. Auprès du grand autel y a une chappelle fort riche où les ducs de Bourgoingne ouoyent la messe et y est leur oratoire; et à l'autel d'icelle chappelle, la table est d'argent doret, du trespas de la vierge Marie et les apostres à l'entour, Dieu par dessus qui le rechoit et couronne, et les angeles à l'entour ; fort riche et menu ouvrage. La tabernacle d'icelle table richement paint et bien ouvré. Par dessus icelle chappelle y a une aultre chappelle de l'Annunciation de la vierge Marie, fort belle. En icelle église y a de beaux reliquiaires, et entr'aultres le bras de Nostre Dame (8), comme il nous fut dit, et pluiseurs aultres choses de grande recommandacion (*).

Ce jour à l'après disner, partismes de Digon et vynmes au giste à Auxonne qui est de la conté de Bourgoingne, et est de très forte advenue du costé de Digion. Et auprès de la porte passe l'on la rivière de Sonne, et apparoit que ladite ville avoit esté batue d'artillerie, car la porte estoit à moictié abatue, et à l'un des boutz dudit Auxonne le roy y a fait faire ung fort chastel qui desja est fort advanchié. Et y a dudit Digon jusques audit Auxonne six grosses lieuwes, et mauvaix chemin. *Auxonne.*

Le mardi, xxi.ᵉ jour de février, partismes d'Auxonne du matin et passâmes parmi la ville de Dolle en ladite conté de Bourgoingne, qui monstre avoir esté une belle petitte ville, mais à présent elle est dézollée (9) parce qu'elle a esté brullée et démolie. D'illec tirâmes par les bois de Chault où nous fourvoyâmes, et vinsmes repaistre au village de la Loye où *21 février. Dolle. La Loye.*

(*) Le ms. de Valenciennes ajoute : « Ceste maison fit faire le duc Philippe
» le Hardy, et est grand couvent de xxviii ou xxx religieux, et est leur
» pourpris fort grand et enclos, et est nommée la maison de la Saincte Tri-
» nité ; et au milieu du grand cloistre y a une belle fontaine close à l'entour
» de murailles basses, en laquelle sous l'imaige du crucifix y a aultres grandz
» imaiges. »

dudit Auxonne jusques illec, l'on compte cincq lieuwes ; et dudit lieu de le Loye vinsmes couchier à Chambelée où l'on compte jusques illec deux lieuwes, et passâmes lez Dolle l'eauwe du Douz. Et à l'après disner passâmes la rivière de Laluet, et sy veismes trois chasteaux ; l'un appellé Vauldrey appartenant à Mess.ᵉ Ghuy Dinsy (¹⁰), le second assez près dudit Vauldrey appartenant à Mess.ᵉ Olivier de Vauldré (¹¹), et le III.ᵉ nommé Vadan, appartenant à Mess.ᵉ Phelippe de Poitiers, sg.ʳ d'Arceyes ; et assez près estoit la maison de Mess.ᵉ Phelippe de Vienne (¹²).

Le mercredy, XXII.ᵉ jour de février, partimes du matin de Chambelée et alâmes disner en la ville de Sallins ou comté dudit Bourgoingne où il y a IIII lieuwes grosses, très mauvais et pénible chemin de pierres, montaignes et vallées. En laquelle ville de Sallins veimes la saunière et comment l'on fait le sel qui est une chose de grande nouvelleté et revient à grant demaine pour chascun an, comme l'on nous dist. Laquelle ville de Sallins est scituée entre grans rochiers et montaignes ; et y a trois chasteaux au dessus dudit Sallins, l'un appellé le Chasteau-Belin, lequel est fort démoly, ung aultre nommé Chasteau Gyon qui est à Mons.ʳ de Chasteau Gion (¹³), et ung aultre nommé Chasteau Bracon. Dudit Sallins partismes après disner et vinmes couchier à Levier qui est audit s.ʳ de Chasteau Ghyon, où il y a trois lieuwes dudit Sallins, et passâmes à Villeneufve appartenant audit seigneur de Chasteau Ghyon. Et à deux costez dudit Villenoefve a deux chasteaulx appartenant audit sgr de Chasteau Ghion, l'un nommé Sainte Anne, et l'autre Monmaur ; et passâmes ung bois d'unne lieuwe loing où sont tous sappins, et est ledit bois audit sgr de Chasteau Ghyon ; desquelz sappins l'on fait le feu et maisonne l'en comme l'on fait d'autre bois.

Le jeudy, xxiii.ᵉ jour de février, partismes du matin du village de Levier et vinmes disner à Pontarly, comté de Bourgoingne, où il y a iiii grandes lieuwes, qui a esté ville fermée et est encoires présentement ; mais après la journée de Grantson les Allemans le pillèrent, brullèrent, et démolirent en partie. A l'après disner partismes dudit Pontarly et vinmes couchier à Joingne qui est à Monsg.ʳ de Chasteau Ghyon et de la comté de Bourgoingne, où il y a iii grandes lieuwes et chevauche l'on toujours entre deux roches. A demi lieuwe près dudit Pontarly, l'on treuve ung chasteau sur une grande roche nommé Jou, et est le chasteau que Monsgr̄ Derban rendy au roy (14) moiennant xiiiiᵐ escus qu'il en eubt. Laquelle ville de Joingne qui est la clef de la comté de Bourgoingne de ce costé est fermée et est petitte villette et y a eu ung chasteau, mais les Allemans brullèrent et pillèrent la ville ; et est en merveilleux pays entre roches et montaignes à cincq lieuwes de Grantson, à huit lieuwes de Morat, et à chinc lieuwes de Nazareth (14ᵇⁱˢ).

Le vendredy, xxiiii.ᵉ jour de février, nous partismes du matin de ladite ville de Joingne et allâmes disner à Lassara où il y a bourg et chasteau, et y a iii lieuwes dudit Joingne jusques audit Lassara lequel appartient a Monsg.ʳ de Lassara (15) qui est de l'ostel Monsgr̄ le conte de Romont. Au partir dudit Joingne il y a une grande vallée, laquelle estoit plaine de glache et fort roidde, et à l'avaller, noz chevaulx et nous fûmes en grand dangier de rompre bras ou gambes. Et d'illec jusques la ville de Clere qui est la première ville du pays de Savoye (16) de ce costé, nous failly mener noz chevaulx en main et aller à piet pour les grandes gellées qui y estoient,

Marginalia: 23 février. Pontarly (Pontarlier). Joingne. Château de Jou. 24 février. Lassara. Clere.

car l'on chevaulche entre deux montaignes. Si tost que nous eusmes passé ladite ville de Clere, il nous failly monter à piet une grande roche et mener noz chevaulx en main, laquelle estoit plaine de glache; et nous venus au dessus de ladite montaigne, eusmes très beau chemin jusques audit Lassara. Ce jour à l'après-disner partismes dudit Lassara et venymes couchier en la ville de Lozanne, pays dudit Savoye, où il y a IIII lieuwes dudit Lasarra, et est une très belle ville; fusmes veoir l'église Nostre Dame audit Lozanne, qui est sciutée au plus hault de la ville, et veymes la court et hostel de l'évesque tout près de ladite église. Et assez près dudit hostel et de ladite église, il y a un chasteau qui fut à messire George Menton(17), et présentement appartient par achat à Mess.rs de chappitre de ladite église. De à l'environ de Lassara, l'on voit la ville de Grantson, aussy Neufchastel qui est à Mons.r de Baudeville, mareschal de Bourgoingne(18), et la ville de Verdun. A l'entour de Lozane, à l'un des costez est le lac de Lozanne, lequel, comme l'on dist, contient XVI lieuwes de loing et deux lieuwes de large et plus; et tout du long ledit lac sont grandes roches sur lesquelles les nuées se reposent. Et est ung très bon pays et fertille à l'environ dudit Lozanne; et y avons veu mollins à eauwe qui soyent bois comme font soyeurs d'aix en nostre pays.

Le samedi, xxv.e jour de febvrier, partismes dudit Lozanne après disner et vinmes au giste à Villenove, pays de Savoye, où il y a six grandes lieuwes. A l'avant disner ce jour feymes ferrer nos chevaulx et rembourer leurs selles. Et depuis que nous fusmes party dudit Lozanne jusques à Villeneufve, nous bordoyâmes toujours le lac jusques à ladite Villeneufve, lequel lac commence à Genève et fine à Villeneufve où il y a xvi lieuwes : car de Genève jusques à Lozanne il y a x lieuwes, et dudit Lozanne jusques à Villenoefve vi lieuwes ; sont lesdites xvi lieuwes. Et en venant dudit Lozanne jusques à nostre giste passâmes parmi v villettes qui sont fermées, mais après la journée de Grantson, les Allemans les bruslèrent ; aussy firent ilz Villenoefve. La première villette se nomme Covillie, la seconde Boutrye, la tierche Saint Forin, la quarte Vesvet qui est assez bonne villette et la v.ᵉ Lutore. Et après touttes icelles villes, assez près dudit Villeneufve, y a ung beau chasteau sur le lac nommé le chastel de Chillon, et est à Monsg.ʳ de Savoye ; lequel n'a pas esté brullé comme les aultres villettes.

Le dimence, xxvi.ᵉ jour de février, nous partismes du matin de Villenoeve et vinmes disner en la ville de Saint Maurisse ; et y a iiii grandes lieuwes, et chevaulche l'on tousjours entre grands rochiers et montaignes, et le chemin plain de pierres telles que à grand peine, en la pluspart du chemin, les chevaulx ne peuvent aller le pas. Pendant lequel chemin, après avoir fait deux d'icelles lieuwes, trouvâmes une ville qui se nomme Aille où il y a ung chastel. Et obstant que icelle ville et la ville de S.ᵗ Maurisse soyent playnnement de la duchié de Savoye, sy est il que les Allemans les tiennent pour et ou nom de ceulx de Bernes, et sont par leurs officiers régis et gouvernez. Et tost après que l'on a passé ladite ville d'Aille, l'on treuve trois chasteaulx qui ont esté destruis desdits Allemans, combien que les deux d'iceulx se refont ung petit ; et gaignèrent icelles plaches tost après la journée de Grantson, et y fut Monsgr de Lorraine (¹⁹) avec lesdits Allemans ou Souysses. Enquis pour quoy ces deux villes sont demourées ès mains des Allemans et non pas Lozanne ne les

26 février.
S. MAURISSE.

Aille (Aigle).

aultres cincq petites villettes jusques audit Villeneufve, ont respondu qu'ils ne scevent, se n'est pour ce que la pluspart des aultres villes sont du pays de Vaulx appartenant à Monsg̅r̅ de Romont ([20]) que le duc de Savoye a racheté, et les tient jusques que mondit s̅g̅r̅ de Romont l'en avera rembourssé, aussy à la requeste de Madame de Savoye. Lors à l'entrer en ladite ville de Saint Maurisse lesdits Souisses ou Allemans y ont fait faire ung fort par le costé où y sommes entrez. Et la endroit passâmes par dessus la rivière du Rosne qui est peu de chose la endroit où il y a 1.e arcure de pierre contenant xxxi dextre de loing et de grande haulteur. Et dist on que le diable le fist en une nuyt, mais il fut conjuré; mais après estant confus, demanda pour sa peine ce que premier passeroit dessus, qui lui fut acordé, et ce fut un chat. Pour l'honneur du saint dimence, oymes la messe en l'abbeye Saint Maurisse audit lieu de la ville Saint Maurisse; et après le avoir oye, veymes aucuns reliquiaires, et entre autres le corps de saint Maurisse, l'espée dont il obt la teste trenchié; ung reliquiaire où l'on dist estre une partie de la couronne d'espine de Nostre Seigneur; et ung aultre reliquiaire de saint Martin à la manière d'un pot de chucades ouquel l'on dist que après que saint Maurisse eubt la teste trenchié, il recueilly de son sang sur la terre, et mesmes d'un couteau qui nous fut monstré, il relevoit ledit sang et le mist oudit pot. Et après aucuns lui volrent oster icellui sang, et par miracle ce devint comme une pierre. Aussy nous fut monstré deux aneaux que l'on dist que Mons.r saint Maurisse portoit en son vivant en ses doiz; et pluiseurs aultres reliques nous furent monstrées; et est de l'évesquié de Mons.r de Syon. Après disner, partymes dudit Saint Maurisse et vinmes au giste en ung

Abbaye de S. Maurisse.

Reliques.

village nommé Mertigny où il y a eu ung chasteau (²¹) sur une roche, que pour le présent est démoly. Passâmes ung (lieu) que l'on nomme Pissevache ; et jusques audit Mertigny où il y a trois lieuwes, nous chevauchâmes entre roches et grandes montaignes près l'une des aultres, les plus grandes que encoires j'ay veu. Et s'y voit on pluiseurs beghudes faittes si très haultes sur icelles roches, que je ne congnois guères de gens qui y fussent sceurs, au mains telz que moy. Et jusques ledit Mertigny, obstant que ce soit duchié de Savoye, sy les tiennent les Allemans comme ladite ville de Saint Meurisse dont devant est parlé.

Mertigny.

Le lundy, xxvii.ᵉ jour de février, partismes du matin dudit Mertigny le petit et vinmes disner à Saint Branchier où l'on compte deux lieuwes seullement. Et en nostre chemin, tost après nous widié dudit Mertigny le petit, trouvâmes le grant Mertigny où il y a ung très beau bourg, mais il n'y a point logis de chevaulx pour autant que estions. Il y a xiii ou xiiii ans que par déluge d'eauwe ledit grant Mertigny fut tout destruit, des pierres chéans des montaignes et des eauwes et sablon ; mais à présent est refait. Tost après que fûmes party hors dudit grant Mertigny, nous failly tirer entre deux roches et montaignes comme aultres journées paravant, et sur la rive d'unne eauwe venant desdites montaignes nommée le Rosne (²²), qui est tant estroicte que à grand doubte y passe ung homme de piet en prenant son cheval en main. Et de ladicte estroicte voye jusques à l'eauwe y a merveilleuse profondeur et haulteur pour y perdre homme et cheval ; et si est le regard desdictes roches et montaignes tant hault que c'est chose merveilleuse à regarder ; et que pis est, nous ayant cheminé aucun temps par icelle estroicte voye, nos

27 février.

Difficultés du chemin.

chevaulx en main, trouvâmes glaches venant des eauwes qui descendent des montaignes sy merveilleuses avec l'estroit chemin, que possible n'estoit aux chevaulx de y passer; mais fally envoyer quérir hommes marons de montaignes, pour de leurs haxes rompre la glache, pour les gens et chevaulx passer à sceureté. Et lesdicts gens et chevaulx encoires estans en ce dangier, possible ne leur estoit de tourner leurs chevaulx pour retourner dont ilz estoient venus. A l'après disner partismes dudit lieu de Saint Branchier qui est ung très beau bourg, et vinmes couchier au bourg Saint Pierre où il y a trois lieuwes. Trouvasmes ung très bon village à une lieuwe dudit Saint Branchier nommé Orchilles, et une aultre lieuwe ensuivant trouvâmes encoire ung aultre bon village nommé Allides. Et pour parler du chemin depuis ledit Saint Branchier jusques audit bourg Saint Pierre, ne vous en saroye que escripre, fors que c'est de pis en pis et de destroit en plus grand destroit. Et y avoit lors merveilleusement de nesges; et s'il ne gellast sy fort, ne pourroye croyre qu'il n'y euist encoires fait plus dangereux. Et tout le quartier fait pour ceste journée est de la nature de Saint Maurisse, et les aultres villes et plaches d'illec jusques au giste de ceste journée, comme que ce deveroit estre comme devant est dit au duc de Savoye.

Le mardy, darrain jour de février, partimes du matin dudit bour St Pierre que l'on dist estre le piet de la montaigne St Bernard, à intencion de aller oyr la messe en l'église sur le mont de Mont Jous que l'on dist sur le mont Saint Bernard, comme nous feymes; et y a trois lieuwes dudit bourg Saint Pierre jusques audit mont de Saint Bernard. Or pour parler de la manière de nous pellerins passer iceulx mons, par l'ad-

vis d'aucuns de nostre compaignie qui par pluiseurs foys le **Manière de le franchir.**
avoyent passé, prismes marons qui sont hommes fors et
robustes, pour chascun maron mener ung de noz chevaulx
en main, veu les grandes neges qui y estoient lors, et plus
grandes que passé long temps n'avoient esté veues comme
nous fut dit. Et pour la sceureté de noz corps encoires par
l'advis tel que dessus, prinsmes chascun de nous muletz ou
chevaulx du pays faiz de passer icelles montaignes, pour nous
monter dessus et nous porter jusques audit mont Saint Bernard. Et d'encoste chascun de nous avyons aussy ung maron
à piet pour aydier à conduire lesdis muletz ou chevaulx; et
en ma foy je prie à tous ceulx qui liront ce livret et mémo-
rial après moy qu'ils voellent suppléer, que Dieu ne m'a tant
presté de sens que de savoir mettre par escript les dangiers
et éminenz périlz qui y estoient à l'heure que feymes le chemin; car les enseignes qui sont sur les chemins, de longs
sappins à manière de lanches, estoient presque touttes couvertes de nesges; et alefois les bestes qui nous portoyent y
entroyent si parfont que chevaulx et homme tumboyent en
bas; et sy ne fussent les nesges, il n'y avoit remède que à
jamais n'estoient mors et perdus. Je délairay à parler de
ces grans dangiers, et comment il fault les povres bestes aller
tant près du bord de le haulteur de ces grands roches, et
aultrement pour ce que le chemin est si connus par renom-
mée; mais en ma consience je voel bien dire que où que fus
oncques, je n'eulz si grand paour.

Nous arrivez audit mont St Bernard et après avoir oye
le messe, envoyâmes noz chevaulx par lesdis marons qui
dudit bourg Saint Pierre jusques illec les avoyent amenez,
jusques au bourg Saint Remy. Et nous fûmes par les frères

Reception au couvent. dudit mont Saint Bernard très bien receuz de boire et de mengier, mesme nous feirent mettre la table et faire bon feu en une belle et honneste chambre sans nous mettre ou palle de léans, jasoit que la coustume soit telle que aller oudit palle. Nous avoir prins nostre réfection, obstant que riens ne nous fut demandé, si fut mis argent ou troncq de léans à la descharge de nous trois. Et ce fait, par l'advis comme dessus de ceulx de nostre compaignie qui aultresfois y avoyent esté, chacun de nous prinst deux marons pour lui conduire et le aidier à dévaller la montaigne dudit lieu Saint Bernard jusques audit bourg Saint Remi. Et iceulx deux marons avoyent deux longs bourdons qu'ilz tenoyent en leurs mains, et le pélerin entre eulx deux ou milieu de leurs deux bourdons, et se apoyoit l'on sur ces deux bourdons, qu'ilz tenoyent fermement selon que le cas le requéroit, quand l'on montoit l'un sur ses espaulles, et quand l'on dévaloit pareillement faisoit l'autre. Et pour vérité dire, obstant qu'il me sembloit que possible n'estoit de veoir si grans montaignes et si dangereux et périlleux chemin, touttesfois si me semble il que le chemin dudit mont Saint Bernard jusques audit bourg Saint Remi est encoires plus dangereux que l'autre.

S. Remy. Nous, arrivez audit bourg Saint Remy, noz chevaulx repeuz et nous avoir but ung cop et prins nosdiz (*) marons, partismes dudit bourg Saint Remy où il y avoit deux lieuwes dudit mont Saint Bernard jusques illec, et allâmes couchier

Estroibelet. à ung village nommé Estroibelet, menant noz chevaulx chascun de nous en main ; et y a une lieuwe dudit bourg Saint Remy jusques illec, et en ma foy encoires y faisoit-il très

---

(*) Il faut lire *prins congié de,* ou bien *payé* comme porte le ms. de Valenciennes.

dangereux. Et d'autre part j'ay oublié cy-dessus à mettre par escript que nous estans ou chemin en venant audit mont Saint Bernard, ung vent et nege avec se allèrent lever très grand froid et périlleux, et le craindirent très fort nosdis marons et moy encoires plus; se mon cheval et moy tumbâmes en la nesge, et encoires d'autres. Je m'en passe pour le présent. Avec ce il est que entre le bourg Saint Pierre et le mont Saint Bernard il y a deux lieux (²⁵) ordonnez en fachon d'ospital pour reposer les pellerins, dont l'un sert pour y mettre les pellerins qui en ces lieux terminent vie par mort : et en l'autre, obstant qu'il n'y demeure personne, ceulx dudit mont Saint Bernard, assavoir les frères, y font tous les jours et du bien matin faire du feu, et y font porter pain et vin pour tous pellerins y passans, eulx chauffer, reposer, boire et mengier. Et de l'autre costé, entre ledit mont Saint Bernard et le bourg Saint Remy, y a pareillement ung aultre hospital pour y recevoir les pellerins; mais en icellui hospital il y a gens pour recueillir les pellerins (*). Lieux pour reposer les pèlerins.

Le mercredy, premier jour de mars an IIII^{xx} cincq, partimes du matin dudit lieu d'Estroibelet qui est duchié de Savoye, et allâmes disner en la ville et cité d'Oste. Et au partir dudit village d'Estroibelet, nous failly mener nos chevaulx en main et aller à piet environ deux lieuwes, à cause que les sentes estoient si estroictes et si haultes entre roches et montaignes et par les neges et gellées; et le remanant jusques à ladite ville d'Oste allâmes à cheval. Et en tout, que 1.er mars.
Oste (Aosta).

(*) Le ms. de Valenciennes ajoute ici : « Et sy en montant ou descendant
» on devoioit hors du chemin à deux costez trop approchant les bors quand
» sont couvertz de neige, et que on tombasse ez abismes en bas, on seroit
» mors et perdu à jamais. »

<small>Chastillon.</small>

à piet que à cheval, feismes de trois à IIII lieuwes pour ceste avant disner, et y a assez bonne ville. A l'après disner partimes dudit Hoste, et allâmes couchier à Chastillon ou duchié de Savoye, où il y a six lieuwes. En nostre chemin nous trouvâmes trois villettes bourgades, l'une nommée Villefrance, l'autre Nuisse et la tierche Cambava; et y avoit trois beaux chasteaux dont les deux sont au duc de Savoye et l'autre à ung des seigneurs du pays. Et encoires jusques à présent, c'est pays de la duchié de Savoye, et avons toujours sieuwy une rivière (24) qui va cheoir dedens la rivière du Poth.

<small>2 mars.
Bars.</small>

Le jeudi, IIe jour de mars, nous partimes du matin dudit Chastillon et allâmes dysner en la ville de Bars qui est de la duchié de Savoye, et y a VI lieuwes; trouvasmes en nostre chemin deux villes bourgades : l'une nommée Saint Vincent, l'autre Verachs ; et y a au-dessus de chascune desdictes bourghades ung chastel qui sont au duc de Savoye; et à deux

<small>Mont Jouet.</small>

lieuwes dudit Chastillon passâmes le mont de Mont Jouet qui est très mauvais et de mauvaise descendue, et tous grans cailliaux, tellement qu'il n'est homme qui l'ozast descendre à cheval. Et encoires avons tousjours chevauchié entre roches et montaignes. A l'après disner ce jour partismes de la ville de Bars, et allâmes couchier en la ville d'Yvoryes, duchié de Savoye, où l'on compte du dit IIII lieuwes (du dit Chastillon*)

<small>Particularités de la route.</small>

qui sont bien grandes et mauvais chemin. Et pour en parler, il est que si tost que l'on est widié de ladite ville de Bars l'on treuve à manière d'un bourg, et fault chevaulchier sur une sente haulte au piet des roches et la rivière en bas; laquelle voye est plaine de pierres trop grandes et larges, pour tous-

---

(*) Les trois mots entre parentheses semblent devoir être rayés.

jours ung cheval estre en péril de tumber. Illec trouvàmes roches fort haultes qui semblent estre tailliés au chiseau avec ung pillier qui pour vray a esté taillié au chiseau : n'est guères plus hault que de xii à xiiii piez de hault, et à mon advis n'a esté ainsi fait que pour dire ; vechy choze nouvelle, ou autant à dire, se ce pillier n'estoit les roches tumberoient ; lesquelles sont fort haultes et d'autre sorte que nulles que j'avoye veu paravant. Et pour revenir à la widenghe d'icellui bourg, on treuve une porte de très belle arcure (25), et pour vray elle a esté toutte taillié en plaine roche au chiseau de xvi à xviii piez de large. D'illec trouvàmes en venant audit Yvoric pluiseurs villettes bourgades appartenans au duc de Savoye, car c'est encoires duchié de Savoye, assavoir : Donas, Septowiton, Bourg francq, Monte halte, et en pluiseurs et pluspar desdites bourgatres y a chastiel qui appartient que les villes et pays, audit duc de Savoye. Aussy il y a aucuns chasteaux appertenans au comte de Jordain (26), lequel est de la maison de Bar et parent de la maison de Savoye. Et depuis le bourg Saint Pierre qui est le piet de la montaigne Saint Bernard jusques à ladite ville d'Yvories ne vis train de charriot, aussy il n'y en peult nulz passer. En la dite ville d'Yvories y a ung très beau chastel et belle place devant assiz sur ung hault ou clos de la ville ; et me semble le lieu très beau pour un prince. *Yvories (Yvrée).*

Le vendredy, iii.e jour de mars, nous partismes du matin de la ville d'Yvorie et vinsmes disner en la ville de Saint Germain', et passàmes au dehors des villes de Pyveron, Boulengho (27), Evrea, Roitpos, Cabelias, et Sainte Agatha, qui sont touttes villes fermées de la duchié de Savoye. Et pendant ceste avant-disner veymes pluiseurs chasteaux qui estoyent *3 mars. Saint Germain.*

tant au duc que à aultres sgrs du pays ; et est bon pays et fertille en ce quartier. Et nous failly prendre bulletin pour ce que l'on se moroit en aucunnes des villes dessus dictes, ou aultrement ne fuisions entrez ès aultres villes ensuivans. Et compte l'on de la dite ville d'Ivories jusques audit Saint Germain xvIII milles ; et II milles pour une lieuwe, font IX lieuwes. Ce jour à l'après disner, partismes dudit Saint Germain et allâmes couchier en la ville de Verseilles qui est encoires de la duchié de Savoye, très belle et bonne ville ; et certes à l'entour et en ce quartier ce me semble très beau et fort bon pays et plain, et labeurent leurs terres de beufz. Et compte l'on dudit S.ᵗ Germain jusques audit Verseil vIII milles, sont IIII lieuwes : et là trouvâmes fort beau chemin sans montaignes fors ung peu pierres. Laquelle ville de Verseilles est une belle ville et bien marchande. Et nous illec arrivez, nous fut dit que (³⁸) le pape, les Venissiens, les Genevois et aultres faisoient la guerre au roy Fernande, le duc de Callabre, le duc de Millan et aultres, et que à cause d'icelle, possible ne nous estoit de à sceureté passer pour aller à Romme sans estre en dangier d'estre pilliez et destroussez. Par quoy nous fut conseillié de tirer à Millan et à Venise ; et du dit Venise aller par eauwe le plus près de Romme que faire se porroit ; et à ceste cause laissâmes le droit chemin qui dudit Verseilles maisne à Romme (³⁹).

Verseilles.

Motif pour changer d'itinéraire.

Route directe de Verseilles à Rome.

Assavoir Mortaire ou dudit

Verseilles à	x milles.
Gryspelle	xII milles.
Pavye	x mil.
Chastel Saint Jehan . . .	xIIII mil.
Plaisance	xII mil.

Bourg St Denis	x milles.
Florensolle.	VIII mil.
Palme	XV mil.
Rege	XV mil.
Mode	XIIII mil.
Chastel franc	V mil.
Boullongne.	XV mil.
Planore	VIII mil.
Loyanne	VIII mil.
Florensolle.	XIIII mil.
Sckerperie	X mil.
Florence	XIIII mil.
Saint Boucq	XIIII mil.
Saynne	XVI mil.
Ydossebon	XII mil.
Saint Clerico	VIII mil.
A Quependant	XXIIII mil.
Montflascon	VII mil.
A Boursaine	VIII mil.
A Viterbe	VIII mil.
A Soutres	XII mil.
Torbakanne	X mil.
Romme	XIIII mil.

Item de Romme pour aller à Venise l'on retourne à Torbakanne et aux aultres villes cy devant escriptes jusques à Boullongne. Route de Rome à Venise.

Et de Boullongne à Ferrare . .	XXXII mill.
De Ferrare à Francquelin . . .	III mil.

Et de là l'on monte sur l'eauwe pour aller à Venise et y a IIII[xx] milles.

4 mars. Le samedy, IIII.ᵉ jour de mars, pour les causes devant dictes, partismes de la ville de Verseilles après boyre, à cause qu'il failly ferrer aucuns de noz chevaulx et aller sur le sellier; et d'un train allâmes couchier en ung grand village nommé *Maugentain.* Maugentain, très bon logis. Et compte l'on dudit Verseilles qui est la darraine ville de Savoye de ce quartier jusques audit Maugentain qui est duchié de Millan, XXII milles; et III milles pour la lieuwe, sont VII lieuwes et ung tiers de lieuwe. A deux milles oultre ledit Verseilles trouvâmes une *Bourghe.* ville nommée Bourghe, et y a très beau chasteau, et est la première ville de la duchié de Millan de ce costé. Tost après *Nevorya (Novare).* trouvâmes une aultre ville très bonne qui se nomme Nevorya, et nous failly illec monstrer le bulletin que avions levé à Verseilles et prendre arrière nouveau bulletin; et nous failly payer pour chascun homme et cheval, ung solt de Millan; aussy payâmes nous au widier dudit Verseilles pour le pont, pour chascun homme et cheval, I sixain. Après passâmes la rivière qu'on appelle Tezin, au bac; et nous failly de rechief monstrer nostre bulletin et payer pour chascun homme et cheval, pour passer ledit bac, XV d. dudit Millan. Et tost *Bofalora.* après trouvâmes la ville de Bofalorà qui est de bien petite extime. Nous laissâmes à l'environ de nostre chemin plui- seurs villettes et chasteaux. Et certes depuis led. Verseilles jusques à nostre giste est très bon pays de labeur, de prai- ries, et fort fertille; et y a beaucop de petittes rivières à tra- verser. Et en nostre chemin, j'ay veu ferrer les beufz en travaulx que l'on ferre noz chevaulx en nostre quartier, et ny ay veu charriot que de beufz et vaches, et allefois ung cheval tout devant avec iceulx.

5 mars. Le dimenche, v.ᵉ jour de mars, partimes de Maugentain apprès avoir oy la messe, nous et noz chevaulx desjunez bien longuement à cause du temps de pluye qui s'estoit fait le jour et nuit devant et faisoit à nostre partement sans arrester, et allâmes disner en la ville de Millan où l'on compte xv miles et III miles pour la lieuwe; sont v lieues. Et à l'entrer en la ville nous fut demandé se portions quelque marchandise pour en payer le deu; et de fait regardèrent en aucunes des malletes de nostre compaignie combien que en toutte riens n'y avoit. D'illec vinmes logier à l'ostel de l'enseigne de la Fontaine; ouquel lieu prestement que fumes descendus, allâmes quérir nostre bullette pour tirer oultre devers Venise. Et pendant ce temps aucuns de nostre compaignie estoient allé veoir la ville; et à leur retour, à cause qu'il plouvoit fort et faisoit fort brun, l'on cuidoit qu'il fust bien tardt, parquoy demourâmes au soir ce jour audit Millan. Toutes fois il estoit plus de jour que ne cuidions, et en furent les chevaulx eureux. La ville de Millan est une forte, bonne ville, grande de circuite; de bons et grans hostelz y a beaucop, beau peuple pour hommes, et bien honnestement et grandement habilliez. Et à la veue du monde y a de grans et riches hommes marchans et aultres; mais l'on n'y voit guères de femmes, si non vielles matronnes et les servantes. Nous fûmes en l'église Saint Ambrose audit Millan qui est fort vielle et mal retenue; et en bas desoubz le ceur d'icelle église, l'on dist que saint Ambrose y gist. Et d'autre part parmi la ville il y a beaucop d'églises de religion d'hommes et de femmes, fort bien deservies comme il puelt sembler; mais c'estoit par ung dimence; ne say s'ilz sont ainsi les aultres jours, combien que je tiens que oyl. Avec ce que rapporté nous avoit esté que l'on si moroit; par expérience

en veysmes pendant nostre séjour porter deux corps en terre.
Fut demandé se le duc se tenoit audit Millan, nous fut dit
que non, mais se tenoit à xviii ou xx milles près dudit Millan ; mais Madame de Millan (30), sa mère, se tenoit pour
lors au chastel dudit Milan, qui est fort beau chasteau. Et
nous fut encoires dit que ceste seulle ville de Millan rendoit
en demeine pour chascun jour au duc leur prince mil ducas,
et noef aultres citez à lui appartenans autel somme de mil
ducas par chascun jour. Et en ladicte ville de Millan y a une
très belle églize que l'on dist l'églize Nostre Dame de Millan (31), laquelle églize est toutte neufve, fort riche et belle,
et y euvre l'on chascun jour. Mesmes par dehors icelle église,
y a pluiseurs grans personnages de marbre blancq ; et certes
c'est grant chose d'icelle églize et seroit encoires plus s'elle
estoit toutte parfaicte. Cedit jour après nous estans arrivez
audit Millan, Arnoul Crocquevillain et son serviteur devant
nommé se partirent dudit Millan, et prinrent leur chemin
pour tirer à Plaisance et d'illec à Romme s'ilz povoient passer ;
et nous aultres pour les doubtes de la dessus dicte guerre
prinsmes nostre chemin pour tirer à Venise.

6 mars.

Trevy (Triviglio).

Cassang.

Le lundy, vi.e jour de mars, nous partismes bien matin de
ladicte ville de Millan, après avoir prins une souppe en vin
pour la peste courant audit Millan, et allâmes disner et repaistre noz chevaulx en une villette nommée Trevy, de ladicte
duchié de Millan, où l'on compte xx milles dudit Millan, qui
font six lieuwes et deux tiers de lieuwe. Passâmes la ville de
Cassang où il y a ung très beau chasteau au duc de Millan.
Auquel lieu de Cassang nous passâmes au bac la rivière de
Alle (32), laquelle s'en va cheoir en la rivière Thezin dont
devant est fait mencion, et les deux vont cheoir en la rivière

de Pot. Auquel lieu de Cassang nous failly aller monstrer nostre bulletin au cappitaine du chasteau dudit Cassang, et payâmes pour le passage dudit bac, pour chascun homme à cheval, xv d. monnoic du pays. Et jusques à présent n'ay point veu de pays plus fertile que ce que avons ce jour d'huy et hier passé. Ce jour à l'après disner partismes de la ville de Trévy qui est encoires duchié de Milan, et allâmes couchier en la ville de Martelengo, où il y a du dit Trévy dix milles qui font III lieuwes et ung tiers, et est encoires Lombardie; mais c'est soubz la seignourie des Vénissiens. De trois à quatre milles oultre ledit Trévy, trouvâmes une petite villette fermée qui se nomme Brinquant, et est la darraine ville de ce costé appartenant au duc de Millan. Ung peu oultre icelle ville de Brinquant trouvâmes ung chastel de petite vallue qui est l'entrée de la seignourie desdits Vénissiens après que l'on est widié de la duchié de Millan. Et ung peu oultre on treuve une aultre petite villette qui est auxdits Vénissiens, appellée Coullongne, laquelle n'est point parfrummée ne cloze de muraille; et puis vinsmes audit Martelengo qui est petite villette; laquelle ville, aussy les villes de Coullongne cy devant nommée et Orguart et Romant furent à messire Bertelmieu Couillion qui fut cappitaine desdits Vénissiens. Et pour ce qu'il est trespassé sans hoir, elles sont rentrées par son ordonnance à la table de la seignourie desdits Vénissiens, et y sont ses armes encoires atachiés lez celles de Venise, qui est ung escu dont le dessus par le travers de la moictié de l'escu le champ est de gheulle et deux paires de couillons blans dedans, et l'autre partie de l'escu par le dessoubz le champ d'argent et y ayant deux couillons de gheulles; et à chascun costé dudit escu ayant ung lion de pluiseurs coulleurs tenant

Martelengo.

Brinquant (Brignano).

Couillon, capitaine de Venise.

ledit escu. Avec ce nous fut dit que ledit sire Berthelémi Couillon (³³) donna ausdits s.ʳˢ de Venise avec les IIII villes et chastel dessusdit IIII° mil ducas; mais je croy que les ducas et terres furent prinses, et se fourra l'on dedens tellement quellement.

7 mars.
Cocqualy.Le mardy, VII.ᵉ jour de mars, nous partismes après boire de ladite ville de Martelengho et vinsmes disner à Cocqualy où il y a ung gros chastel; et y a XII milles qui font IIII lieuwes. Passâmes parmi la ville de Pontay où il y a assiz ung chastel bien hault, et nous failly la endroit payer pour homme et pour cheval chascun I sixain du pays. Et veymes pluiseurs villettes et chasteaux en venant nostre chemin, et commenchames arrière à raprocher les montaignes du costé senestre; et est pays de Lombardie et de la seigneurie des Vénissiens. Ce jour à l'après disner nous partismes dudit Cocqualy, et vinsmes couchier en la ville et cité de Bresse qui est ausdits Vénissiens; et compte l'on dudit Cocqualy XII miles qui font IIII lieuwes. Et en cheminant veysmes pluiseurs villes et chasteaux devers le costé desdictes montaignes. A l'entrée en ladicte ville de Bresse nous fut demandé se venions de nulles villes ou plaches suspectes de mortalité; respondymes que non, et demandâmes licence de entrer dedens, ce que l'on nous accorda, veu que leur avions affirmé que ne venions de quelque lieu suspect; et nous feirent conduire en la ville par ung de leurs gens qui nous mena logier à l'ostel à l'estoille d'or. Si tost que fûmes descendus, les aucuns de nous allèrent devers les commis à baillier la bullette pour lui livrer et monstrer noz lettres de pas, lesquelz après avoir veu nosdites lettres, nous baillèrent bullette pour passer oultre, et sans en prendre aucune chose.

Pontay.

Bresse (Brescia).

Aussi nous baillèrent bullette adreschans à nostre hoste pour nous laissier aller. Ce fait, nous trouvâmes parmi la ville tout à nostre plaisir ; et certes c'est une belle, bonne, forte, et grande ville ; y a de grans et notables personnages, de seigneurs, marchans, et aultres. Sur la plache d'icelle ville, comme l'on diroit sur le marchié, il y a édiffices où les s̅g̅r̅s et notables gens se vont pourmener, garnis de painturcs de touttes coulleurs fort riches ; et y a grand commenchement pour y faire par la ville aultres bien sumptueulx édiffices. Allâmes veoir le pallais de ladicte ville qui est grand chose ; aussy veymes le beffroy d'icelle qui est fort puissant, et y a ung très bel cadran ; encoires en y a il ung trop plus beau sur le marchié, et pluiseurs personnages et aultres richesses de paremens allentour. Allâmes encoires veoir la maison où les s̅g̅r̅s de la justice d'icelle ville se tiennent, en laquelle y a très beau lieu et de belles galleries. Veismes pareillement l'ostel de feu messire Bertelmi Couillon qui est le plus beau et le plus riche ostel que j'ay veu en ladicte ville pour ostel de s̅g̅r̅, bourgois, ou marchans. Et sy veymes au surplus tant d'aultres beaux ostelz que c'est très belle chose ; et si sont touttes les maisons playnnes de marchandises ou de gens de mestiers. Il y a beaucop d'églises dont la pluspart sont touttes rondes et volsées par dessus de pierres, tellement que ce semblent tours. Il y a aussy un chastel en ladicte ville sur ung hault, lequel à le veoir par dehors semble bien beau. Et sont desja les brebis tondues en ceste marche pour ceste année ; aussy pluiseurs arbres y sont desja en fleurs comme pronniers, peschiers, cherisiers et aultres. Et y a en ceste marche grand plenté d'oliviers dont l'on fait l'uile d'ollive, et sont vers en tout temps les feulles comme de saulch sallenghes,

Description de la ville de Bresse.

ung peu plus estroictes, plus blanches et plus espesses.

8 mars.

Dezincela.

Le mercredy, viii.ᵉ jour dudit mois de mars, partismes de ladicte ville de Bresse, et vinsmes disner à un gros village nommé Dezincela sur ung beau lac de la seig.ⁱᵉ des Vénissiens, où l'on compte dudit Bresse xviii milles qui font six lieuwes. Passâmes parmi une villette fermée nommée Lolendole; assez près dudit village Dezincella, y a une villette bourgastre et y a ung chastel nommé Revolcela. A l'enthour

Lac de Garde.

dudit lac, qui se appelle de Garde, sont les villes de Terra et Lignart, et à chascune y a chastel; pareillement les villes de Saint Rennon, Garda, Sallo et Barduin avec aultres villettes et chastel. En passant parmi la ville de Lignart qui est ville bourgastre et chastel, passâmes une grande rivière sur ung long pont de bois, et nous failly payer pour chascun homme et cheval deux quattrains, monnoie du pays; et allasmes au giste à ung logis à cinq lieuwes de la ville de Véronne nommé Bellem où l'on compte xvii miles qui font cincq lieuwes et deux tiers de lieuwes: et fumes sy bien logiez que pour la première fois de ce voyage y couchâmes à la paillasse (*).

9 mars.

Tour de le Confine.

VÉRONNE.

Le jeudy, ix.ᵉ jour de mars, partimes du matin dudit lieu de Bellem et vinsmes disner à ung village nommé la Tour de la Confine où l'on compte xxiii miles qui font vii lieuwes et deux tiers de lieuwe, et passâmes parmi la ville de Véronne qui est belle et grande ville; et y a deux chasteaux l'un sur la rivière Dadus (34) qui va cheoir en la rivière du Pocq, lequel est ung très beau chastel et puissant, beaux fossez cuiriez

---

(*) Le ms. de Valenciennes ajoute : « qui est à dire, sur l'estrain, sans avoir rien dessus. »

à l'entour fort haulx, et y a pluiseurs entrées et saillies tant par la rivière comme aultrement. Et l'autre chasteau est sur le plus hault en ladite ville, et nous failly porter nostre bulletin prins à Bresse, prendre ung nouveau, et monstrer nostre lettre de pas. En laquelle plache y a ung très beau pallaix et aultres sumptueulx édiffices où le potestat et seigneurs de la justice besongnent. Et sy y a grand commenchement d'autres édiffices; et est une fort belle et bonne ville. Nous y veismes demoiselles ayans la moictié du visage couvert d'un linge comme de soye; et nous fut dit que celles qui ont la moictié du vizage couvert sont jones demoiselles à marier; et celles ayant tout le visage descouvert sont mariées ou qui ont esté mariées. Assez près de la plache où les seigneurs de la ville tiennent leur vierscare, y a une petite place, et tiens que ce soit terre sainte, en laquelle y a deux sépultures haultes eslevées sur pluiseurs pillers richement atournées d'allebastre, de marbre, et d'aultres riches pierres; et y a pluiseurs personnages de grans magnificence d'angeles et aultres sainctz à l'enthour du tombeau, et sur pluiseurs pilliers à l'entour aultres personnages. Demandé de quoy ce servoit, fut dit que c'estoient les sépultures d'aucuns qui avoient esté s̄grs d'icelle terre parcidevant (35). Sur icelle rivière y a trois grans ponts de pierre chascun de IIII arcures de loing. Nous trouvasmes en nostre chemin de XXX à XL chevaulx et plus, que l'on disoit estre l'ambassade de ceulx de Bresse qui s'en alloit à Venise. En laquelle estoient VI ou VIII personnages pour les chiefz et chascun ayant leur lackay à piet lez lui; et six mulets chargiez armoyez des armes de la ville de Bresse. Et nous fut dit que la cause de le légation estoit pour aller rendre l'obéissance et faire l'ommage de la

Femmes demi voilées.

Ambassade des Bressans

seignourie de Bresse au Douze de Venize(³⁶) que l'on dist à présent le duc, pour ce qu'il en y avoit ung nouvellement fait après le trespas de l'autre. En icelle ville de Véronne, ilz ont leurs pallaix et aultres sumptueulx édiffices bien magnifiquement faiz, et est très bonne et belle ville. Ce jour à l'après disner partismes du lieu de la Tour de le Confine, et vinsmes passer parmi la ville de Vicence, y prinsmes bulletin, et nous failly monstrer nostre lettre de pas, et allâmes couchier hors d'icelle ville comme ès faubourgs; où l'on compte xv miles de ladicte Tour de la Confine, qui font cincq lieuwes. Laquelle ville de Vicence est grande ville, et y a deux frummetures, et est assez belle ville. Sur la plache y a ung très beau pallaix et aultres lieux où se treuvent le potestat et les seigneurs de la ville, et se y a de rechief grand commenchement de nouveaux édifices. Ladicte ville monstre d'estre riche et bien puissante; et semble à la conduicte que j'ay veu qu'elles soyent grandement gouvernées et par gens de grand fachon; car Bresse, Véronne, et Vicence se font et augmentent fort, et seignourieusement sont gouvernées. Les armes de la seign.¹ᵉ dudit Venise sont magnificquement mises et assizes par tous les lieux d'icelle ville où les officiers d'icelle hantent, mesmes sur beffroiz, qadrans, maisons de villes, pallaix, chasteaux et autres lieux.

Le vendredy, x.ᵉ jour de mars, partimes du matin des faubours de ladicte ville de Vicence, et vinsmes disner en la ville de Padua où l'on compte xviii milles qui font six lieuwes; laquelle est une fort grand ville ayant deux frummetez. Et après le disner, nous allâmes monstrer nostre lettre de pas; veysmes le pallais d'icelle ville qui est grand et fort beau, galleries tout à l'entour, et les poyées d'icelles galleries sont de pierres de telles coulleurs comme de jaspre, cassidonnes, albastres et aultres semblables pierres. Et nous fut dit que les bouticles dessoubz et à l'enthour d'icellui pallais vallent par an en demaine à la sg.^te de Padua vi^m. ducas. Il y a pluiseurs aultres riches édiffices appartenant à la ville, dont le tout ne se peult escripre. D'illec allâmes marchander de nous le lendemain mener en bargette par eauwe jusques à Venise; et pour estre subgiectz à nostre heure, nous failly payer pour homme dix marquaix qui font ung merselle combien que de droit ny appartient que . . . . (*) pour homme. Revinsmes par l'église des Cordeliers audit Padua, qui est la plus belle église de Cordeliers que viz oncques, veismes où gist le corps de monsgr sainct Anthoine de Padua où l'on y monte à vii degrez richement acoustrez. Allâmes en icelle église veoir où l'on dist que le corps saint Lucas gist, lequel n'est point canonisié (37). Le ceur d'icelle église est fort beau et le mieulx clos de plus belles pierres que jusques à ceste heure j'ay veu et les plus belles formes; aussi tout le pavement d'icelle église est fort beau et riche. Toutte l'église est par dessus en cincq vaulsures rondes couvertes de plomb bien richement. Et comme dit est, il y a tant de pierres de coulleurs, de jaspres, cassidones, albastres que ce me semble riche chose. La fiertre de Monsgr saint Anthoine est d'argent doré. Au partir d'icelle église, hault sur i pillier, il y a ung grand cheval de cuivre et ung homme tout armé (38) nommé Anthenor qui fut sgr de Padua dessus, ayant ung gros baston en sa main, le cheval ayant la teste dorée, et du piet au monter devant, le cheval marche sur le boullet

Église des Cordeliers.

Statue équestre.

(*) Le mot est en blanc dans le ms.

d'un canon, ledit cheval le mieulx fait que oncques j'en veisse nulz. Il y a tant de beaux et grans hostelz parmi la ville que c'est belle chose, et me semble que c'est plus grand chose de la ville de Padua que de nulles des villes de Bresse, Véronne ne Vicence; et est tout de la seignourie desdicts Venissiens.

11 mars.

Le samedy, xie jour de mars, partismes du matin de la ville de Padua environ six heures, et montâmes sur une bargette, laissant noz chevaulx audit Padua pour eulx reposer, parmi payant pour chascun cheval par jour ayant trois mesures d'avaine, trois gros venissiens; et pour cellui qui les garda, pour son disner et souper, ung marchet. Et arrivasmes ce jour environ trois heures après midy en la ville de Venise, où l'on compte xxv miles qui font viii lieuwes et ung tiers de lieuwe; descendimes environ emmy chemin et desjunnâmes; passâmes sur nostre bargette deux passages où l'en tient l'eauwe, où l'on paye deu, et sur une rivière qui est eauwe doulce, arrivasmes à cincq milles près dudict Venise; et par engien faillit tirer nostre bargette de ceste rivière en la mer. Et prestement nous arrivez audit Venise, allâmes logier à l'ostel Johannes Evrard, lequel est chantre en l'église Saint Marc audit Venise.

VENISE.

12 mars.

Eglise S. Marc.

Le dimence, xiie jour dudit mois de mars, nous estans au séjour en ladicte ville, allâmes oyr messe en l'église Saint Marc laquelle est la plus riche église que je veys oncques; elle n'est point bien grande, mais elle est richement atournée; par le devant sur la plache, il y a cincq portaulx de ce costé dont celui du milieu est le plus grand; l'un des aultres iiii ne se euvre point, et ny a quelque huisserie combien que la vaulsure y soit, et est cely devuers le pallaix.

Par le descure de chascun portal et à l'enthour sont tous personnages tant eslevez (³⁹) que aultres en platte painture d'or et d'asur que l'on dist musaycque; et par le dessus encoires de chascun portal y a encoires vaulsure ainsi atournée que celle de dessoubz. A l'entrer ou cuer l'on monte sept degrés, et y a VIII coullombes qui portent la croix Nostre Seigneur, estant à icelle la vierge Marie, saint Jehan et les XII apostres, six à chascun costé. Au grant autel, y a une fort riche table, comme l'on dist, car encoires je ne l'ay veue; et par le dessus y est l'Annunciacion. Il y a quatro coulombes à l'entour dudit grand autel assez grosses; tout à l'entour d'icelles (sont) entretaillés de petiz personnages; et lesquelles quattre coullombes portent une voulsure richement acoustrée qui ceuvre ledit grand ostel. Tous les pilliers petiz et grans et touttes les pierres d'icelle église, aussy le pavement d'icelle, mesmes les gros pilliers par dehors, sont de sy belle coulleur que ce me semble tout jaspre, cassidonne, ou albastres; et toutte icelle église par le dedans est entièrement acoustrée de toutte painture musaycke telle que le devant aornée d'or et d'asur. Auprès du cuer d'icelle église, hault, y a certaine plache fort richement atournée où l'on chante l'euvangille; et en effect, le tout y est tant riche que je ne le scay comprendre. Au dessus du grant portal de l'entrée de ladicte église, il y a IIII chevaulx de cuivre qui semblent dorez, très bien faiz, sans selle ne bride, fors chascun ayant à manière d'un colier; les deux ayant chascun l'un des piez de devant au monter en l'air, et les deux aultres ayant le semblable des piez hors montoirs, qui furent levez en Constaintinoble comme nous fut dit. Et laquelle église est couverte de plomb, de cincq pommes rondes, belles et riches.

Place S. Marc.   Oultre plus en allant en icelle église, y a une grand plache toutte anvironnée de maisons; laquelle plache est quarrée, et sont touttes les maisons et bouticles à la Seignourie. D'encoste icelle plache en y a une aultre, laquelle est droit devant le pallaiz, et tiennent et vont icelles plaches ensemble. En laquelle II.ᵉ plache, l'on treuve assez près de l'église Saint Marc, deux gros pilliers fort acoustrez de fleurs faictes de la pierre mesme ; et est ladicte pierre fort belle et riche, et sont de XII à XIIII piez long l'un de l'autre, qui furent prins, comme l'on dist, en la ville d'Acre lez Damiette, (⁴⁰) à la conqueste faicte par les Venissiens. D'un aultre costé, vers la mer, il y a deux gros pilliers ronds, gros à merveilles; chascun d'iceulx d'une seulle pierre de grande haulteur merveilleuzement. Et n'euisse jamais cuidié que l'on eust sceu recouvrer de si grande haulteur d'une seulle pierre. Sur l'un d'iceulx deux pilliers est saint Marc, et sur l'autre saint Théodor ayant ung grand et gros serpent soubz ses piez, et ledict saint Théodor tenant en sa main à fachon d'unne lanche et l'espée au costé. Entre lesquelz deux pilliers l'on dist que quand aucunne personne non noble est condempnez à mort, il est mis à exécucion criminelle entre iceulx deux pilliers.

Palais de la Seigneurie.   Regardant tout du loing d'icelle plache, est assiz le pallaiz qui est une chose que ne sçaroie metre par escript par ce que mon sens ne sçauroit comprendre la richesse et grant magnificense dudit pallaiz. Toutesfois, pour en dire quelque chose, il est que du costé de ceste plache il y a par dessoubz XIX grosses coullombes qui supportent la gallerie de dessus qui font XVIII arcures, et entre icelles grosses coullombes par le dessoubz comme dit est et les édifices embas dudit pallais, y a allées grandes pavées richement ; sur ladite gallerie y a xxxvii aultres coullombes mendres que celles de dessoubz quasi à moitié, qui font xxxvi volsures. Entre lesquelles coullombes en y a deux qui semblent estre rouges comme jaspre, entre lesquelles l'on dist que l'on fait l'exécution criminelle des gentilz hommes quand ilz le déservent. Qu'il soit en moy de mettre la ricesse des personnages, ouvrages, ne de quoy les coullombes, pierres ne pavemens sont, certes non ; si m'en déporte. S'il est riche à ce costé, si est-il à tous autres costez, saulf à l'un qui regarde sur unne rue où la mer va au long d'icelle. La court d'icellui pallaiz n'est pas bien grande, et tous édiffices sumptueulx y sont de tous costés. Et encoires à ceste heure l'on en abbatoit aucuns pour ce qu'ilz n'estoient faiz richement assez à leur gré; et pleust à Dieu qu'il en y eust ung tel en nostre pays, affin qu'il ne fust besoing de venir sy loing pour veoir choses qui bien le vallent. Et entre aultres personnages y sont Adam et Eve, les mieulx faiz selon le cas que je veis oncques.

D'autre part parmi la ville de Venise y a pluiseurs lieux que l'on diroit halles, (*) poix et tant d'autres choses que sans extime. A parler des maisons sumptueuses, des richesses de marchandises, des bouticles et de touttes aultres quelzconcques choses, j'ay esté à Paris, à Bruges et à Gand; mais ce n'est riens contre le fait dudit Venise. L'on parle des marchans de Bruges et de la Bourse, c'est tout peu contre ce que j'ay cy veu ès galleries dudit pallais. Je y ay veu ung tableau pour ce fait les armes Collart le Beghin et son nom

Magnificence de la ville.

(*) Le ms. de Valenciennes, qui sans doute répare une lacune, porte : où sont poix, grains, et tant d'autres, etc.

au dessoubz, et son mot qui disoit ainsi : *Je y suis tenu.* Ay aussy veu en escript contre l'une des coullombes d'icelle gallerie Gille Vinchent. Pareillement que oudit pallais, j'ay veu le nom et les armes dudit Collart le Béghin à mon logis où demeure pour l'oste Johannes Evrard, chantre de Saint Marc, et me fut lors dist que ledit Collart le Béghin s'estoit fait faire chevalier au saint Sépulcre de Jhérusalem.

Galères et autres navires. Alâmes veoir (*) ce jour pluiseurs grans bateaux qui me semblèrent merveilleusement grand, lesquelz avoyent chasteau devant et derrière, furnis d'artillerie et d'autres choses nécessaires pour la guerre. Veymes pluiseurs cravelles qui estoient prestes pour tirer vers Cypres, et y devoient mener saudars de par la Sg.^{ie} de Venise, lesquelles estoyent armées ayans leur artillerie, pavais, escus, targes, dars et aultres choses pour ce nécessaires et les penons sur iceulx volletans au vent; et n'eusse jammès cuidié que à l'enthour d'unne seulle ville il fust possible de veoir tant de bateaux sur la mer, grans, moiens, et petiz que je y ay veu. D'illec allâmes veoir la place où se tiennent les Allemans que l'on appelle le fondicle, laquelle ung jour par aultre rend de prouffit à la Sg.^{ie} cent ducas et plus. Et pour ce jour n'en veymes plus;

Dimension des colonnes de S. Marc et S. Théodore. aultrement que mesurâmes la grosseur de deux coulombes portans saint Marc et saint Théodor dont devant est faicte mencion, lesquelles, assavoir cely portant saint Marc et qui est le plus près du pallais et de plus grise coulleur, a de tour huit aunes ou environ, et l'autre portant saint Théodor a de tour (et sy est de coulleur ung peu plus tirant sur le

---

(*) Le ms. porte ce mot: *alamaniés*, qui n'a point de sens. J'ai rétabli la vraie leçon d'après le ms. de Valenciennes.

rouge que jaspre,) ne contient de tour que six aunes demie. Et plus pour ce jour.

Le lundy, xiii.ᵉ jour de mars, nous demourasmes tout le jour en ladicte ville de Venise attendans nouvelles comment nous pourrions aller à sceurté en la ville de Romme; ce que ce jour ne peusmes scavoir.

Le mardy, xiiii.ᵉ jour de mars, nous séjournâmes tout le jour en ladite ville de Venisse sans quelque chose veoir digne d'escripre.

Le mercredy, xv.ᵉ jour dudit mois, nous séjournâmes encoires tout le jour audit Venise, saulf que à l'après disner nous allâmes jouer en bargette en la ville de Morant qui est une ysle assez près dudit Venise. En laquelle ville l'on fait voirres les plus beaux (⁴¹) et les plus riches que je veis oncques, et de touttes sortes, et les ay veu faire en pluiseurs lieux en icelle ville.

Et nous fut affirmé par nostre hoste que audit Venise y avoit lxxii paroisses et lxiiii églises de monastères que de hommes que femmes.

Le jeudy, xvi.ᵉ jour dudit mars, partimes de la ville de Venise sur une barge et vinmes au giste à Padua environ viii heures du soir. Et la cause pourquoy y vinsmes sy tard fut pour ce que trouvâmes que à cause de la pluye qui avoit esté deux jours paravant, les rivières venans devers Padua pour entré en la mer estoient sy rades que ne sçavions trouver manière de passer certains destrois comme en aultre temps il les passoyent jornellement. Avec ce veymes aucunnes dicques estre rompues et les pillotz aller aval l'eauwe entré en la mer si grans que se l'escripvroye aucuns ne le vouldroyent croyre. Nous, arrivez audit Padua, requismes à

13 mars.

14 mars.

15 mars.

Morant.

16 mars.
Excursion à Padoue.

nostre hoste nous adreschier de faire vendre noz chevaulx, lequel s'y employa, Dieu scet comment.

17 mars. Le vendredy, xvii.ᵉ jour de mars, nous séjournâmes tout le jour audit Padua, ouquel jour furent vendus deux chevaulx de la compaignie bien petitement; et Dieu voelle garder chascun d'estre attendant comme sommes tous de widier d'iceulx noz chevaulx à petit et vil pris, pour ce qu'ilz entendent que sommes en dangier et qu'il nous convenoit passer par là.

18 mars. Le samedy, xviii.ᵉ jour de mars, pour vendre noz chevaulx se faire se povoit, séjournâmes tout le jour en la ville de Padua, mais quelque chose que sceuissions faire nous failly donner noz chevaulx pour la moictié mains qu'ilz ne valloyent. Et pour le grand marchié qu'il en falloit faire, les aucuns baillèrent leurs chevaulx à aucuns gentilz hommes du pays pour eulx en aydier à leur plaisir en raison et les rendre au retour de Jhérusalem. Et furent iceulx chevaulx prisiez pour rendre la prisie sy iceulx chevaulx estoient mors à leur cause; mais s'ils estoient mors sans leur cause ilz estoient quittes, et de ce bailloyent leurs lettres. Pendant ce temps

Epaisseur des murailles de Padoue. que guères ne faisièmes, allâmes veoir la muraille de la seconde frummeté d'icelle ville, laquelle est sy puissante et sy large que deux hommes à cheval l'un de costé l'autre y pourmenroyent de front à leur plaisir, et sy seroient encoires couvers à deux costez. Alâmes aussi veoir l'église des Augustins qui est belle et grande; et y a deux grans philozophes y sépulturez bien magnificquement avec pluiseurs aultres choses longtaines à escripre. Encoires en y eubt aucuns de nostre compaignie pour ce qu'il failloit vendre chevaulx à si petit pris qui envoyèrent les leurs en la ville de Mestre à sept lieuwes près de Venise pour en faire prouffit.

 Le dimence jour de Pasques flories, xix.ᵉ de mars, partismes du matin de la ville de Padua après avoir oy la messe et nous meismes en bargette, et arrivâmes (ce) jour en la ville de Venise environ trois heures après midy. Nous arrivez audit Venise, allâmes à l'église Saint Marc à intencion de oyr vespres; trouvasmes que l'on y preschoit, et y estoit le duc de Venise ayant le bonnet du Douze à cochille (⁴¹ ᵇⁱˢ) sur sa teste. Avoit une robe de damas cramoysy, aussy ung grant manteau dessus de parcil damas cramoysi, et estoit son siège aorné d'un drap de velours cramoisy, et son siège plus hault que les aultres environ ung piet; avoit assiz lez luy, ung légat du pape, aussy en ensuivant ledit légat, aucuns ambaxadeurs du roy de Portugal, et pluiseurs aultres. Ledit sermon fait l'on chanta les vespres et complies; et puis ledit duc et les aultres retournèrent au pallais, et d'illec ramenèrent ledit duc en son lieu.

 Le lundy, xx.ᵉ jour dudit mois de mars, feismes dilligence d'enquerre se trouveriemes nulz batcaulx allans à Marke d'Anconne (⁴²) pour d'illec à Romme se faire se povoit; et feismes sy bonne dilligence que à l'après disner trouvasmes ung patron qui disoit estre de la ville d'Anconne mesme, et avoit sa barque preste pour partir ce jour entre six et sept heures du soir; marchandâmes à lui à ung ducat pour nous mener jusques audit Marque d'Anconne. Ce fait, feymes dilligence de nous pourveoir de pain, vin, burre fresch, dades, amandes et oranges, et fismes haster nostre souper. Ledit souper fait, montasmes sur une petitte bargette à tout noz vivres et certains tappis pour couchier dessus et nous

19 mars.

Rentrée à Venise.

Le doge à S. Marc.

20 mars.
Recherche d'une barque pour Ancone.

couvrir, et tirâmes à la barque qui nous devoit mener audit Anconne ; mais nous y arrivez, le patron nous dist qu'il faisoit trop grand vent : et non obstant que euissions grand dézir de tirer pour d'illec aller à Romme, nous retirâmes couchier audit Venise.

21 mars.

Le mardy, xxi.ᵉ jour dudit mois de mars, notre patron dudit Anconne nous envoya dire à six heures du matin que venissions en sa barque laquelle estoit en une isle lez Venise que l'on dist à Saint George, et qu'il se disposoit de faire voille pour chengler audit Anconne. Ce oy, levâmes sus et allâmes oyr la messe, et icelle oye, montâmes sur une petitte barque

Embarquement.

à tout noz vivres et provisions, et entrâmes en ladicte barque environ huit heures du matin ce jour et chenglâmes pour tirer en Anconne. Mais après que eusmes fait voille et cheminé de II à III miles, le vent et la tempeste se levèrent si

Tempête.

grand qu'il convint avaller le voille et ancrer, combien que n'estions encoires en plaine mer, ne hors des rivières que l'on appelle le canal à l'enthour de Venise ; que plus est, ung scippe qui estoit sievant nostre navire estoit si bien atachié à ladicte barque qu'il s'en alloit nagant la mer sans être de riens subgiect à nostre patron ne à personne de la barque. Ce voyant nostre patron gettant de grans clamacions veu le danger où estions, et ne vey aultre remède que de soy despouillier nud et soy getter en l'eauwe et se remettre sur sa chippe qu'il ramena lez la barque ; et sur ladicte schippe il alla à tout cordes atachier nostre barque aux ataches qui estoient du long le canal. Et icelles cordes atachiés, nous failly tirer lesdictes cordes à forche de bras, dont nous avons eu les mains et dois tout escorchiez et plaines de clocquettes ; et en effet fusmes en très grand péril. Et non obstant que durant le temps que fusmes sur la mer devissions avoir fait xx ou xxx milles, ne feismes que trois ou quatre milles, et à grand peine et traveil nous vins (*) saulver contre les murailles de l'église du Saint Esprit qui est une église de religion, comme l'on diroit chanonnes riglez, laquelle est en une isle. Nous illec arrivez, veu le vent et tempeste, nostre patron nous dist qu'il n'estoit besoing de soy ainsy follement avanturer. Par quoy ce jour mesmes, à cause que une bargette apporta pendant qu'estions là aucuns vivres en icelle église venans de Venise, et devoit retourner à wyde, montâmes dessus et y meismes noz provisions; mais en retournant par les canaulx pour gaignier et fendre les waghes à cause que le vent estoit sy grand dont la mer estoit fort tourmentée, nous estans sur nostre dicte barquette les waghes de la mer nous venoyent couvrir d'eauwe, et souvent estoit nostre dicte barquette sy hault que l'on le véoit tout par bas, et puis en descendant l'eauwe entroit dedans; finablement je n'euls oncques sy peur. Nous arrivez de rechief audit Venise, donnasmes partie de noz provisions pour Dieu, et nous conclusmes de servir Dieu ceste peneuze sepmaine, et curer nostre consience, y faire noz Pasques, et recevoir nostre créateur. Et ainsy en regraciant nostre seigneur, sur le soir feysmes collacion. *Retour forcé à Venise.*

Le mercredy de la peneuze sepmaine, xxiie jour de mars, nous demourâmes tout le jour en la ville de Venise, allâmes veoir les églises de saint Franchois où sont frères mineurs, et celle des Augustins que l'on dist l'église saint Estienne. En l'église des frères mineurs y a ung crucefix qui fait de très *22 mars.* *Eglise S. François.*

(*) Il faut sans doute lire, vinsmes.

beaus miracles ; l'église est très belle et grande, ben chantée et beaucop de frères, et sy sont les fourmes très belles. Et y a deux sépultures des ducz de Venise fort riches et sumptueuses ; aussy une d'un docteur fort belle. L'église de saint Estienne où sont les Augustins n'est pas si belle église ne sy grande que celle de saint Franchois, mais si est elle compétamment et bien desservie. Enquismes s'il y avoit nulz religieux prêtres sachans la langhe franchose pour nous oyr en confession et nous baillier nostre créateur ; trouvasmes que non audit saint Franchois, maiz oyl aux Augustins ; et s'y avoit-il aux Carmes.

Eglise S. Estienne.

Recherche d'un confesseur.

23 mars.

Le lendemain joedy absolut, xxiii.ᵉ jour du mois de mars, allâmes en l'église desdits Carmois, trouvâmes ung des religieux de léans, natif de Flandres qui aultreffois avoit bien sceu parler franchois ; mais il y avoit sy longtemps, qu'il l'avoit presque tout oublié. Et à ceste cause nous retirâmes ausdits Augustins où en trouvâmes ung qui compétamment parloit nostre langhe et se disoit de la Rochielle, lequel à la veue du monde n'estoit pas des plus souffissans, et se ne trouvyons mieulx feryons nostre devoir à luy. Et après que aucuns de nostre compaignie le eurent en secret, le trouvèrent assez souffissant homme et bon clerc ; parquoy l'on prinst heure de par luy examiner noz consiences le lendemain après disner. Ce jour au soir environ dix heures en la nuit nous tirâmes en l'église saint Marc ; et tost après vinrent aucuns personnages qui allèrent au lieu que l'on dist le trésor de Venise à tout

Exhibition de reliques à S. Marc.

grand nombre de chierges ardans. Et d'illec les gens de l'église apportèrent pluiseurs reliquiaires, et à tout iceux montèrent en hault en ung lieu à ce ordonné comme il peult sembler et comme aussy nous fut dit. Et tost après monstrèrent à tout le peuple estant en l'église qui en estoit plaine, iceulx reliquiaires, assavoir une couppe de cristal garnie d'or du sang de miracle que ung crucifix getta après que ung ribault demourant à Constantinople qui avoit perdu son argent aux dez le avoit frappé de aucun ferrement pluiseurs cops. J'ay aussy veu ledit crucifix audit saint Marc lequel est en croix en platte painture, et voit-on les cops qui est chose de bien grand miracle. Le feyrent rapporter les Vénissieps dudit Constantinoble, aussy ledit sang de miracle, comme les quatre chevaulx dorez cy devant dont ay fait mencion. Il y avoit aussy aultres reliquiaires, trois ou quattre comme de la croix, et aultrement, mais je n'en sçaroye dire la vérité. Ce veu, retournâmes en nostre logis, et rencontrâmes les s<u>gr</u>s de l'ambaxade du roy de Portugal qui y alloyent.

Le saint vendredy, xxiiii.ᵉ jour de mars, allâmes oyr le service en l'église saint Anthonne où il y a frères habilliez comme sont Chartroux en nostre pays, toutesfois ne le sont-ilz pas. Et la cause pourquoy allâmes là endroit oyr le service fut pour ce que assez près les seigneurs de Venise font faire ung hospital pour logier les povres, et pour lors l'on y povoit gaignier pardons de peine et de coulpe (⁴³). Ce jour à l'après disner nous allâmes tous confesser ausdicts Augustins, entendans aussy y recevoir nostre créateur; mais nostre confesseur nous dist qu'il ne nous ozeroit administrer sans le congié du patriarche; et à ceste cause sur le soir ce jour nous tirâmes devers luy pour avoir la licence; ce qu'il nous acorda et nous en bailla ses lettres par le moyen de messire Melchior Mallquin son chappelain, lequel estoit natif de Haynnau.

Le samedy, xxv.ᵉ jour dudit mars et nuyt de grand Pasques, nous tirâmes du matin ausdits Augustins que l'on

24 mars.

25 mars

appelle l'église saint Estienne, et y oysmes la messe, et sy oysmes le service et prismes heure à nostre confesseur de à demain venir oyr sa messe et chascun de nous recevoir nostre Seig.^{r} à vii heures du matin.

26 mars.

Fête de Pâques à S. Marc.

Le dimence jour de grand Pasques, xxvie jour de mars, an iiii^{xx} six, nous allâmes recevoir nostre créateur aux Augustins en l'église saint Estienne et y oymes la messe; d'illec revinsmes en l'église saint Marc où trouvasmes que l'évêque dudit saint Marc chantoit la messe, et y estoit le duc de Venise richement acoustrez et mess.^{rs} les ambaxadeurs du pape, du roy de Portugal, du roy Ferrant, du duc de Millan et aultres. Sur le grand autel dudit saint Marcq estoient pluiseurs riches joyaulx que l'on avoit tiré hors du trésor de Venise, assavoir le bonnet du duc garny de perles bien gros et grans rubis, et au boult ung gros ballet, le tout de grand extime et valleur. Item xii couronnes touttes chargiés de pierries; xii hault de pièce tous chargiez de semblable orfaverie et pierries. Il y avoit aussy chandeliers d'or sur lesquelz avec les chandelles y avoit picos d'or où l'on mist gros ballés, à l'un cincq et à l'autre quattre pour tant mieulx les veoir treluyre. Aultres deux grans chandelers où avoit à chascun une grosse chandelle. Item ung grand calice hault et puissant pour autant que ung homme en povoit lever à une main. Deux grans encenssoirs, vi grandes croix, une licorne rouge toutte enthière de la haulteur de sept piez ou environ (*); et pluiseurs autres grans ricesses sans y avoir veu ung seul dyamant. Et chascun jour, la dicte église est fort alumée et

(*) Le ms. de Valenciennes ajoute : « ayant au front une vraye corne de licorne de grande valeur. »

tout de chierge de vierge chire fort blanche. Le duc estoit habilliet de une robe de damas cramoysi, ung grand manteau de damas cramoysi dessus à tout ung grand rebras fourré d'ermines et une cornette de drap d'or; lequel duc est desja fort anchien, aussy est la ducesse sa compaigne, et ont de très beaux enfans, filz et filles.

Ce jour à l'après disner, le dit duc revint en l'église saint Marc oyr le sermon; devant lui se portoyent huit grans banières comme l'on diroit en nostre pays confanons, et estoyent comme de drap d'or, saint Marc dedens et aultres armes de la Seignourie, et les portoyent huit hommes. Après y avoit vi loings trompettes d'argent chascune ayant une banière y pendant armoyée des armes du duc; après iiii aultres trompettes à fachon de sacqueboute, les deux d'argent et les deux aultres de letton, chascun ayant sa banière comme dessus. Et sy y avoit trois trompettes de haulx vens comme le contre-teneur et dessus, que touttes sonnoyent. Item enssuivant ung jeusne escuier portant ung chandelier du mains d'argent doret, ouquel avoit une chandelle de blanche chire non allumée. Item devant lui portoit-on encoires ung pavillon de drap d'or bien riche que l'on nomme umbrelle à fachon comme j'ay veu aultres fois en aucunnes églises de nostre pays deseure le grand autel ou deseure les lieux que l'on dit la cibole où se met le *corpus Domini*; et se porte ce sur ung baston doret bien richement fait, lequel baston quand on le liève et tient en hault, icellui pavillon se euvre fort et tout rond par le dessoubz, et quand l'on le rassiet il se reclot tellement qu'il demeure de bien petitte grandeur. Item droit devant la personne dudit duc se porte une platine d'argent doret, le bonnet du duc dessus, qui est si riche de pierries, dont cy devant est mencion faicte. Et

Pompe qui entoure le Doge.

droit derrière ledit duc, l'on portoit une espée dont le fourreau est fort riche. Icellui duc estoit ou millieu des ambassadeurs du pape et du roy de Portingal, gentilz hommes devant lui, et les aultres sgrs de la seignourie syevoyent ledit duc. Aussy se portoit devant ledit duc une chayere dorée à la main senestre et ung coussin de drap d'or à la main dextre. Le sermon fait, icellui duc en tel estat que cy dessus est dit, se party de l'église dudit saint Marc, et s'en alla oyr vespres en l'église saint Zacharias, et après lesdictes vespres oyes, retourna en tel estat à son hostel. En oultre nous fut dit que hier à six heures du soir, en l'église de la Caritade, en ladicte cité de Venise, l'on dist une messe solempnelle en y célébrant le corps de Nostre Seigneur et y faisant tous devoirs appartenans à messe selon le service divin, comme se ce eust esté à six heures du matin. Enquis la cause pourquoy se dist ceste messe à six heures du soir, nous fut respondu qu'il y ot ung pape (44) par ci devant qui fut déchassié de Romme par l'empereur Barberousse, lequel en habit dissimulé se vint rendre avec les religieux de ladicte église de la Caritade et fut grand temps cuisinier de léans. Or advint que par aucun temps, icelluy pape fut recongneu par aucuns hantant en icelle église, et nonchié aux seigneurs dudit Venise, lesquelz y allèrent, et firent venir, sans dire les causes qui les mouvoit à ce, tous les frères et religieux devant eulx, ayant lez eulx celui qui leur avoit nonchié avoir veu le pape. Et noncbstant qu'ilz eussent veu tous les dits religieux, sy ne sçavoyent ilz nouvelle dudit pape; et enfin firent venir les serviteurs où entre les aultres ledit cuisinier vint, et lors fut dit par celui que l'avoit nonchié que c'estoit cely qui estoit pape. Les seigneurs dudit Venise le menèrent au pallaix et interroghèrent, et fut

Messe à six heures du soir, et pourquoi.

Légende sur le pape Alexandre III.

recogneu de chascun. Et finablement les Venissiens le remisrent à Romme en son enthier comme paravant il avoit esté. Et lors, il ordonna et bailla grace de chascun an dire messe en ladicte église de la Caritade à six heures du soir la nuit de grand Pasques ; et a esté ainsi continué chascun an jusques à présent. Pour le service que ceulx de Venise lui feirent lors, il donna à la Seignourie la licence que le duc d'icelle Seignourie feist porter devant lui les VIII bannières, les trompettes avec le pavillon dit hombreille, l'espée et la chayere dorée, qui aussi s'est ainsi tousjours continué depuis. Que plus est encoires, prinst une poyngnée de sablon et en le jettant à l'aval, donna autant de pardons en ladicte église de la Caritade le III.ᵉ jour d'avril qu'il y avoit de grain de sablon.

D'autre part ay veu tant de dames et damoiselles ce jour richement acoustrées, que je ne say où l'en recoeuvre tant de pierries ne de perles que j'ay veu sur elles. Et pleut à Dieu que touttes les femmes de nostre pays fussent ainsy habillées et attintées touttes les fois qu'elles vouldroyent. Avec ce elles sont fort belles femmes et puissantes ; mais elles sont habillées très fort despourveuement, car l'on leur voit depuis le boult de la teste jusques au dessoubz des mamelles. Devant et derrière, ne sont couvertes que d'un linge de soye noir aussy espés que ung voil de nonnaing (⁴⁸) et encoire plus cler, et ont galoches si très haultes qu'il semble qu'elles voyent aux estaches (⁴⁸ᵇⁱˢ), et ce font elles pour estre plus haultes et plus grandes.

Ce dit jour, tous ceulx de nostre dicte compaignie, saulf moy, se misrent en une petite barquette et allèrent en l'église Nostre Dame de Laurit, environ deux milles en mer, où gist le corps madame sainte Hélaynne, et là veyrent au tombeau

Toilette des femmes.

Corps de S.ᵗᵉ Hélène.

au mains le chief; et le corps estoit couvert d'un drap d'or, et est très belle chose à le veoir.

27 mars.
S. Zacharie.

Le lundy, xxvii.ᵉ jour dudit mois de mars, allâmes en l'église de saint Zacarie qui est l'église où le duc de Venize alla hier oyr vespres, laquelle estoit toutte tendue de tappisserie; elle est petite église, mais il y a beau commencement pour la faire plus grande. Et à ce jour y avoit très grans pardons en icelle église. A l'après disner tous ceulx de nostre dite compaignie, saulf moy, se mirent sur une petite barquette en mer et allèrent veoir les églises de saint Nicollay, de saint Andrieu où sont Chartrours, et l'église des Croisetiers; et veyrent en la dicte église saint Nicolay ung pot ouquel Dieu transmua l'eauwe en vin aux noepces archedecliu (⁴⁶). Ausdits Chartrous, ilz y veirent la sépulture de ung gentil homme assize ou chappitre d'icelle église, laquelle est toutte de blancq marbre, mais ce semble albastre, et tous les personnages à l'enthour telz et fort riches. Veirent en icelle église ung grant mouton qui avoit grandes oreilles comme ung des grans chiens de Haynnau, la queuwe large de trois palmes par le deseure, la brebis et le josne aigniel d'emprès tout de mesme. Et en l'église des Croisetiers, non obstant que le corps sainte Barbe y gist, se ne le polrent ilz veoir, passèrent en retournant par devant l'arsenaque dudit Venise qui est une chose de grand extime.

S. Nicolas.

Chartreux.

Croisetiers.

28 mars.

Le mardy, xxviii.ᵉ jour de mars, nous séjournâmes tout le jour en la ville de Venise.

29 mars.
Nouveau départ de Venise.
Chiose (Chioggia).

Le merquedy, xxix.ᵉ jour dudit mois, nous partismes du matin de la ville de Venise, montâmes sur une barque à quatre reymes à intencion de nous tirer à Romme, et tout par eauwe arrivâmes au disner en la ville de Chiose, où dudit

Venise jusques illec a xxv milles qui font viii lieuwes et ung tiers. Après disner ce jour, à cause que la tempeste estoit en plaine mer et qu'il falloit passer par là, nous partismes de piet dudit Chiose et allâmes au loing de la dicque de la mer couchier en ung très povre logis nommé Brondelo, où l'on compte trois milles qui font une lieuwe ; et avant l'entrer oudit logis nous fally sur ung boitkin traverser ung grand courant d'eauwe qui venoit de la plaine mer, où il faisoit très périlleux par les grans waghes qui à cause de la tempeste estoient sur la mer. Brondelo.

Le jeudy, pénultième jour dudit mois de mars, partismes bien matin dudit lieu de Brondelo tous à piet, et à cause qu'il ne fist continuellement que plouvoir, nous failly disner au lieu de Fosson où il n'y a que deux maisons, dont entre icelles deux maisons y a ung grand kanal d'eauwe courant qui s'en va en la mer. Entre ledit lieu de Brondelo et Fosson qui furent les premières maisons que nous trouvâmes sur le chemin, l'on compte sept grosses milles qui font deux grandes lieuwes et ung tiers. Et à cause que la pluye ne cessa qu'il ne fut bien tart à l'après disner, nous ne partismes ce jour dudit Fosson ; et d'illec allâmes couchier en une maison sur le bort d'un grand kanal nommé Fournaize où l'on compte dudit Fosson cincq milles, et y couchâmes pour ce que d'illec n'y avoit nulz logis qu'il ne fut xviii miles, ce que n'euissions peu faire ce jour : et Dieu scet comment l'on y est traictié de chiereté et de povreté. 30 mars.

Fosson.

Fournaize.

Le lendemain vendredy, derrain jour de mars, ne peusmes partir dudit Fournaise qu'il ne fut bien ix ou x heures du matin, pour ce que toutte la nuit il fist grand tempeste de vent et de pluye jusques à nostre dit partement, et encoires pour passer le canal audit Fournaize qui est ung membre 31 mars.

venant de la rivière du Poth et où il faisoit bien périlleux par les grans waghes qui estoyent venans de la mer qui y entroit pour cause de ladicte tempeste et que estions sy près de ladicte mer. Arrivâmes environ deux heures après midy à ung logis nommé Aghor, où l'on compte xviii milles de Fornaize jusques illec, qui font six lieuwes; et nous faillit la endroit demourer au giste parce qu'il nous euist (failly) faire encoires aultres xviii lieuwes avant que l'on peuist trouver logis.

<small>Aghor (Goro).</small>

<small>1.er avril.</small>

Le samedy, premier jour du mois d'apvril an IIII^{xx} six, partismes de bon matin dudit lieu de Aghor et passâmes à berquette une grosse rivière courant de ladicte rivière du Poth, et passâmes par ung petit bois sans trouver quelque maison; (dusmes) disner sur le bort d'une grosse rivière qui est encoires l'un des membres de ladicte rivière du Poth appellé Bolano, où l'on compte dudit Bolano jusques Aghor xviii milles qui font six grandes lieuwes, et tout sablon; là où par pluisieurs fois me failly entrer en l'eauwe jusques deseure les solliers. Disnâmes illec, et après le disner passâmes l'un des bras de ladicte rivière du Poth, et cheminâmes tout l'après disner jusques au lieu de Mainbaka ou Main à Vacque, où il y a encoire grand rivière à passer; et y compte l'on aussy xviii milles qui font six bonnes lieuwes, et cheminâmes tout l'après disner sur le bort de la plaine mer.

<small>Bolano.</small>

<small>Mainbaka (Magua Vacca).</small>

<small>2 avril.</small>

Le dimence, ii.e jour d'avril, environ trois heures du matin, la plus par de ceulx de nostre compaignie, à cause qu'ilz estoient fort lassez de cheminer, qui ne leur estoit pas chose acoustumée, se misrent en barque à intencion d'illec arriver à Pezero. Et moy demouray au logis jusques soleil levant; et puis après avoir passé l'eauwe, tiray tout à piet en la compaignie d'un Thudes et d'un aultre povre pélerin, lesquel je ne congnoissois; mais je les trouvay gens de bien. Vinsmes desjuner à Premare où l'on compte ix milles qui font trois lieuwes. Et pour les faire cheminâmes tout au long de la grand mer; et en ce faisant, pour le dur chemin que nous y trouvasmes, nous fourvoyâmes de trois grosses milles, ouquel fourvoy fûmes très mal traictiez; car pour estre en la fange et bourbe c'estoit le mains. Après le desjuner j'eusse volentiers trouvé cheval de louage pour seullement me porté jusques Ravynes où l'on comptoit xviii milles qui font six bonnes lieuwes, et fut marchié fait; mais pour ce que veulz baillier mon argent devant le cop, dont j'eusse esté trompé, demouray à piet. Et prestement le dit desjuner fait, passay une grosse rivière qui est encoires ung des membres du Poth, et icelle passée, Dieu scet comment le pellerin fut bien festoyé; car iii milles de loing je fus en l'eauwe jusques aux genoulx, mais le bien estoit que l'on y véoit le fons. Ces eauwes passées, nous trouvâmes ung pont, lequel nous passâmes, et cheminâmes jusques a près de Ravynes tout par ung bois tout plain de pins qui sont beaux arbres. Et ainsy que j'entendoye aller logier en ladite ville de Ravines, trouvâmes ung homme de bien à cheval, lequel après pluiseurs devises nous demanda où nous voullions aller; lui respondy franchement, à Romme. Me demanda par quel chemin, lui dis par Pezero et d'illec ensuivant. A quoy prestement me dist que je me tarderoye de deux bonnes journées pour aller audit Romme, et me conseilla venir couchier à ung logis ung peu oultre Ravynes et sur costière, sur le bort d'une petite rivière venant de Ravynes près de une abbeye de Sainte Marie de Porte, ce que je fis. Et prestement que j'y fus arrivez, y trouvay tous les

Premare.

Abbaye de S.te Marie de Porte.

autres seigneurs et gens de bien de la compaignie, aussy leur barque, lesquelz en estoient présentement surgis et tiré à ce port, pourtant que eulx estans sur la mer ilz avoyent le vent tout contraire. Et après nous avoir trouvé ensemble, sur le soir les aucuns s'en allèrent en ladicte ville de Ravynes, et achetèrent chevaulx pour tirer leur chemin au parfait dudit voyage de Romme, dont ilz firent très bien. Et moy combien que mes bons seigneurs et compaignons m'en avoyent retenu ung à petit pris, fus si mal advisé que je feis la journée du lendemain à piet, laquelle fut telle qui s'ensieut.

Ravynes (Ravenne).

3 avril.

Le lundy, III.ᵉ jour d'avril, les aucuns de nous demourez à l'ostellerie sur l'eauwe lez ledit Ravynes, ainsy que cuidâmes partir passer une peticte rivière et tyrer en la ville de Rymes où l'on compte xxxv milles, trouvâmes que combien que nostre hoste nous euist compté le passage d'icelle rivière et le prins à son prouffit, sy nous dist qu'il ne nous ozeroit passer sans veoir bulletin de ceulx de la ville de Ravines, dont fusmes perplex. Car pour aller audit Ravynes, nous estans à piet, nous failloit faire six milles avant avoir ravanchié nostre chemin pour tirer audit Rymes que estions lors. Ce voyant trouvasmes manière pour gaignier icelles six milles, et de rethour que (*) payâmes pour passer trois fois plus que de droit ne devions payer. Et icellui passage fait, tirâmes douze milles et passâmes une eauwe sur passage à despence v miles ensuivant; encoires aultre passage ensuivant, et illec desjunâmes; et v miles après nous trouvâmes une villette que l'on fortiffioit fort et y avoit bon

(*) Il y a ici quelque omission qui embrouille la phrase.

chastel que l'on disoit estre au pape. Et non obstant que l'on paye tribu, pour l'amour d'aucuns Tudes que avions en nostre compaignie, ne payâmes riens. Trouvâmes en après deux aultres pas; et en effect sur noz piez feismes tellement que nous trouvasmes avant six heures du soir audit Ryme. Et feymes ce jour plus de xii bonnes lieuwes, et en y avoit de sy lassez, et moy des premiers, qui en perdirent l'apétit, tant las et foullez estoient les compaignons.

Rymes (Rimini).

Le mardy, iiii.ᵉ jour d'avril, partismes bien matin de la ville de Ryme, laquelle ville est au filz de (⁴⁷) messire Robert qui est i cappitaine aux Venissiens et sert le pape en son armée présente; et est assez bonne petitte ville. Et allâmes disner à Monte Flore où il y a ung très beau chastel et bourg dedens; icellui lequel chastel appartient au pape. Et compte l'on dudit Ryme jusques audit Monte Flore, xii milles; mais elles valloyent larghement six lieuwes de nostre pays; trouvasmes très mauvais chemin plain de fange, et touttes montaignes et vallées. Et au plus près dudit Monte Flore y a plus grande et roidde montaigne que jusques à ce jour avoye jamais monté; car j'en fus tant lassé que prestement que fus arrivé au logis, il me faillit couchier sur ung lit, et n'avoye ceur ne puissance de moy soustenir. Ce jour à l'après disner, partismes de Monte Flore à intencion d'aller couchier en la ville d'Orbin, où dudit Monte Flore l'on compte xiii milles qui aussy vallent bien six aultres lieuwes, et touttes grandes montaignes et vallées incessamment. Et nous arrivez audit Orbin, l'on ne nous veult laissier entrer dedans, et failly que alissions logier en ung meschant logis près la dicte ville d'Orbin où nous convint

4 avril.

Orbin (Urbino).

couchier à la paillasse, et fûmes très mal traictiez. Laquelle ville d'Orbin, selon que le peulz veoir par dehors, montre d'estre très belle ville et forte; et le sgr d'icelle terre qui se dist duc d'Orbin (⁴⁸) est josne enfant de xii à xiii ans, comme nous fust dit. Et avec la ville il y a très beau chastel et beau pallais. Laquelle terre tient pour le pape. Et y a à l'enthour dudit Orbin et le Mont de Flore pluiseurs chasteaux sur ces montaignes.

5 avril.

Freminago.

Le mercredy, v.ᵉ jour d'avril, partismes du matin du logis de la dicte ville d'Orbin, et à trois milles d'illec allâmes desjuner ès faubourgs de Freminago, petitte ville qui est audit duc d'Orbin, et pour le grand traveil de monter et avaller icelles montaignes, prinsmes chevaulx de louage. Vinsmes repaistre à ung aultre village trois milles oultre, nommé Callengea; et d'illec allâmes souper en la ville de Quaille qui est éveschié, et audit duc d'Orbin. Jusques illec l'on compte en tout xii milles, qui peuvent bien valloir vi ou vii lieuwes; qui est plus de trois milles pour une lieuwe. Et après avoir souppé, montâmes de rechief à cheval et allâmes couchier en ung logis qui est terre dudit duc d'Orbin, nommé Lesqueche; où dudit Quaille l'on compte sept milles. Et certes du mauvais chemin et de la paine que eusmes ce jour, c'est chose que l'on ne vouldroit croire, et pour ce n'en escrips riens.

Callengea.
Quaille (Cagli).

Lesqueche.

6 avril.
Gado.

Le jeudy, vi.ᵉ jour d'avril, partîmes du matin de Lesqueche et allâmes desjuner lez la ville de Gado qui est au pape; et en chemin nous passâmes lez les villes de Costchay et Cantianne qui sont audit duc d'Orbin, mesmes lez les villes de Subgello et Fossade qui sont au pape. Après ce desjuner allâmes encoires repaistre à Nochera et d'illec cou-

Nochera.

chier en la ville de Folligne qui est au pape. Où dudit lieu de Lesqueche à Folligne l'on compte xxxv milles, le pieur chemin de montaignes, vallées, fanges et pierres que je veys oncques. Folligne.

Le vendredy, vii.ᵉ jour d'avril, nous partimes du matin de ladicte ville de Folligne, et allâmes disner en la ville d'Espollette, et couchier en la ville de Tergne; dont l'on compte pour ceste journée xxiiii miles, la moictié bon chemin, et la moictié très mauvaix, et une très grande montaigne, et tousjours pierres. 7 avril.
Spolette.
Tergne (Terni).

Le samedy, viii.ᵉ jour dudit mois, partismes du matin de la dicte ville de Tergne, et allâmes disner à Nergne, et couchier à Triculy; où l'on compte environ xiii miles environ, pour moictié mauvais chemin comme les précédens. Et là trouvâmes beaucop de gens qui avoyent longhement séjourné, parce qu'ilz ne sçavoyent comment aller à Romme à scheureté, obstant la gherre. 8 avril.
Triculy (Otricoli).

Le dimence, ix.ᵉ jour d'avril, après avoir oy la messe et desjuné partimes dudit Triculy à intention de aller à Romme. Mais aussy que eusmes cheminé ensemble environ ii miles, trouvâmes deux chasteaux et deux chemins qui tous deux revenoyent à ung; les aucuns prinrent l'un des chemins, et les autres l'autre; fut vray que tost ensuivant me fut raporté que tous mes compaignons avoyent esté destroussez et villainement navrez. Retournay vers eulx pour sçavoir comment leur avoit esté, trouvay que aux aucuns l'on leur avoit osté partie de l'argent qu'ilz avoyent lors sur eulx, et les autres s'estoyent sauvez. Et me dirent que ce veu, impossible estoit d'aller à Romme sans avoir beaucop de telles adventures, et qu'ils n'iroyent plus avant pour ceste foys 9 avril.

Dangers de la route.

pour faire le pélérinage de Romme, mais s'en yroyent veoir sainte Marie de Laurette, et d'illec retourneroient à Venise pour la endroit monter sur la gallée et faire le voyage de Jhérusalem. Ce oyant, à cause que j'avoye grand désir de aller audit Romme, combien que congnoissoye bien le dangier estre grand, me délibéray y aller, et prins congié de mesdis compaignons. Et fis tant que je eus ung homme du pays qui pour argent me ghida jusques environ quattre milles oultre ledit Triculy. Et la endroit avoit une barque chargié de marchandise et de vivres sur la rivière du fleuve que aucuns appellent le Tibre ; et moy illec arrivé, moyennant demi ducat d'or, me laissa le patron monter dessus ; et tout le remain de ce jour la dicte barque ne se bouga, et couchay dessus toutte la nuyt, où je eulz bien froit ; car j'estoye très minchement habillié pour mains perdre se j'estoye destroussé.

10 avril.
continuation par le Tibre.

Le lundy, x.ᵉ jour d'avril, ladicte barke, à la forche de six rismes et aussy que avions le cours de l'eauwe pour nous trainer avant pour aller à Romme, où non obstant que d'icellui port jusques à Romme l'on ne compte que xxxv milles, il en y a par eauwe cent milles et plus ; et fut fait sy grande dilligence que la dicte barque arriva ce jour à v ou vi miles près dudit Romme. Et là couchay encoires sur ladicte barque ceste nuyt. Mais en tirant nostre chemin passâmes lez pluiseurs chasteaux qui sont aux seigneurs Ursins qui font la guerre contre le pape ; et tellement que leurs gens en grand nombre, de piet et de cheval, vinrent par terre à deux costez de la dicte rivière, et voulloyent par forche de trait d'arbalestres, de coulevrines et aultrement qu'ilz tiroyent sur nous estans en ladicte barque constraindre de le mettre à bort et nous rendre à eulx. Et se n'eust esté une fuste armée furnis de gens de guerre et artillerie dont ilz avoient larghement, euissons esté en très grand dangier; et y ot trois hommes blechiez des nostres de leur trait. Toutesfois par le moyen d'icelle fuste armée où il y avoit cincquante ryemes et nombre de gens d'armes, passâmes oultre.

Le mardy, xi.ᵉ jour d'avril, nostre barque tira avant et nous mist dedans Romme; sur laquelle barque estions IIII׳׳ hommes, et s'y estoit fort furnie de marchandise et vivres. Et moy arrivé audit Romme qui fut environ huit heures du matin, m'en allay visiter l'église S.ᵗ Pierre et faire la révérence à Monsgr l'évesque de Tournay (⁴⁹) et pluiseurs aultres de nostre pays lors y estans, lesquelz de leur grace me firent bonne chière et bon recueil. Et requis audit seigneur de Tournay qu'il me volsist faire avoir la bénédiction de nostre saint père le Pape (⁵⁰), baisier son piet, avoir le congié de faire les voyages de Jhérusalem et de sainte Catherine du Mont de Sinay pour moy et trois aultres mes compaignons, et de choisir confesseur audit Romme auquel il baillast la puissance de moy absouldre *à penâ et culpâ*, veu qu'il n'estoit pas temps de pardons pour lors audit Romme, et que peusse autel faire de rechief moy estant en Jhérusalem. Lequel mondit sgr de Tournay me respondy qu'il en feroit son povoir, et que fusse lendemain à son lever pour avec luy estre à la messe du pape.

Le merquedy, xii.ᵉ jour dudit mois d'avril, me trouvay au lever de mondit sgr de Tournay, lequel est logié au palaiz du pape, car il estoit son maistre d'ostel, qui me mena jusques à la chambre du pape, et alloit oyr la messe. Et icelle dicte, il fist seigner du pape le congié de moy et de mes

11 avril.
Arrivée à Rome.

12 avril.
Messe et audience du Pape.

compaignons pour faire lesdicts voyages de Jhérusalem et sainte Catherine ; et en le moy baillant me dist que ne povoye avoir la bénédiction de nostre saint Père jusques après son disner, à l'issiée duquel mondit s̄gr de Tournay qui avoit disné avec nostre dit saint Père, me fist entrer en la salle avec ung homme d'église de Bourgoingne nommé messire Guillaume Du Fort, prêtre demourant à Digon ; et nous deux ensemble feismes la révérence à nostre saint Père le mieulx que peusmes en mectant les genoulz à terre par trois fois. Et nostre saint Père estant assiz en une chayère dorée, et nous estans devant luy à genoulx, mon dit s̄gr de Tournay proposa pour nous, et tellement qu'il mist son piet avant, et chascun de nous le baisâmes, et en nous levant, nostre dit saint Père nous baisa tous deux et puis nous bailla à chascun l'absolucion. De rechief, concéda à moy et à mes compaignons de faire les voyages dessusdits, et de fait me requist que en faisant iceulx, je priasse pour luy, en moy acordant de choisir ung prêtre audit Romme et ung aultre en Jhérusalem pour moy confesser et leur bailla puissance de moy absouldre *à penâ et culpâ*. De rechief me fist baisier son piet, et moy baisant seconde fois me bailla aussy seconde fois l'absolucion, et ordonna à monsgr de Tournay moy baillier des *Agnus Dei*, comme il fist. Ce ainsi fait, et les révérences faites pour le département, me tiray par devers le chappellain du cardinal de Racanart (⁵¹) dénommé par le pape penanchier en l'église saint Pierre, qui s'appelle messire Franchois, pour à luy savoir à quelle heure le lendemain matin il me vouldroit oyr en confession et examiner ma consience selon la grace baillié par nostre saint Père, lequel desja avoit oy nouvelles de la puissance à luy baillié par nostre dit saint Père, pour moy absoldre *à penâ et culpâ*; qui me ordonna estre devers lui le lendemain à iiii heures du matin.

Le jeudy, xiii.ᵉ jour dudit mois d'avril, en ensuivant les choses dessus dictes me trouvay à iiii heures du matin devers ledit messire Franchois, lequel me oy bien et au long. Et après icelle confession et absolucion eue, cuiday incontinent aller faire les pélerinages et gaignier les pardons des vii principales églises estans audit Romme et la entour ; ce qui ne se peult faire, par ce que trouvay point lors de compaignons, et sans bonne compaignie il y faisoit très dangereux. Sy atendy jusques à lendemain pour y aller avec et en la compaignie de deux hommes de bien du pays de Rouerges en France, dont l'un estoit prestre. Et ce jour me failly souper en la chambre monsgr l'évesque de Tournay, lors maistre d'ostel du pape, qui me fit très bonne chière, et entre aultres choses me fit boire du très bon vin de Beaune.

Le vendredy, xiiii.ᵉ jour dudit mois d'avril, affin de gaignier les pardons ordonnez de long temps à Romme, nous trouvâmes ensemble v d'unne compaignie, et bien matin ce jour allâmes oyr la messe en une chappelle que le pape Sixte iiii.ᵉ de ce nom avoit fait nouvellement de son temps à faire, que l'on dist la chapelle Nostre Dame de *Virtu*, où elle fait de très beaux miracles. D'illec, la messe oye, pour encommenchier noz pélerinages, tirâmes pour aller à l'église s.ᵗ Pol qui est hors dudit Romme une petitte lieuwe ; et ainsi que fûmes emmi chemin trouvâmes une grande pierre sur laquelle povoit sembler que par ci devant y euist eu chose de grand magnificence ; et nous fut dit que en ce lieu saint Silvestre (³²), lui estant pape, et qu'il avoit beney l'église

13 avril.
Confession en l'église S. Pierre.

Souper chez le maitre d'hostel du Pape.

14 avril.

Tradition relative à S. Silvestre.

S.ᵗ Pierre et s'estoit mis à chemin en ce jour mesmes pour otel faire en l'église saint Pol, et qu'il perchut que le jour lui seroit trop court pour tout ce faire, il fist la endroit sa prière à Dieu que son plaisir fust qu'il peuist beneyr icelles deux églises tout en ung jour ; nostre Seigneur ayant sa requeste pour agréable, voyant tout le peuple, fit targier le soleil IIII heures sans soy mouvoir, et parquoi les dictes églises furent beneyes tout en ung jour selon le désir dudit saint Silvestre.

S. Paul (hors des murs). Entrâmes en l'église saint Pol, et là endroit nous fûmes adverty que en la cité de Romme qui appert avoir esté plus grande qu'elle n'est à présent, ont esté IIII^c XXVII églises là où l'on disoit chascun jour messe. Entre lesquelles en y a sept principalles qui sont pourveues de grâces, et les apelle l'on melibes (*) pour ce qu'elles furent fondées et ordonnées par papes et empereurs ; desquelles ladicte église saint Pol est l'une. Et en icelle furent trouvez les chiefz de saint Pierre et saint Pol ; et à ceste cause l'on y gaigne XLVIII.^{s} ans de pardons et autant de XL.^{nes} : à la feste saint Pol, qui se y treuve à ce jour, X.^{s} ans de pardons. Au moustier que l'on appelle au moustier saint Pol, l'on a cent ans de pardons. Le jour des Innocens, qui lors se y treuve, XL ans de pardons et autant de XL.^{nes}. En l'octave saint Martin, quand l'église fut beneye, XIIII.^{s} ans de pardons et autant de XL.^{nes}, et les trois pars (**) de sa pénitance quitte. Qui tous les dimences va visiter laditte église saint Pol, il acquiert autant de pardons et de XL.^{nes} que s'il allast et venist de sa maison

---

(*) C'est probablement une faute de copiste pour *basilikes*.
(**) Ne faut-il pas lire, quarts?

à saint Jaques en Gallice. D'illec nous allâmes au lieu que l'on dit les trois fontaynnes où il y a manière de une prioré et aucuns frères de saint Bernard ; veymes les trois fontaines ou lieû des trois sauls que la teste saint Pol fist ; car il y fut décolé. Et sur icelles trois fontaines est fondée une chappelle dont sour l'une d'icelles trois fontaines est l'autel, et sur les deux aultres est paint le chief saint Pol. Au surplus en icelle prioré est une chappelle où est la seconde ymage de la vierge Marye qui oncques fut faicte, laquelle on nomme *scalla cely*; et en icelle chappelle l'on dist que saint Bernard véoit les âmes qui alloyent en paradis. Duquel lieu des trois fontaines allâmes nostre chemin pour tirer à saint Sébastien. Et en nostre chemin entrâmes en une aultre petite prioré où il y a une chappelle où l'on aore de l'annonciade.

<small>Les trois Fontaines.</small>

Nous vinsmes audit saint Sébastien, et à l'enthour d'icelle église a par ci devant eu des grans pallays, car encoires les édiffices y apperent. En laquelle église qui est hors des murs de Romme, de l'atre à l'autel du pape saint Calixte que l'on nomme Catacomba où l'angele de Nostre Seigneur s'apparut et parla à saint Grégoire pape en disant sa messe, est l'on quitte de tous péchiez commis à tousjours sans fin. Au grand hostel on a xxvIII.ᵉ ans de pardons et autant de xL.ⁿᵉˢ et le III.ᵉ partie de tous ses péchiez quicte. Qui tous les aultres autelz visite, il a cincq cens ans de pardons, et au derrain autel qui est en ceste église, xIIII.ᵉ ans de pardons. Et là gist ung saint pape (⁸⁵) lequel a une treille de fer sur lui, et touttes personnes qui vont visiter le lieu où ledit saint Père gist, d'un *Ave Maria* ilz ont II.ᵉ ans de pardons. En ceste église a une volsure dessoubz terre où les douze apostles se muchèrent et tous les amis de Dieu pour doubte de la mort ;

<small>S. Sébastien.</small>

et là il y a deux autelz, et touttes les fois que une personne y passe et sallue ces autelz, il a xiiii.ᶜ ans de pardons et autant de quarantaines.

Derrière icelle église a ung cellier ouquel gisent xlviii papes qui trespassèrent tous martirs pour l'amour de Dieu; qui vient en ce celier en grand dévocion il met sept âmes hors du purgatoire, et autans de pardons que tous ceuls qui sont au monde ne les pourroient pas nombrer fors seulement Dieu. Au iiii.ᵉ dimence de may l'on acquiert là une âme hors de purgatoire. Ens ou celier a une fosse où saint Pierre et saint Pol jurent en couverte mil ans que l'on ne sçavoit où il estoient; et quiconcques boute sa teste en icelle fosse il est purgiez de tous péchiez. De l'Assencion jusques au my aoust y a xiiii.ˣ ans de pardons; le pape Grégoire, le pape Nicolas, le pape Pelagius et le pape Innocent donnèrent chascun x.ˣ ans de pardons et autant de xl.ⁿᵉˢ. Avec ce y a pluiseurs volsures dessoubz terre fort parfondes en (*) fort longues dedens terre en touppiant, et aultres mains lieux où il y a corps saints d'appostles, de martirs, de confés et de puchelles. Et y voit-on encoires tant de sépultures qu'il n'est à les nombrer, et ne peult-on aller en ces lieux sans lummière et avoir ghide, car on se y perderoit de légier. Au surplus veymes en icelle église une tablette de pierre couverte d'une treille de fer, en laquelle pierre sont empraintz la forme de deux pietz (⁵⁴) que l'on dist estre la forme des pietz Nostre Seigneur ; aussy y veymes une pièche de la coullombe où saint Sébastien fut atachié quand il fut martirisiez. Et à l'enthour d'icelle église treuve on des espines pareilles

[marginal note:] Catacombes à S. Sébastien.

(*) Lisez, et.

à l'unne des couronnes de Nostre Seigneur, fort poindantes et agues; et dist on que plus ne s'en treuve que en Jhérusalem et la entour d'icelle église. Et en effect les pardons sont sy grans audit S.ᵗ Sébastien que l'on ne les pourroit nombrer. D'illec vynsmes rentrer en Romme par une porte qui s'apelle la porte saint Sébastien, à laquelle porte nous fut dit que sur ce que S.ᵗ Pierre alloit par les rues au temps qu'il fut martirisiez, les mauvaiz le ruèrent de neges, et laquelle estant faicte aux mains par estoefs hurta en aucuns lieux contre les murs de ladicte porte, et semble encoires à ceste heure que ce soit nesge. *Porte S. Sébastien.*

Et nous rentrez audit Romme, allâmes à saint Jehan de Latran. Ouquel lieu à la droite main ains que l'on entre en l'église, y a une chappelle de Nostre Dame de Vingherline. Là est les fons où l'empereur Constantin fut baptisiez, qu'il avoit fait faire pour y mettre le sang de pluiseurs innocens et soy y baignier pour ce qu'il estoit lépreux; et est merveilleuzement grand et parfont. Et là a l'on XLVIII.ᵉ ans de pardons et autant de XL.ⁿᵉˢ. Quand l'église fut beneye, qui fut par ung jour saint Martin, et oncques personne n'avoit veu sy fort plouvoir qu'il pleut ce jour là. Adonc donna le pape Silvestre à tous ceulx qui venroient visiter ceste église par dévocion, autant de jours de pardons comme il plut de gouttes d'eauwe en ce jour; et quand il l'eut donné, si s'apensa s'il avoit si grande puissance que pour donner tant de pardons; adonc luy respondy une voix du chiel, et dist ainsi : « Pape Silvestre, vous avez bien poissance de donner le don que vous avez fait. Et Dieu en donne encoires autant à tous ceulx qui viendront visiter ceste église, mais qu'ilz ayent vraye repentance de leurs péchiez. » Le pape Boni- *S. Jehan de Latran. Fonts baptismaux. Multitude d'indulgences.*

face tesmoingne que personne qui visite l'église saint Jehan de Latran n'a que faire au sépulcre, sy grans graces y peult on avoir. S'il estoit une personne que deusit ung pélerinage au saint Sépulcre et il n'euist de quoy passer et il venist à saint Pierre ou à saint Jehan du Latran, il auroit absolucion. Il n'en chault par quel moyen ce venist, mais qu'il y vieingne en repentance de ses péchiez. Il y a audit saint Jehan tant de pardons que tous ceulx du monde ne le saroient nombrer, sinon Dieu tant seullement. Benoicte soit la mère qui porte l'enfant qui puist oyr messe le samedy à saint Jehan de Latran, car il descombre tous ceulx de purgatoire jusques à ale..... de LXXV costez (*), et luy mesme quicte de tous péchiez et de toutes pénitances, moyennant qu'il ayt repentance de tous ses péchiez. Sur l'un des clochiers de ladicte église saint Jehan de Latran y a une croix, et quand une personne voyt ceste croix en bon estat, il a XIIII.ᶜ ans de pardons; au grand autel est on quicte de tous ses péchiez; et au dessoubz a une fosse où saint Jehan l'Evangéliste entra quand il eut dit messe, et là ne trouva on fors que pain de paradis, et de là vient le jour du bon vendredy l'uile du baptesme de quoy on use au pays et environ Romme. Quiconcques boute sa teste en ceste fosse il a XIIII.ᶜ ans de pardons et autant de XL.ⁿᵉˢ. Derrière le grand autel a une

Insignes reliques.

quayère où Dieu et saint Jehan l'Evangéliste seirent, et quiconques se assiet en icelle quayère il a le III.ᵉ partie de tous ses péchiez quictes. Qui visite les aultres autelz de ceste église il a XLVIII.ᶜ ans de pardons et autant de XL.ⁿᵉˢ. A l'autre lez

---

(*) Il y a ici quelque confusion ou omission de la part du copiste : le manuscrit de Valenciennes ne fournit pas le moyen d'y suppléer.

dudit grand autel il y a IIII grandes coullombes de keuvre haultes et grosses qui sont creuses et playnne de terre et cailloux du mont de Calvaire, lesquelles coullombes vinrent là endroit par grâce; et autant de fois que la personne les regarde il a XIIII.ᶜ ans de pardons. J'ay veu une coullombe qui se fende long par moictié à l'heure que Nostre Seigneur estoit en l'arbre de la croix. Aussy y a il XXXVIII degrés de pierre bien belles, lesquelz Dieu monta et avalla en la maison de Pillate quand il fut condempnez à mort, où il y a grans pardons à les monter et avaller; et a l'heure y chey dessus largement de son sang. A l'un des lez d'icelle église a une chappelle *sacratissima*; là sont les habis et aornemens en quoy saint Jehan de Latran disoit messe; et la table sur quoy Nostre Seigneur souppa le jour du blanc jeudy. Et là est une croix qui vint d'Outremer toutte seulle en une nef, et maintes aultres reliques; et là acquiert-on la tierche partie de tous ses péchiez quictes. En ceste église a une chappelle que l'on nomme *sancta sanctorum*; là y a il ung visage que Nostre S̄gr monstra à saint Lucas et le portoit au jour Nostre Dame la majour par grand dévocion; et y a deux testes de saint Pierre et de saint Pol, et maints aultres corps saintz; là a l'on XV.ˣ ans de pardons et autant de XL.ⁿᵉˢ. L'empereur Constantin dist au Pape quand il fut baptisiez « parmy ce que j'ay donné ma maison en l'onneur de Dieu » et de saint Jehan, si donnez aussy plentureusement et à » grâce. » Et adonc respondit le Pape Silvestre : « Nostre » S̄gr Dieu vous a purgiez par sa grande miséricorde de » tous péciez moyennant vraye repentance. » Qui ce ne voelt croire, voit à saint Jehan de Latran, il le trouvera devant le ceur sur une noire pierre entaillié.

Du jour saint Martin jusques au quaremme sont les pardons ; du quaresme jusques à le Pasque sy doublent les pardons trois fois. Quiconcques va par les vii églises sur ung jour, il a autant de pardons que s'il venist de sa maison à Romme. Ceulx qui viennent de par decha les monts ont les pardons et doublent trois fois. Ceulx sont béneys qui telz pardons peuvent acquérir et déservir par la grâce de Nostre S̅g̅r Jhesus Crist, et en aultres dont je ne fay point mencion. Et sy vis en la court d'icelle églisc ung personnage à cheval non armé et à teste nue, le cheval bien grand ; ne say bonnement à quoy ce servoit, aultrement qu'il me fut dit que en temps passé il avoit esté conducteur des gens de gherre de ceulx de Romme, et pour rénuméracion requist à ceulx de Romme ausquelz il avoit fait de grans services, que leur plaisir fust le ainsi faire mettre après sa mort pour mémoire : ce que lesditz de Romme ont fait, et entendis que ce n'est que une jument, non pas ung cheval.

[Il est à noter que le lieu où est S.ᵗ Jehan de Latran, c'estoit le palais de Constantin ; et quand il fut converty à la foi, baptisé et purgé de sa lepre, il donna son palais pour faire ceste églize, et sy donna Romme et toutte l'Italie à l'églize, et en fit escripre lettres solemnelles et sellées, et puis estendit luy mesmes la dicte lettre de son ordonnance et testament sur le corps de Monsg.ʳ S.ᵗ Pierre, le faisant et l'églize aussy héritière à tousiours de Romme et de toutte l'Italie. Et pria icelluy devot empereur Constantin à Dieu et à Monsg.ʳ S.ᵗ Pierre que malédiction éternelle venist sur tous ceulx quy après luy vouldroient aller et faire contre son ordonnance, fut empereur, roy, ou aultre ; laquelle malédiction ont bien essaiet depuis plusieurs grandz tirantz. Après ces chozes et aultres que je laisse ad cause de briefveté, icelluy empereur Constantin filz de Helaine moult laboura pour la foy, (car elle fut très devote dame comme appert en plusieurs histoires). Craindant icelluy Constantin donner empescement aux choses et négoces ecclésiastiques se sa court se tenoit à Romme, s'en alla en Grèce pour quérir place convenable pour y faire une cité Impériale. Et quand il eut esté en divers lieux il trouva une petite villette nommé Bizance quy estoit fort bien assise sur la mer pour avoir port de mer, et l'amplia et agrandist, et de son nom l'appella Constantinople. Et se doibt escripre par p, et non plus disant Constantinoble; c'est à dire la cité Constantin : et l'appellent les clercqz *Constantinopolis* et non point *Constantinobilis*. *Polis* est à dire cité, et puis *Constantino* le nom de l'empereur ; et ces deux motz mis ensamble font le nom de la cité, laquelle a esté le temps passé grand chose quand à la foy crestienne. Mais par l'orgueil des grecz et rebellion contre l'églize et la négligence des crestiens, fut prinze des Turcz l'an mil IIII.ᵉ L. Dieu le vut ille rendre en la main des crestiens !]   (Ce paragraphe est du ms. de Valenciennes.)

En oultre tirâmes de saint Jehan de Latran et allâmes de rechief hors des murs de Romme en l'église saint Laurens, et là repose le corps saint Estienne au grand autel, et y a on XIIII mil ans de pardons et autant de XL.^{nes}. Qui visite tous les autelz d'icelle église il a à chascun desdits autelz VII.^{x} ans de pardons et autant de XL.^{nes}; as pardons qui sont ordonnez XIIII.^{x} ans et autant de XL.^{nes}. Le Pape Pelagius donna à requerre IIII ficstes en l'an, à chascune feste VIII.^{c} ans de pardons et autant de XL.^{nes}. Qui là vient, il désert à avoir une âme hors de purgatoire, et lui mesme

S. Laurens (hors des murs).

quicte de tous péchiez : ce deservy saint Laurens pour sa paine.

S.te Croix (en Jérusalem).

Dudit S.t Laurens rentrâmes en Romme, et allâmes en l'église sainte Croix en laquelle à une chapelle enfrumée. Et là demouroit sainte Hélaynne mère de l'empereur Constantin, laquelle chapelle a nom Jherusalem. Là est la corde de quoy Nostre Seigneur fut menez à la croix, et III ampoles qui sont playnnes du lait Nostre Dame, et une aultre playnne du sang de Nostre Seigneur; et l'esponge de quoy l'on lui donna à boyre à sa doloreuse passion; et des claux dont il fut atachiez à la croix; et une grande pièche du drap sur quoy saint Jehan fut décapité; et deux bras de saint Pierre et de saint Pol. Et en ceste chappelle est le chief du Pape Actente (^{55}), et devant l'autel est une quayère là u il fut martirisiez de l'angle par son propre gré, car lui mesmes le congnut avoir desservy envers Nostre Seigneur; et là donna à tous ceulx qui en ceste place assavoir qui en la quayére verront seoir, cent ans de pardons et autant de XL.^{nes}, et autant de dimences que l'on y va par dévocion, estant en bon estat, l'on tire ung ame hors de purgatoire, et la troisième partie de tous ses péchiez quicte. Au grand autel l'on est quicte de tous péchiez oubliez et a l'on XV.^{m} ans de pardons et autant de quarantaines, et tous les haulx jours doublent. Le Pape Hilarius(^{56}) qui là gist donna pardons de tous péchiez à tous ceulx qui là viennent par dévocion.

S.te Marie Major (Majeure).

De la dicte église sainte Croix allâmes en l'église sainte Marie Major, en laquelle quand elle fut bénye et dédiée, fut donné VII.^{m} ans de pardons et autant de XL.^{nes} et les trois pars de ses péchiez quictes, à tous ceulz du pays qui là sont : et tous ceulx qui sont de decha les mons, se doublent.

Au grand autel d'icelle église là est le chief saint Jéromme et là donna il xiiii.ᴹ ans de pardons et autant de xl.ⁿᵉˢ. A l'ostel à la droicte main, là gist le corps saint Gregoire qui fut pape de Romme (⁵⁷). Et là est le bers de Nostre Seigneur, aussy du lait Nostre Dame, du bois de la sainte croix de Nostre Seigneur; et là y a de l'appostre saint Tomas et d'autres corps saintz, et a on illec xiiii.ᶜ ans de pardons et autant de xl.ⁿᵉˢ. Le iiii.ᵉ Pape Nicolas et le vii.ᵉ Pape Grégoire donnèrent chascun x.ᴹ ans de pardons et autant de xl.ⁿᵉˢ à tous ceulx qui visiteront icelle église. Qui tous les aultres autelz visite il a xx ans de pardons et autant de xl.ⁿᵉˢ, et tous les haulx jours doublent, et le iiii.ᵉ partie de tous péchiez quictes.

De la dicte église sainte Marie Major allâmes en l'église saint Pierre qui est le chief église de toutes les aultres; laquelle église de saint Pierre l'appostle est fondée ou lieu mesmes où il fut crucifiez, et a nom *locus Vaticanus* (⁵⁸); là monte l'on l'attre par xxxv degrez, vii degrez pour chascune fois et puis ung grand a pas, et ainsi jusques au parfait. Et autant de fois que la personne les monte et avale par dévocion, a il quicte la vii.ᵉ partie de sa pénitance, donné du Pape Allixandre. Et au piet d'iceulx degrez, à deux costez, sont les personnages si comme à l'un des costez, de saint Pierre, et à l'autre costé, de saint Pol. Après quand on vient en l'attre devant l'église où la fontaine sourt, là voit on l'image de Nostre Seigneur Jhésus Crist séant en jugement deseure le portal, et entre ses deux piez l'un des deniers de quoy il fut vendu. Et autant de fois que la personne le regarde par dévocion, il a iii.ᶜ jours de pardons. En l'église dessus dicte y a xi autelz et à chascun autel

S. Pierre (du Vatican).

gaigne l'on xlviii jours de pardons. Desquelz xi autelz en y a sept plain de grâces; le premier est l'autel où le saint Vironicle est clos, et à visiter cest autel il y a vii.ᶜ ans de pardons. A l'ostel saint Andrieu vii.ᶜ ans. A l'ostel Nostre Dame vii.ᶜ ans. A l'ostel des Ames, v.ᶜ ans, et tous les hauls jours de l'an une âme hors de purgatoire; à l'ostel saint Siméon et des xii apostles, v.ᶜ ans de pardons. Entour de l'huys du ceur me fut dit qu'il y a deux crois de fer; quiconcques ces deux crois baise, il a xiiii.ᶜ ans de pardons; mais je ne les ay pas veues à ceste fois. Au jour Nostre Dame en mars, l'on tend ung drap hault au ceur, que Nostre Dame fist, et y est jusques après Pasques; et autant de fois que l'on le regarde en estat de grâce, l'on y a xiiii.ᶜ ans de pardons. En la crute dessoubz saint Pierre là est l'autel où le corps saint Pierre gist, et autant de fois que l'on passe devant cest autel a l'on xiiii.ᶜ ans de pardons, et tous les hauls jours de l'an ilz doublent. Autant de fois que la personne va avec le s.ᵗ Sacrement quand l'on va visiter les mallades, a l'on xv.ᶜ ans de pardons. Le Papé Silvestre donna à tous ceulx qui visitent ceste église dévotement qu'ilz soyent quictes de la iii.ᵉ partie de leurs péchiez oubliez, et aussy xxviii.ᶜ ans de pardons et autant de xl.ⁿᵉˢ. Au hault autel où le corps saint Pierre reposoit, le Pape Grigoire pardonne de tous péchiez oubliez et de tous meffais, saulf de mort ou mis piet ou main sur père ou sur mère; ce réserve-il. Encoires donne-il xxviii.ᶜ ans de pardons et autant de xl.ⁿᵉˢ. Quand l'on présente et monstre le saint Vironnicle, ceulx de Romme ont cincq mil ans de pardons, ceulx du pays dix mil, et ceulx de decha les monts xiiii.ˣ et autant de xl.ⁿᵉˢ, et sont quictes de la tierche partie de tous leurs péchiez. En icelle église a xii piliers tous de une fachon qui sont à fachon de grosses coullombes tortillées, et beaucop de personnages entretailliez et de flourettes à l'enthour, et vinrent de Jhérusalem ; dont les dix sont à l'entour de la chappelle de saint Pierre ; dont l'une d'icelles, qui est garnie à l'enthour d'une treille de fer, a telle vertu que se une personne a le deable au corps, ung ou pluiseurs, et on le met et enferme dedens ladicte treille autour d'icelle coullombe, ilz widënt dedens peu d'heure après. Et les deux aultres pilliers ou coullombes pour le parfait de xii pilliers dessusdits sont en la chappelle où repose le saint Vironnicle. Aussy je veis en icelle église une corde à quoy Judas se pendy.

A ung des lez de ladicte église a ung atre que l'on appelle le camp de Dieu ; et en icellui enterre l'on les povres pellerins, et n'y puelt-on aultre mettre, car ceste terre fut achetée de xx des deniers de quoy Dieu fut vendu ; et autant de foys que l'on passe parmi ceste cymentière et l'on die vii fois *Ave Maria*, l'on acquiert xxiii mil ans de pardons. Près d'icellui attre y a une pierre à pointe de diamant assize sur quattre sièges de cuivre qui sont assis sur une aultre pierre de largeur pareille à ladicte pointe, lesquelles sont quarrées par le dessoubz, de la largeur de une toyse et demie en quarrure et merveilleusement haulte et tousjours du bas en montant amont elle diminue. Et dist on que celle de dessoubz sur quoy elle est assize est de semblable haulteur et grosseur en terre ; et n'est riens allencontre des deux grandes coullombes qui sont à Venise en haulteur et grosseur.

Après iceulx pélérinages faiz, fûmes en une petitte église dont j'ai oublié le nom, où nous fut (dist) que ung prêtre non estât en estat de grâce chantoit la messe, et après qu'il

Camp de Dieu.

Pierre singulière.

Miracle du Saint Sacrement.

eust consacré le corps de Nostre S̄gr̄ et qu'il le cuida user, il sailly hors de ses mains à terre, et à présent y voit on la forme et empraincte de la rondeur et grandeur ; et semble qu'il chey lors tout sanglant, car encoires y appert-il, et y vint le saint Père lors et le clergié. Et est ceste plache garnie d'unne petitte treille de laiton. En l'église que l'on appelle *Ara Celi* est une montée de degrez pour y entrer grande et haulte, et les degrés beaux et larges; et en icelle fut trouvée la première ymage qui fut oncques faicte de la vierge Marie. Laquelle église est joindant la place de Campe de Flor et le palais des sénateurs; dont à l'entrée et sur la porte d'icellui pallais est de cuyvre la fourme d'une louve, pour ce qu'elle allayta Romus et Romulus. Aussy y est la forme du plus grand géant que oncques veys, tenant en l'unne de ses mains une pomme de keuvre.

Église d'Ara Celi.

Palais du Pape.
Ce fait, allâmes veoir le pallais de nostre saint Père certes qui est grand et fort sumptueux, aussi sa chappelle, la cave qui est fort grande, et les gardinages. Veys comment les familliers et serviteurs de nostre saint Père, comme évesques et autres, sont servis, et quantes tables se mettent en une grande salle; et est le tout fort bien conduit. Je veys la librarie du Pape où il y a cincq chambres touttes playnnes de tous libvres, attintées que en tel cas appartient. La plus grande où il y a deux gros pilliers ou milieu, y peult aller chascun estudier; en deux des aultres, cardinaulx et évesques ou semblables; et les deux autres chambres, nostre saint Père y va aucunes fois. Ce jour me fut monstré une ostrice qui estoit fort grande, puissante, et rade, les piez comme ung beuf, le hatreau fort long et ne povoye avenir de ma main à sa teste, et me fut dit qu'elle porte ung homme la

Autruche.

longheur de une salle, ayant grosses cuisses et genoulz bien fais, portant plummes touttes telles que les jeunes gens portent à leurs chapeaux.

En retournant dudit pallaix pour aller à mon logis, je veis une roche taillié au chiseau fort haulte et grosse, par dessoubz quarrée, et en montant amont elle diminuoit; et dit-on qu'il y a une sépulture dessoubz. Et après trouvay le chastel saint Angele qui est bel pardehors, car point ne le veys par dedens; et est taillié en roche. Emprès icellui chastel a ung bancq tout d'une pierre de deux toyses et demye de long et de toyse et demye de large. Et d'illec allay veoir l'ospital saint Esperit qui est bien beau, mais ce n'est pas trop grand chose à mon advis.

Le samedi, xv.ᵉ jour dudit mois d'avril, sur ce que estoye disposé pour moy rethirer à Venise, ne trouvay oncques personne pour avoir compaignie. Sy me failly ce jour séjourner audit Romme en escoutant et enquérant se quelque compaignie partiroit pour tirer mon chemin. 15 avril.

Le dimence, xvi.ᵉ jour dudit mois d'avril, pour les causes dessus dictes demouray encoires tout le jour audit Romme; allay par la ville, y veys pluiseurs beaux palaix appartenant aux cardinaulx; mais la ville se diminue fort et les murailles d'icelle; et tiens la moittié desdictes murailles tombées en ruyne. Au dehors dudit Romme y a apparence d'avoir eu pluiseurs grans chasteaux et pallaix qui tous sont tottallement en ruyne et désolacion. 16 avril.
État de décadence de la ville de Rome.

Le lundy, xvii.ᵉ jour dudit mois, à cause que nostre saint Père envoyoit certaine compaignie de gens de gherre à Viterbe furnis de grans deniers pour payer gens d'armes et ceulx de son artillerie, et dont estoit chief pour conduire 17 avril.
Départ de Rome.

ceste euvre le seigneur D'Obyt, lequel comme homme noble et virtueux fit publier avant la ville de Romme son partement à son de trompe. Et à ceste cause nous meismes en sa conduicte où grâce à Dieu trouvâmes bon compte ; et pour ce jour allâmes au giste en la ville de Monterotonde ou dudit Romme l'on compte xii milles.

<small>Monte Rotondo.</small>

<small>18 avril.</small>

Le mardy, xviii.ᵉ jour dudit mois d'avril, partismes du matin de ladicte ville de Monterotonde en la compaignie et conduicte dudit seigneur D'Obyt, et tirâmes au long du fleuve où en aucuns lieux trouvâmes rivières fort destroictes de raddeur que passâmes le mieux que peusmes ; et en effect vinsmes arriver entre deux chasteaux qui sont obéissans au pape, et là passâmes ledit fleuve à barque ; montasmes une fort grande montaigne, et moy avec aultres tirâmes d'illec à Burghet et au giste à Triculy qui sont au Pape ; où l'on compte dudit Monterotonde xxviii milles et plus. Et ledit seigneur D'Obyt avec sa compaignie tirèrent au giste à Civitas Chastellaine pour le lendemain estre audit Viterbe.

<small>Burghet. — Triculy.</small>

<small>19 avril.</small>
<small>De Triculy à Laurette.</small>

Le merquedy, xix.ᵉ dudit mois d'avril, partismes du matin dudit Triculy, allâmes disner en la ville de Nergne où l'on compte six milles, et d'illec couchier en la ville de Tergne où aussy l'on compte six milles ; sont pour ce jour xii milles.

<small>20 avril.</small>

Le jeudy, xx.ᵉ jour dudit mois d'avril, partismes de ladicte ville de Tergne du matin, et allâmes disner en la ville de Spolette où l'on compte xii milles, et ce jour au giste en une hostellerie appellée L'Espine, où dudit Spolette l'on compte huit milles ; sont pour ce jour xx milles.

<small>21 avril.</small>

Le vendredy, xxi.ᵉ jour dudit mois, partismes dudit lieu de l'Espine et allâmes disner à Versianne où l'on compte sept milles; et ce jour au giste en ung logis nommé à Poloveryne, où l'on compte xv milles; sont pour ce jour xxii milles.

Le samedy, xxii.ᵉ jour dudit mois d'avril, partismes dudit lieu de Polverine, et allâmes disner en la ville de Toulentine où l'on compte dix milles; allâmes en l'église d'illec où nous fut dit que le bras saint Nicolas de Toulentine (⁵⁹) y estoit en char et en sang. Et de là endroit nous allâmes couchier à sainte Marie de Lorrette où l'on compte xx milles; sont xxx milles, et passâmes lez la ville de Rakanart qui est à trois milles dudit Lorrette. Auquel lieu nous fut dit que Madame sainte Marie de Lauret elle estant par cidevant en Esclavonnye, pour le desrigleté du peuple, par la grâce de Dieu se party d'illec à toutte sa chappelle, et s'en vint en un bosquet assez près de Lorrette. Et pour ce que aucuns murdres ou robemens se faisoyent aux pèlerins audit bosquet, elle et sa chapelle se partirent, et vint en ung champ assez près dudit lieu de Lorrette et dudit bosquet, lequel champ appartenoit à deux frères. Et pour ce que ces deux frères maintenoient que ladite chappelle où elle estoit en ce champ estoit en sa porcion, ilz prinrent question ensemble, de laquelle ilz se submisrent sur gens de bien qui lendemain matin en devoient dire; mais ceste nuyt de rechief elle se départy et vint audit lieu de Lorrette où encoires elle est. Et pour encoires parler de sa conduicte, est vray que cëulx dudit Lorrette commenchèrent à faire ouvrer de pierre à l'enthour, mais elle et son tabernalle par les angeles fut eslevée arrière d'icellui ouvrage, et semble que les angeles le soustiennent là endroit en l'air, et depuis n'ont ozé touchier à ladicte chappelle; mais ilz ont fait une

22 avril.

S.ᵗᵉ Marie de Lorrette.

La tradition de Laurette

très belle grande église toutte neufve à l'enthour de ladicte chappelle. Ce ainsy advenu, nostre saint Père en fust adverty, commist gens pour aller faire enqueste pour savoir où par cidevant ceste chappelle avoit esté veue; lesquelz allèrent en Jhérusalem, trouvèrent que la chappelle où Madame sainte Marie de Loret estoit est le propre lieu où elle faisoit ses dévocions et oroisons, elle demourant à l'ostel de son père. Et en ceste propre chappelle estoit la benoitte vierge quant l'angele Gabriel le vint salluer en disant *ave maria graciâ plena*; mesmes encoires y est la fenestre par où l'angele y entra. Trouvèrent aussy qu'elle estoit en ceste propre chappelle à l'heure que Nostre Seigneur rechut passion. Trouvèrent aussy que ceste chappelle s'estoit transportée en Grèce, et par le desrigle du peuple se transporta en Albanie ou Esclavonnie, et de là se party et s'en vint au bosquet dessus dit, d'illec au champ des deux frères, et de ce champ au lieu là u elle est à présent. Et de touttes ces choses le pape qui lors rengnoit en bailla bulles ([60]).

23 avril.
Le dimenche, XXIII.ᵉ jour d'avril, allâmes en l'église Madame sainte Marie de Lauret et y oysmes messe et feysmes nostre dévocion, laquelle est toutte neufve et encoires imparfaicte; mais où ladicte sainte Marie est, c'est une petite vieze chappelle ou milieu de ladicte grande neufve église, laquelle chappelle a trois huys, mais les deux ont esté faiz pour entrer et widier les pellerins depuis qu'elle est là endroit; et l'autre l'on le a laissié comme il estoit, et n'y oze l'on touchier. Et est belle chose de la multitude du peuple qui chascun jour y vient; et aussy certes elle fait journellement par la grâce de Nostre Seigneur de bien beaux miracles; et sont bien choses dignes de mémoire et de recordacion. Ce fait, après

le desjuner vinsmes couchier en la ville d'Ancosne qui est une très belle ville appartenant au pape, où dudit lieu de sainte Marie de Lorret l'on compte xv milles. *Ancone.*

Le lundy, xxiiii.ᵉ jour dudit mois d'avril, partismes en barque dudit Ancosne environ xi heures, et vinsmes couchier en la ville de Pezero où l'on compte xl miles et plus ; laquelle ville se fortiffie fort, et appartient au s̄ḡr de Pezero mesmes (⁶¹). *24 avril. Embarquement pour Venise. Pezero.*

Le mardy, xxv.ᵉ jour dudit avril, sur ce que estions levé matin à intencion de remonter sur ladicte barque pour chengler et faire voille pour tirer à Venise, trouvasmes la tempeste estre sy grande sur la mer, que le patron de nostre barque ne se y fust pour riens mis. Parquoy nous failly séjourner audit Pezero pour veoir se le vent et la tempeste de la mer se apaiseroit. *25 avril.*

Le merquedy, xxvi.ᵉ jour dudit mois d'avril, nous failly encoires séjourner tout le jour en ladite ville de Pezero, parce que le vent tout le jour nous fut contraire ; de quoy il en y avoit à ceste cause de bien desplaisans. Mais ce jour après soupper, le patron de nostre barque nous vint dire qu'il voulloit surgir du port dudit Pezero et faire voille, et que allissions en la barque. Ce que feismes incontinent, et nous meismes au voille environ une heure devant soleil esconsant et tirâmes ou port de la ville de Ryme. Et ceste nuyt dormismes sur nostre barque ; et compte l'on de Pezero jusques audit Ryme xxv.ᵉ milles. *26 avril.*

Le jeudy, xxvii.ᵉ dudit mois d'avril, bien matin surgâmes hors dudit port de Ryme et chainglâmes au long de la mer pardevant la ville de Ravynes, et vinsmes prendre port à cause que le vent se leva si grand qu'il y faisoit très péril- *27 avril.*

leux ; et appelle l'on icellui port de Prémare, sur l'un des membres de la rivière de Poth ; et y couchâmes la nuyt. Et n'y a que une seulle maison. Duquel lieu de Ryeme jusques audit port de Prémare l'on compte LIII miles.

28 avril.
Rentrée à Venise.

Le lendemain vendredy, xxviii.ᵉ jour dudit mois d'avril, nous partismes sur nostre barque du bien matin dudit lieu de Premare, chenglâmes et feismes voille tellement que nous arrivasmes ce jour une heure de soleil en la ville de Venise, où l'on compte dudit port de Prémare jusques illec cent et trois milles. Moy arrivé audit Venise retrouvay mes s̅g̅r̅s̅ avec lesquelz j'estois partis du pays, en bonne santé, dont je fus bien joyeulx.

29 avril.

Le samedy, xxix.ᵉ jour dudit mois d'avril, nous séjournâmes tout le jour audit Venise ; car il nous fut dit que les gallées pellerines ne partiroient pour faire leur chemin en Jherusalem qu'il ne fust la feste de la Pentecouste prochain passée.

30 avril.

Le dimence, darrain jour dudit mois d'avril, séjournâmes encoires tout le jour audit Venise sans riens faire.

1.ᵉʳ may.

Le lundy, premier jour de may, an IIIIˣˣ et six, nous séjournâmes tout le jour audit Venise en attendant le partement desdites gallées.

2 may.

Le mardy, II.ᵉ jour dudit mois de may, demourâmes encoires tout le jour audit Venise comme dessus.

3 may.

Fête de l'Ascension à Venise.

Le mercredy, veille du jour de l'Assencion, III.ᵉ jour dudit mois de may, nous demourâmes encoires tout le jour audit Venise. Et ce jour le duc de Venise vint oïr vespres à saint Marc en grand triumphe ayant une robe de drap d'or, les huit banières dont cy devant est faicte mencion du jour de grand Pasques, les deux blanches, deux bleuwes, deux sanghuines et deux rouges de cramoysi ; les six clarons et deux trompettes d'argent; deux autres trompettes et trois hauvens ; le chandelier et la chandelle dedans ; la chayère dorée ; le coussin de drap d'or, l'ombreille et l'espée, et y avoit lors audit saint Marc pardons *à penâ et culpâ.*

Le jeudy, jour de l'Assencion, iiii.ᵉ jour dudit moys de may, le duc de Venise habillié comme le jour devant, acompaignié de grand nombre de notables personnes, environ six heures du matin party du pallaiz et s'en alla au havre et port de la mer lez ledit pallaiz à tous ses banières, clarons, trompettes, chéere, coussin, chandelle, ombreille et espée. Et lui illec venu y avoit une grande barque nommé Bugentor fort acoustrée et couverte richement, sur laquelle avoit ung fort riche estandart où estoit saint Marc, et monta dessus en grand nombre de sgrs et aultres gens avec luy ; et à forche de rymes et d'autres petites barques qui avoient cordes, partirent dudit port à intencion de passer entre les deux chasteaulx et tirer en la haulte mer, comme chascun an est de coustume faire pour espouser la mer ; car ce signiffie qu'ilz se dient seigneurs de la mer au mains du Levant. Toutesfois ilz trouvèrent le vent sy grand qu'ilz ne se ozèrent bouter en ladicte haulte mer. Et parquoy après qu'ilz eurent une espasse avancié avant(*) le canal et la platte mer, se retirèrent dont ilz s'estoient partis, et s'en revinrent à bien grande peine ; et n'eust esté par le moyen de aultres barques qui estoyent à l'enthour qui tiroient icellui bateau nommé Bugentor à cordes par forche de riesmes, ilz n'y eussent peu retourner. Et à l'enthour dudit Bugentor y avoit pluiseurs

4 may.

Cérémonie des épousailles de la mer.

(*) Lisez, *aval;* d'après le ms. de Valenciennes.

barques assez avantageuses, bien furnies de banières et penons. Et aussy y avoit une fuste armée, la plus belle et la mieulx actintée que je vis oncques. Et eulx arrivez audit port, le duc et tous les aultres se descendirent et revinrent au palays par la forme et manière qu'il y estoit premier allez. Et Dieu scet se les femmes de Venise (estoient) le jour d'hier et aujourd'huy bien gorgiases; et estoit la feste de Venise qui commence huit jours devant le jour de l'Assencion et dure huit jours après.

<small>Salle du grand conseil.</small> Ce jour mesmes, je allay en une grande salle tout au plus hault du pallaiz, laquelle a environ XL destres de long et XVII de large, et est plaine de sièges bien magnificques pour le nombre de six mil personnes et plus, et sert quand le grand conseil de la ville se tient, ou quand l'on baille audience à aucunnes grandes ambassades. Et est en icelle salle le siège du duc préparé plus hault que nulz des aultres en montant certains degrez. Et là est une grande chayère dorée bien richement; ladicte salle painte sur toille de l'istoire de l'empereur Barberousse qui chassa le pape lors comme en excil, comment il fut trouvé en ung monastère audit Venise servant à la cuisine, et comment il fut par ceulx de Venise remis en son estat; et pluiseurs aultres grans choses trop longues à escripre : et aussy sur ce que icellui empereur Barberousse sceult que lesdits de Venise soustenoyent le pape, leur fist la gherre, en laquelle gherre le filz dudit empereur fut pris prisonnier; et en font leur triumphe.

<small>5 may.</small> Le vendredi, v.ᵉ jour de may an IIII^{xx} six, fûmes tout le jour audit Venise sans quelque chose faire.

<small>6 may.</small> Le samedy, VI.ᵉ jour dudit mois, tout le jour audit Venise pareillement.

Le dimence, vii.ᵉ jour dudit mois de may, aucuns de noz gens allèrent à Morant qui est à deux lieuwes dudit Venise. Et en l'église saint Estienne audit Morant veirent en une casse de c à vi ᵡˣ Innocens. Ce jour à l'après disner fusmes en l'église sainte Luce audit Venise, et là veismes le chief et les deux piez de sainte Lucie (⁶²), et tout le remain estoit couvert d'un drap d'or ; et le avoit on couchié sur ung hault tombeau, et ainsi le met on tous les premiers dimences de chascun mois ; et ce jour passé est remise oudit tombeau.

Ce jour je fus veoir l'arsenacq dudit Venise qui est autant à dire comme le lieu où l'on met l'artillerie et armoyrie de la ville ; et là je veis vii ᵡˣ que gallées, que naves, que fustes, touttes estoffées, avec pluiseurs aultres bateaux. Je y veys beaucop de grosses bombardes que bombardelles et courtaulx de métal, et tant de serpentines, hakebutes, culevrines et aultres bastons à pouldre que à merveilles. Je y veys pluiseurs salles playnnes de cordes qui sont en trésor ; aussy pluiseurs salles playnnes de voilles, six salles playnnes de bringandines, sallades, espées, arcs, trousses à la mode du pays, arbalestres de bois et d'achier, viretons, hallebardes et aultres choses servans à gherre en sy grand nombre qu'il y a pour armer vi ᵡˣ mil personnes ; fusmes veoir pluiseurs grans plaches playnnes de mastz, aussy de rymes ; et tiens que toutes manières d'ouvriers se treuvent en ung jour ouvrable audit arsenacq, et fault une infinie chevanche pour payer les ouvriers que chascun jour l'on y voit ouvrer. Ung peu arrière dudit arsenacq nous allâmes veoir la plache où se fondent et jettent les bombardes de métal et aussy aultres bastons à pouldre. Et pour la haste que eusmes, ne veymes point une salle playnne de blans harnois de guerre comme cuiraches et

7 may.

Arsenal.

autres habillemens, et bringandines couvertes de drap de soye.

8 may.

Le lundy, viii.ᵉ jour dudit mois de may, séjournâmes tout le jour audit Venise, et ce jour fut congneu (*) nostre

Nolis pour Jérusalem.

marchié fait avec le patron de nostre gallée pour nous mener en Jhérusalem, et nostre argent payé; saulf que se ne tyrions dudit Jhérusalem à sainte Katerine et nous revenions sur sa gallée, luy deveriens baillier de rechief chascun huit ducas d'or vénissiens.

9-13 may.

Le mardy, merquedy, jeudy, vendredy et samedy, ix.ᵉ, x.ᵉ, xi.ᵉ, xii.ᵉ et xiii.ᵉ jour de may, nous séjournâmes audit Venise sans aultre chose faire.

14 may.

Le dimence, xiiii.ᵉ jour de may, jour de la Pentecouste, nous séjournâmes audit Venise.

15 may.

Le lundi, première feste de la Pentecouste, xv.ᵉ jour de may, les aucuns d'entre nous se tirèrent sur une isle assez

Tir à l'arbalète.

près dudit Venise où les seigneurs d'icelle ville, chascun an à tel jour, évocquent chascun y venir tirer de l'arbalestre, et y donnent pris; et ne tire l'on que ce jour, et chascune personne ung cop seullement. Et est le premier pris ung arbalestre; le second ung drap de velours cramoysi, le tiers ung drap de damas, le quart ung drap d'esquarlatte, le v.ᵉ ung drap de graynne, le vi.ᵉ l'un des pavais et xiiii ducats et le vii.ᵉ l'autre pavais et vii ducas; et autel se fait chascun an au jour de la première feste des festes du Noël.

16-21 may.

Le mardy, merquedy, jeudy, vendredy, samedy et dimence, xvi.ᵉ, xvii.ᵉ, xviii.ᵉ, xix.ᵉ, xx.ᵉ, xxi.ᵉ jour dudit mois de may, séjournâmes tous iceulx jour audit Venise actendant le partement des gallées pellerines sans aultre chose faire.

(*) Sans doute erreur de copiste pour, concleu.

Le lundy, mardy, merquedy, jeudy, vendredy et samedy, XXII.ᵉ, XXIII.ᵉ, XXIIII.ᵉ, XXV.ᵉ, XXVI.ᵉ, XXVII.ᵉ jours dudit mois de may, séjournâmes encoires audit Venise attendant nostre dit partement.

22-27 may.

Le dimence, XXVIII.ᵉ jour dudit mois de may, séjournâmes tout ce jour audit Venise. En ce jour les aucuns de nous allèrent en l'église saint George en une isle assez près de Venise où ilz veirent pluiseurs corps sains; assavoir de saint Josine(63), hermitte et confesseur; de saint Pol, martir, de saint Extace (64) qui fut patriarche de Jhérusalem et y fut décappité; de saint Jaques le grand et saint Damien, le chief et l'encleng bras de saint George, l'encleng bras de sainte Lucye, et autres pluiseurs reliques. D'illec allèrent en l'église de saint Salvator où ilz veirent le corps saint Théodor quy estoit frère de saint George comme il leur fut dit, lequel tua ung dragon, lequel on voit audit Venise pour le jourd'huy, car je l'ay veu. Et après allèrent en l'église des frères Croisetiers où ilz veirent le corps sainte Barbe; une des hancques saint Cristofre; le chief saint Grigoire le martir compaignon de saint Géromme; l'un des dens saint Blaise et son godet où il buvoit; du sang de sainte Sabine le martire, lequel est coullant, et sy y a plus de III.ᶜ ans qu'elle rechut martire; deux oz des bras de saint Laurens; et pluiseurs autres reliques. Et oultre plus allèrent à Morant, et en l'église saint Mathias veirent ung pélerin de Jhérusalem, lequel estoit des Allemaignes nommé Daniel, lequel a esté IIII^{xx} ans en terre, et est encoires en char et en os tout entier.

28 may.

Eglises de S. George et de S. Sauveur.

Le lundy, mardy et merquedy, XXIX, XXX et derrain jours dudit mois de may, nous séjournâmes encoires tous ces jours audit Venise atendant nostre partement.

29, 30, 31 may.

1.er juin.	Le jeudy, premier jour de juing oudit an IIII^xx six, séjournâmes tout ce jour audit Venise et allâmes en l'église saint
S. Zacharie.	Zacharies où sont nonnains, où veymes six corps saintz en deux tombeaux. Ou premier qui est derrière le grant autel, le corps saint Zacharies, saint Théodor et saint Grigoire le martir; et ou II.e tombeau sont les corps de saint Achelies, saint Pancracy et saint Nerthelies.
2 juin.	Le vendredy, II.e jour de juing, partismes dudit Venise et allâmes soupper et couchier en la gallée pellerine de messire Pierre Landre (65) qu'il faisoit gouverner soubz luy par messire Bernard Bousledon, laquelle gallée estoit ung peu oultre les deux chasteaux, laquelle se préparoit pour le lundy ou dimence surgir d'iceluy port et soy mettre au voyle comme l'on disoit.
3 juin. S. Nicolas.	Le samedy ensuivant, III.e jour de juing, fusmes tout le jour en la dicte gallée, saulf que allâmes oyr messe à saint Nicolay en une église de l'ordre saint Benoidt en une isle assez près desdits deux chasteaux, où les religieux d'icelle église nous donnèrent à disner, et puis retournâmes sur la dite gallée. Et ce jour du matin, une aultre gallée pellerine qui estoit à messire Augustin Contarin (66) party cincq ou six milles oultre du nostre, fist voille et s'en alla ce jour comme nous fut dit à Parence où l'on compte cent miles et eubt tout ce jour vent à souhait et en poupe.
4 juin. Chartreux.	Le dimence, IIII.e jour dudit mois de juing, fûmes tout le jour en ladite gallée, saulf que du matin, à cause du saint dimence, allâmes oyr la messe en l'église des Chartrois de Venise qu'on dit à saint Andrieu; et en y allant fist grand tempeste sur la mer, de tonnoire et d'esclitre. Ouquel lieu les frères de léans ne volrent souffrir de en partir sans nous

donner à disner là u fusmes bien et grandement festoyez sans mengier char, et mieulx et plus ordonnéement que ne fûmes le jour devant en ladite église de saint Nicolay. Ce jour sur le soir, après le soupper, la femme de messire Bernard, commis à nostre patron ou lieu dudit messire Pierre Landre, vint en la gallée avec aultres pour ce que estions sur nostre partement, ausquelles et à la compaignie il leur donna sa collacion.

Le lundy, v.ᵉ jour de juing, fûmes encoires tout le jour en ladite gallée, et ce jour allâmes oyr messe en l'église saint Nicolas; et la messe oye, nous furent monstrez les reliquaires d'icelle église, où entre aultres y avoit une quenne en laquelle Nostre Seigneur lui estant en Gallilée commua eauwe en vin aux neuces (67) de saint Jehan où fist son premier miracle; icelle quenne est de très belle fachon, de coulleur sur l'arbastre en tirant sur le jaune comme coulleur de chire. Et quand l'on mettoit la chandelle dedans, l'on voyoit la clarté par dehors. Item le baston pastoural et les cendalles de saint Nicolay, le grand évesque de Myre, et pluiseurs aultres reliques.

5 juin.

Les mardy et merquedy, vi.ᵉ et vii.ᵉ (jour) dudit mois de juing, séjournâmes encoires sur la dicte gallée là u nous et les aultres pellerins estions bien desplaisans de sy longhement séjourner sans faire chemin.

6, 7 juin.

Le jeudy, viii.ᵉ jour dudit mois de juing, l'amiral de la mer, de par les seigneurs de Venise, comme il est de coustume qu'il fache, nous vint à forche de barques surgir hors dudit port entre lesdits deux chasteaux lez Venise où avions séjourné comme dessus est escript certains jours à l'apétit du patron et pour son désordonné lucratif prouffit plus que

8 juin.
Les pelerins mettent à la voile.

bel ne nous estoit. Et par le moyen desdites barques de pillotz nous menèrent hors d'icellui port par les canaulx jusques que fûmes en playne mer. Et lors nostre gallée fist voille, et chenglâmes en tirant chemin à Jarre sans voloir prendre port à Parence, à intencion de rataindre la gallée dudit messire Augustin Contarin qui estoit partie six jours paravant ; mais nous ne feismes guères de chemin parce que avions peu de vent, et tout ce jour et la nuyt feymes environ L milles et non plus.

9 juin.

Parence.

Le vendredy, IX.ᵉ jour dudit mois de juing, quelque dilligence que les commistres perron et mareniers de nostre gallée sceurent faire, sy ne arrivâmes nous ce jour que sur le soir au port de la ville de Parence, où de Venise jusques illec l'on compte l'on cent milles ; et est du pays d'Istrie appartenant aux Venissiens. Et là nous ancrâmes, jasoit ce que n'y devions point aller, et la cause fut pour ce que le vent nous estoit du tout contraire. Et illec demourâmes le parfait de ce jour et toutte la nuyt, et allâmes veoir icelle ville de Parence qui est petitte ville et de petit effect, mais il y a très beau port. Et assez près d'illec il y a une isle en laquelle il y a une église de saint Nicolay et moynes de l'ordre saint Benoid ; et lez icelle y a une haulte tour, et tiens qu'elle sert pour radrechier les mareniers à entrer au port dudit Parence.

10 juin.

Le samedy, X.ᵉ jour de juing, à cause que le vent nous demoura encoires contraire, séjournâmes tout ce jour et la nuyt audit port de Parence.

11 juin.

Le dimence, XI.ᵉ jour dudit juing, allâmes oyr la messe en ladite église de saint Nicolay et disner audit Parence ; et à cause que ledit vent nous demoura encoires contraire, séjournâmes tout le jour audit port; allâmes visiter les églises ou guères n'en y a fors l'église cathédrale, l'église parroischiale et une église de Cordeliers; en laquelle église des Cordeliers je trouvay escript Collart le Béghin et Gilles le Vinchant (68). Et quand à l'église cathédrale, il y a à l'enthour du ceur de l'ouvrage de musayke où il y a beaucoup de quonquilles de perles; mais en icelle ville et à l'enthour y a pluiseurs chappelles sur montaignes. Aussy à l'enthour d'icelle lauriers, olliviers, rommarins, grenades et aultres arbres portans fruiz; et entre icelles chappelles en y a une en la mer en une peticte ille nommée la chappelle saint Raphaël.

Le lundy, xii.ᵉ jour de juing, encoires pour cause du vent nous séjournâmes audit port de Parence jusques environ soleil couchant que lors feymes voille, du grant de lait de thimont aussy de medansne et du drincquet (69), et chenglâmes pour tirer à Jarre. *12 juin.*

Le mardy, xiii.ᵉ jour de juing, après que eusmes chenglé toutte la nuit paravant ayant vent assez compétent, ce jour ne eusmes guères de vent pour tirer avant, et à ceste cause ne feymes guères de chemin pour ce jour. *13 juin.*

Le mercredy, xiiii.ᵉ jour dudit juing, tout ce jour (fut) le temps si calme et sy plain de bonnasse que (ne) peusmes faire chemin, et demourâmes sans povoir arriver à port. *14 juin.*

Le jeudy (*), xvi.ᵉ jour dudit juing, environ soleil levant, ainsi que les pellerins se levèrent (se treuvèrent) ancrez au port de la ville de Jarre où l'on compte de Parence jusques illec ii.ᵉ milles; où tous les pellerins tirèrent sur barquettes *16 juin.* *Jarre (Zara).*

(*) Il y a ici erreur; le 16 doit être un vendredi.

pour oyr la messe et veoir la ville, et aussy pour veoyr le corps saint Syméon qui rechut Nostre Seigneur quand il fut présenté pour estre circoncis; mais à cause que pluiseurs avoyent les clefz pour ouvrir le tombeau, et dont l'un qui en avoit l'une desdites clefz estoit hors, ne le peusmes veoir, dont nous fusmes bien desplaisans. Ce jour allâmes veoir une chappelle sur terre ferme, demy lieuwe oultre ladicte ville de Jarre, que l'on dist à Nostre Dame de Miracle, et y a grand apport, et fault passer une peticte isle sur barquettes. Ladicte ville de Jarre est une petite ville, mais d'autant qu'elle contient, elle est belle ville et très bien frummée et murée, encloze de la mer de tous costez, et plus grande et beaucop meilleure ville que Parence. Et est la dicte ville de Jarre pays d'Amassie (*) ou d'Esclavonnie, obéissant et subgiecte aux Vénissiens. La pluspart des manans dudit Jarre ont vins à vendre en gros ou à débit, et sont fort vins que l'on ne peult boyre sans beaucoup d'eauwe. Et me semble qu'elle est très plaisant ville et doulce. Et ce propre jour entre autres messes oymes ung prêtre qui dit messe en langage esclavon; et nous fut dit que saint Géromme composa les messes qui pour le présent se dient en ce langage.

17 juin. Le samedy, XVII.ᵉ de juing, soleil levant et du matin partymes sur berquettes de nostre gallée et allâmes oyr la messe en ladicte ville de Jarre en l'église paroissial; et après tirâmes en l'église de saint Syméon, et ny eusmes guères arresté, que icelluy corps en grand magnificence, après que les cloches de ladicte église eurent esté batelées, nous fut monstré en grand multitude de pélerins et à la mère de la royne

(*) Pour, de Dalmatie.

de Cypres (70) aussy y estant, et les gentilz hommes et demoiselles de sa compaignie; et certes c'est belle chose de veoir ledit corps saint. Aussy y estoit le chief de saint Julite, confesseur, et en une autre église nous fut dit que le corps saint Pancracy y estoit; et ce fait allâmes disner. Et durant nostre disner, les trompettes de nostre gallée commenchèrent à sonner affin que chascun pélerin se retirast en la dicte gallée, et que le patron voulloit partir d'icellui port. Ce oyant, retirâmes tous en nostre dite gallée; n'y eusmes guères esté que nostre patron ordonna faire voille pour tirer avant. Et pendant le temps que la dicte gallée se préparoit pour partir, les Thudes estans en nostre dicte gallée prinrent parolles bien righoreuses à messire Pierre Landre pour ce qu'il estoit cause que avions sy longuement mis à partir du port de Venise; mais des dictes parolles et devises m'en déporte les icy réciter. Quoy qu'il en fut, surgimes dudit port de Jarre, où avyons fait scalle environ douze heures, à midy. Et en tirant nostre chemin sur cest après disner veysmes une ville dézolée (71) qui jadis s'appelloit aussy Jarre, laquelle les Turcs avoyent destruit. Veysmes aussy une chappelle où l'on ahore de saint Clément et ung monastère de l'ordre saint Franchois. Et depuis nostre partement dudit Jarre, nostre gallée alla tousjours entre roches et montaignes, et l'appellent aller ès canaulx; et ce jour, une heure après soleil couchié, ancrâmes entre lesdictes roches pour toutte la nuit.

Le dimence, xviii.ᵉ jour de juing, environ soleil levant, feymes voille et tirâmes chemin; et à l'avant dysner veymes la ville et cité de Sybeny et ung chastel assez près à présent appartenant à messire Lucas (72) qui est légat du pape, et

18 juin.

Sybeny (Sebenico)

est cely qui long temps a sieuwy la court de la maison de Bourgoigne ; et tiens que de ceste heure encoires il y soit. Et est cest éveschié ou pays d'Esclavonnie et soubz la seignourie des Vénissians. [Aussy nous fut dict que estions passez en faisant nostre chemin assez près des villes nommées Mortet et Stragunt (75), aussy de Lyzo où l'on prend les sardines que on menge à l'Italie et à l'environ : et sy trouvasmes sur une roche une petite cappelle qui estoit fort démolie, où on disoit que aulcuns sainctz y avoient faict penitence. Et en icelles et aultres semblables cappelles les mariniers des gallées y faisoient oraisons et faisoient faire par les pelerins en sonnant les trompettes pour l'honneur des sainctz.] (Ceci est du ms. de Valenciennes.) Et ce jour, une heure avant soleil couchant, feismes scalle et prinsmes port devant la ville de Lezena qui encoires est pays de Esclavonnye, subgiecte et obéissans aux Vénissiens ; et compte l'on de ladicte ville de Jarre jusques audit Lezena VI^{xx} milles. Laquelle ville de Lezena est petitte et sur ung petit mont, et semble qu'elle soit ville faicte neufve puis peu de temps quand aux maisons, portes et murs de ladicte ville. Et jusques ceste ville n'avons trouvé ville sy povrement pourveue de vivres pour la substentacion des pellerins. Assez près y a une église nouvellement faicte où sont Cordeliers de l'observance, que ung marchant marenier a fait faire à ses despens, et y euvre l'on chascun jour, et s'apelle l'église Nostre Dame de Miracle. En icelle y a deux belles cisternes où se tire bonne doulce eauwe ; tout à l'entour sur les roches et les montaignes sont rommarins et autres arbres à sy grand plenté comme jenestres en nostre pays.

Le lundy, XIXe jour de juing, du matin allâmes oyr la

messe en ladicte église Nostre Dame de Miracle et desjunâmes audit Lizena; et environ douze heures à midy partismes dudit port, feymes voille et cheminâmes sans avoir guères de vent pour tyrer à Courselles.

Le mardy, xxe jour de juing, avant que fussions levez nous trouvâmes au port de la ville de Courseilles ou Coursella auquel feymes scalle, et y allâmes oyr la messe et disner; et y a une belle petitte villette laquelle l'on a fortiffié puis peu de temps. Et tiens que ce fut (74) par ce que le roy Ferrant et les gens du pape furent devant à IIII^{xx} navires et plus et n'y feirent riens; et à ceste cause qu'ilz furent sy vaillans sont tous bourgois de Venise. Et compte l'on dudit Lezena jusques audit Courselles L milles, et sont à l'entour d'icelle ville grans roches et montaignes à deux costez esquelles y a largement dadiers, fighiers, grenadiers, rommarins, amandiers et aultres arbres de grande et bonne sustentacion; et séjournâmes tout ce jour audit port. 20 juin. Courselle (Curzola).

Le lendemain mercredy, XXIe jour dudit juing, pour cause que le vent nous fut contraire nous séjournâmes encoires audit port ce jour. 21 juin.

Le jeudy, XXIIe jour dudit juing, du matin nous fut rapporté que aucunnes navires venoyent sur nostre gallée et les pellerins et marchans y estans; par quoi avec l'artillerie qui desja y estoit l'on y mist encoires largement pierres. Et quoy qu'il en fut, pour cause dudit vent contraire, séjournâmes encoires tout ce jour au port de ladite ville de Courselles ou Coursella. Et pendant ce temps aucuns allèrent veoir ung monastère de saint Franchois de piez deschaulx estant en une isle à deux milles près dudit port, où l'on aheure de Nostre Dame de Miracle. Et aultres s'en allèrent esbatre sur 22 juin.

les montaignes à l'entour dudit port. Laquelle ville et port est du pays d'Esclavonnie, mais est subgiette aux seigneurs de Venise.

23 juin.   Le vendredy, xxiii.ᵉ jour dudit mois de juing, surgimes hors dudit port de Courselles, feymes voille pour tirer à Sarragouse où l'on compte du dit Courselles lxx milles, et fault tirer entre roches et montaignes. Et passâmes assez près d'une ville que l'on dist estre assez bonne ville et y sont les sallines qui sortist à la ville dudit Sarragouse, nommée Signa; et à cause que le vent fut ce jour petit ne peusmes ce jour arriver audit Sarragouse. Et ce jour sur le soir après le *Salve Regina* chanté, l'on aluma xv chandelles et xv lanternes pour cause qu'il estoit la veille de saint Jehan Baptiste; et ce jour se veyrent pluiseurs feux que les païsans feirent sur les dicques de la mer où avoit aucuns villages.

24 juin.
Sarragouse (Raguse).   Le samedy, xxiiii.ᵉ jour de juing, trouvâmes à nostre lever que avions fait schalle au port de ladicte ville de Sarragouse. Ce véant y allâmes oyr la messe et disner. Et ce jour ceulx de la ville faisoient une procession. Laquelle ville est une des belles villes que j'aye veu, et la plus forte : la muraille d'icelle nouvellement faicte tant de tours, bollewers, comme faulses brayes, fossez à fons de cuve. Laquelle ville n'est subgiècte que à eulx mesmes, saulf qu'ilz sont tributaires au Turc et au roy de Hungrie. Je tiens que c'est une fort riche ville, et est bien furnye de belles fontaynes de doulce eauwe. Au dehors d'icelle ville tout près y a ung chastel sur une roche que l'on dist estre bien fort et est encoires pays d'Esclavonnie; et d'illec jusques à Constantinoble n'y a que . . . . journées par terre. Et nous failly tarder à

la porte une bonne espace, et peult sembler qu'ilz n'ayment les Venissiens (75) que bien à point. Nous alâmes veoir les églises des Jacopins et de saint Franchois qui sont très belles églises et sont nouvellement faictes. En une chappelle ou bourg de la ville trouvay escript : Gilles Vinchent.

Le dimence, xxv.ᵉ jour de juing, allâmes oyr messe en ladicte ville de Arragouse, et obstant que la nuyt devant et tout ce jour avions vent en pouppe, sy ne feymes voille qu'il ne fust après midy; et la cause sy fut pour ce que ce dimence nostre patron avoit donné congié à ung frère jacopin, docteur pellerin, de preschier ce jour du matin audit Arragouse, dont les aultres pellerins estoyent malcontens; car par pluiseurs fois il avoit desja fait ce tour, dont le voyage avoit esté retardé. Et le prescheur ne le faisoit que pour causes lucratives qui n'estoyent raysonnables. Toutteffois quoy qu'il en soit, nous feymes voille et partismes à une heure après midy dudit port pour tirer à Corfou où l'on compte dudit Arragouse jusques à Corfou iiiᶜ milles. Et de là endroit messire Pierre Landre se party de nostre gallée pour retourner audit Venise. *25 juin.*

Le xxvi.ᵉ jour dudit mois de juing, chenglâmes encoires tout ce jour et la nuit comme le jour devant pour tirer audit Corfou, et estions en plaine mer, saulf que du costé à la main senestre nous voyemes grandes roches et montaignes; et nous fut dit que au delà d'icelles c'estoit pays d'Albanie, et de l'obéissance du Turcq; mais de l'autre costé l'on ne voyoit que ciel et eauwe. Aussy nous fust monstré aucunnes villes et citez appartenant au Turcq. *26 juin.*

Le mardy, xxvii.ᵉ jour dudit mois de juing, quelque chose que noz mareniers sceurent faire, ne peumes encoires *27 juin.*

arriver audit Corfou pour ce que le temps fut calme et avions peu de vent. Mais jasoit ce que beaucoup des pélerins fussent fort mallades en donnant à mengier aux poissons, ne scay se ce fut par avoir fait trop grant chière à Arragouse ou par ce que la mer devint rudde et fist fort remouvoir nostre gallée.

Le mercredy, xxviii.ᵉ jour dudit mois de juing, à cause que le vent nous fut petit, ne peusmes faire ce jour ghaires de chemin, mais nous retrouvasmes arrière les roches et montaignes du costé de la Turquie et mesmes pluiseurs roches enclavées en playnne mer de l'autre costé, et ne peusmes encoires ce jour arriver au port dudit Corfou, mais ancrâmes à environ xx milles près, atendant que le vent nous venist.

Le jeudy, pénultième jour dudit mois de juing, environ une heure devant le jour, à cause que le vent nous estoit bon, noz mareniers firent désancrer et faire voille, mais nous n'eusmes pas cheminé demic mille quand le vent tourna tout contraire, et à ceste cause failly avaller le voille et ancrer de rechief, car nous estions avironnez de roches : et demourâmes en cest estat, obstant que c'estoit dommage à nostre patron pour la despence, jusques à environ une heure après midy que lors feymes voille et chenglâmes pour tirer audit Corfou. Et n'eusmes fait de chemin guères quand nous passâmes pardevant les murailles d'une ville qui autresfois a esté en estat et s'appelloit Gazopo, mais elle est à présent toutte destruicte, et n'y a apparence que d'aucunnes viezes murailles. Et laquelle ville fut habandonnée elle estant en son rengne, parce qu'il y avoit ung serpent qui se tenoit en une isle assez près qui chascun jour dévoroit le peuple d'icelle ville. Et assez près y a une petitte chappelle où l'on aheure de Nostre Dame qui chascun jour fait de beaux miracles; et assez près de la dicte chappelle fault entrer en ung kanal entre deux montaignes à xviii milles dudit Gazopo, et est très beau canal. A laquelle Nostre Dame de Gazopo l'on dist qu'il y a une lampe qui continuellement art devant elle, et n'y fault mettre huylle ne mesche que une fois en ung an; et ce est le jour saint Nicolas ou mois de décembre. Avec ce l'on dist que en icelle chappelle est ung des dens du dragon dont cy dessus est faicte mencion. Aussy à l'environ de la ditte chappelle, de l'autre costé des montaignes à la main senestre, y a une ville et chastel Boutentro, assez bonne ville qui est soubz la ville de l'ille de Corfou et subgiecte aux Venissiens. Et est Corfou la première ville de Grèce. Et arrivâmes au port dudit Corfou ung peu devant soleil couchant, et n'y peusmes venir plus tost parce qu'il fist fort calme; y ancrâmes et prinsmes scalle. Ce fait allâmes voir la ville que est forte ville sur ung hault tertre de roches, mais par dedans il y fait ort et mal plaisant, car les rues y sont estroittes et y fait ort et puant. Au dessus d'icelle ville il y a deux haultes roches(76), l'une plus haulte que l'autre, et sur chascune roche ung chastel. Laquelle ville l'on a fort commenchié à le fortiffier, depuis xiiii ans encha, de tours et murailles qu'ilz nomment faulses brayes, car icelle muraille est au devant de la vieze muraille; aussy ilz y ont fait une nouvelle porte. Et encoires à ceste heure y avoit grand nombre d'ouvriers y ouvrans. En laquelle ville il y a une chappelle de saint Nicolay là u avons veu deux corps saints; assavoir *sts Spiridius archiepiscopus de Chipro* (77), et est tout entier, lequel l'on dist

Chapelle de Notre-Dame.

Corfou.

que le jour de sa feste il se tient droit et fut apporté de la cité de Constantinoble à la prinse qui par ci devant fut faicte ; et l'autre s'appelle sancta Theodora, regina de Cypro, lequel n'est pas tout entier, mais ilz sont pour sains très mal révéramment mis. Et assez près comme tenant de laditte ville de Corfou y a ung grand bourg où touttes gens de mestier, marchans et autres gens vendent vins et viandes demeurent ; ouquel lieu les aucuns soupèrent et couchèrent, après avoir esté ès églises des Augustins et des frères mineurs.

30 juin. Le vendredy, darrain jour dudit mois de juing, oymes messe au bourg lez ledit Corfou et y desjunâmes ; et ce jour la pluspart des galliotz de nostre gallée misrent avant leurs marchandises audit lieu, mais tost ensuivant la trompette vint sonner affin que chascun se retirast et que le patron voulloit partir pour tirer à Modon ; par quoy chascun se retira en ladicte gallée. Auquel port de Corfou estoient lors trois gallées soubtilles, de xviii que les Vénissiens avoyent à ce jour sur la mer pour le tenir paisible, dont en l'une des trois le principal cappitaine des dictes xviii gallées y estoit ; et y a très beau port. Ce jour environ trois heures après midy feymes voille et chenglâmes pour tirer audit Modon ; et tout nostre chemin ce jour fust entre deux roches mesmes du costé de la main senestre, et est tout pays de Grèce. Et pour ce jour veymes pluiseurs grans roches en la mer assez près de nostre chemin.

1.er juillet. Le samedy, premier jour de juillet iiii^{xx} et six, chenglâmes encoires tout ce jour et nuit pour tirer nostre chemin audit Modon, et veymes tousjours du costé de la main senestre les roches et montaignes, et aussy sur l'autre costé allefois; mais aussy souvent l'on n'y veoit que chiel et eauwe. Et nous fut dit que ce jour avions passé près de l'isle de Sancta Maurra, pareillement l'isle de Cifflenye; et touttes icelles isles sont appartenant au Turcq et sciluées au-delà des montaignes du costé de ladicte main senestre.

Le dimence, second jour de juillet, chenglâmes encoires tout ce jour pour venir audit Modon, ouquel jour veymes aucunnes naves, les une de Portugal et aultres pays allans et retournans de Candie. Ce jour veymes tousjours les montaignes du costé de la main senestre, et de l'autre costé plaine mer. Veymes aussy ce jour l'ile de Comparée et l'isle de Gente qui touttes deux sont au delà des montaignes du costé de la dicte main senestre et est en pays de l'obéissance du Turc. *2 juillet.*

Le lundy, III.e jour dudit mois de juillet, nous chenglâmes tout le jour et la nuit bien petittement à cause du petit vent et de ce que la pluspart du jour et nuyt il estoit temps bonnace pour tirer audit Modon. Ce jour nous fut monstré où la terre de la Mourée estoit en passant nostre chemin, qui parcidevant a esté destruicte (78); et laquelle terre que l'on dist a de tour VIII.e miles (79), et n'y peult on entrer que par six milles de terre; icelle terre se commenche au chief de Clermont ou Clarmont où soulloit avoir une grosse muraille qui l'enclooit, et estoit au dispost de Rommenie (80), mais le tout fut destruit du temps que les Venissiens firent gherre au Turcq. Mesmes nous fut dit que du temps que la dicte terre estoit en prospérité y avoit ung très bel chasteau qui aussy est destruit. Et icelles terres sont du costé de la main senestre; aussy à v ou vi milles près dudit Modon, à ladicte main senestre, veymes ung chastel sus sur une haulte montaigne (81). *3 juillet.*

La Morée.

4 juillet.
Modon.

Le mardy, IIII.ᵉ jour dudit mois de juillet, arrivâmes au port de la ville de Modon qui est encoires du pays de Gré(*). Et ce jour allâmes mengier en icelle ; laquelle ville est forte et bien furnie d'artillerie, et est encloze de la mer environ les deux pars d'icelle ; et des aultres costez pour le tiers, plain pays. En icelle ville de Modon y a deux églises de religion si comme Jacopins et saint Franchois. Et en l'église paroissial d'icelle ville nous fut dit que le chief saint Anastasis(⁸²) qui fist le psalme de la foy y est, mays ne le veymes point, et le corps d'un pélerin qui venoit de Jhérusalem qui fait de beaux miracles. Et si sont les rues d'icelle ville plus grandes que en ville que j'aye trouvé puis mon partement de Venise. De ce costé de la terre ferme ilz le ont fort fortiffiée, car il y a fausses brayes et aucuns lieux et fossez doubles à fons de cuve fort parfons. De ce costé y a ung gros bourg où il y a beaucop de juifz, et lequel bourg est aussy fermet ; et en icellui bourg les pellerins y treuvent mieulx à boire et mengier que en ladicte ville. Et oultre ce dit bourg, il y a de tous costez de la dicte terre ferme tygurions en grand nombre qui semblent logis de bien povres gens. Touttesfois la pluspart des hommes sont sauldoyers à la ville de Modon à cheval ; et en iceulx tigurions et en aultres villages assez près y avoit, comme nous fut dit, mil sauldoyers à cheval, et desquelz chevaulx j'en veys aucuns bons. Esquelz tigurions il y a grand partie de

Egiptiens ou Albaniens.

gens Egipciens(⁸³) telz que ceulx que autresfois j'ay veu en nostre pays, et desquelz Egipciens en y a la pluspart maricheaulx, et euvrent d'icellui mestier eulx estans assiz

(*) de Grèce.

à la terre et leurs souffletz sont de peaulx de chièvre. Aussy en icelle terre y a aucuns Turcs y demourans, ne scay pas comment, soit par tribu ou aultrement, ou qu'ilz soyent aussy bien venus que les aultres manans de la terre. Et quand lesdis Egipciens se partent de ce lieu pour aller en nostre pays ou ailleurs comme ilz font encoires journellement, ilz boutent le feu en leurs tygurions et ne peuvent faire aultres maisons; et les appelle l'on Albaniens, et y ont demouré seullement puis xxx ans encha, qui est depuis le temps que les Vénissiens feyrent la guerre aux Turcs, et estoyent de l'ayde ausdits Vénissiens et retraiz audit Modon. Et sont vaillans hommes et hardis chevaulcheurs comme ilz dient audit Modon. Les galliotz de nostre navire estaplèrent leurs marchandises pour vendre audit Modon comme ilz avoyent fait à Corfou.

Le merquedy, v.ᵉ jour dudit mois de juillet, allâmes oyr messe audit Modon et disner. Et après nostre patron fist sonner nostre trompette affin que chascun se retirast en la gallée, et feymes voille environ deux heures après midy, et tirâmes chemin pour aller à Candie où l'on compte dudit Modon iiiᶜ milles. Quand nous eusmes fait environ xviii milles, du costé à main senestre où jusques illec estoyent roches et montaignes, veismes une ville nommée Coron, plus grande et meilleure que Modon, comme nous fut dit, et en bon et fructueux paiz subgiect et de l'obéissance des Venissiens. Et de l'autre costé, à la main droicte, l'on n'y veoit que chiel et eauwe, mais l'on n'a jamais fait xviii ou xx milles que l'on ne retreuve roches et montaignes d'un costé et d'aultre, et aultre chose ne veymes jusques la nuyt nous eust prins.

5 juillet

Coron.

|6 juillet.| Le jeudy, vi.ᵉ jour dudit juillet, tout ce jour chenglâmes aussy avant et aussy fort qu'il pleut au vent. Et pour ce jour du costé de la main senestre jusques à l'après dysner, veymes de ce costé touttes montaignes ; et à ce costé nous fut monstré l'isle saint Venedigo, aussy la terre de Melion Mapan. Aussy nous fut monstré l'isle de Seringho, de laquelle isle fut Hélayne et en icelle la prinst Paris et ravist &.ᵃ Pareillement nous fut monstré ce jour mesmes et à ceste main senestre une terre que l'on dist au chief de saint Archangele ; et dist on que c'est ung très bon et fructueux pays.

Seringho (Cerigo).

En toutte l'ysle de Candie et à l'environ des montaignes y a grand peuple y demourant. Et nous fut monstré une roche où l'on dist que sur ce que ung roy de Naples avoit sur une nave envoyé quérir iiiᵉ pucelles pour lui mener la nave avec lesdictes pucelles, arrivées lez ceste roche, furent touttes engrochiés du deable, et enfantèrent d'enfans qui tous devindrent galliotz ; et à ceste cause tiennent ilz sy bien leur manière de (*) en tous leurs affaires et négoces ilz parlent du deable.

|7 juillet.
Candie.| Le vendredy, vii.ᵉ jour dudit mois de juillet, environ xi heures devant nonne, arrivasmes au port de Candie et y feymes scale. Et là trouvâmes la gallé messire Augustin Contarin ; lequel port est plus beau que à ce jour avoye veu, car il est clos et fermé de tous costez. Et prestement allâmes disner en la dicte ville de Candie qui est forte ville, et touttes les maisons d'icelle ville sont à terraches, sans comble, et y a une belle grande rue en laquelle est le lieu où le duc de

(*) Lisez que.

Candie, le cappitaine et aultres gens de la justice se tiennent pour faire et administrer justice. Et pour lors le patriarche dudit Candie y estoit qui est père de messire Pierre Landre; et en icelle rue y a pluiseurs ouvriers d'escrinerie, et ne œuvrent que de cyprès (84); car pour gros bois il n'y a aultre bois. Et les aultres rues sont plus estroictes, et sont icelles très mal nestoyées. De l'ung des costés d'icelle ville y a ung grand bourg qui est frummé là u sont les Augustins, et aussy y est l'ospictal des pellerins. En icelle ville sont aussy les églises des Jacopins et des frères mineurs très mal retenues. Nous fut dit que en icelle ville est le corps de saint Titus auquel saint Pol escripvoit ses espistres. Et ne boit on en icelle ville que Malvisées, Rommenies et aultres vins doulz, et en croit la vingnoble en icelle isle. Aussy y a grand passage de sacres, faucons pelerins, et aultres oyseaux de proye en la saison, dont on fait grand extime en nostre pays qui ly esporte (*). Et est l'isle dudit Candie très fructueuse de tous biens, et y a grand nombre de citez, villes et villages appendans à icelle. Et nous fut dit que à une journée près dudit Candie est la table de Dedalus (85). Et pour lors y avoit à cellui port pluiseurs naves d'Espaigne qui chargeoient des vins du pays pour mener en Flandres. Ce a esté aultresfoys royaume, assavoir le royaume de Crète; et y a une haulte montaigne où ilz dient Jupiter y estre enterré.

Productions.

Commerce avec la Flandre.

Le samedy, dimence et lundy, viii.e, ix.e et x.e dudit mois de juillet, nous séjournâmes audit port.

8, 9, 10 juillet.

Le mardy, xi.e jour dudit juillet, environ dix heures du matin, nous partismes hors dudit port de Candie et chain-

11 juillet.

(*) Le ms. de Valenciennes dit : « quy les y porte. »

glâmes pour tyrer vers Rodes où d'illec l'on compte iiiᵉ milles. Et environ iiii heures devant messire Augustin Contarin s'estoit party pour aussy tirer vers Rodes. Et tout ce jour et la nuit il fit très grand vent comme il avoit fait lors que séjournâmes audit port de Candie, tellement que la mer estoit fort ruyde; par quoy les pluiseurs furent fort malades et ne s'en fault esmerveiller.

12 juillet.   Le merquedy, xii.ᵉ jour de juillet, cenglâmes tousjours comme nous avions fait les jour et nuyt par avant, et en nostre chemin veysmes l'isle de Lescarpento habittée de gens, l'isle de Langho (86) et l'isle de Nissery qui aussy sont bien habittée de gens; et la croit le soulfre comme à Pusuol. Laquelle ille, comme nous fut dit, est fructueuse plus que nulles des parties du Levant. Vis à vis de ceste isle de Nissery est une aultre isle nommée Liquarquy aussy bien habittée; et de ceste isle de Liquarquy voit on la Turquie et l'isle de Rodes. Et tost après entre l'on en ung canal qui maisne jusques audit Rodes; et tost après, du costé de la main droicte, l'on voit la chappelle de Sainte Marye de Fylerme (87), et y a une bonne ville de la seigneurie dudit Rodes; et auprès y a une abbeye nommée l'abbeye dessoubz le mont. Environ une petite heure devant

Rodes.   soleil couchant ce jour arrivasmes audit Rodes, et là feismes scalle, et y trouvâmes messire Augustin et sa gallée, laquelle y estoit arrivée heure et demie devant nous; lequel port est très beau. Et nous avoir ancré, allâmes voir ladicte ville

L'hôpital.   de Rodes. Et tout premier l'enfermerie (88) où l'on rechoit les mallades, qui est ung très beau lieu, et y sont iceulx mallades fort bien receuz et traitiez; et y euvre l'on très fort de nouveaulx édiffices qui seront chambres à part selon l'estat des mallades. Et en la salle où sont à présent les mallades y a xxxii litz richement aornez et tous couvers de pavillons ; et au milieu de la place y a ung autel où l'on dist chascun jour messe. D'illec allâmes veoir le chastel et le pallays du grand Maistre qui est encloz en icellui. Lequel chastel est à manière d'unne ville qui frumme quand on veult contre la ville ; et en icellui chastel sont pluiseurs hostelz et mesmes les hostelz de huit nacions servans et de l'ordene dudit grand Maistre ; et est très fort, et le pallaiz ung très beau lieu, auquel veymes une ostrice. Et quand à la ville de Rodes, les rues sinon une sont fort estroictes, et par dedens ne monstre pas d'estre bien belle ville ; mais elle est très forte car sur la muraille l'on yroit à payne (*) trois hommes à cheval de froncq ; et tout à l'entour après y a faulses brayes, et au devant y a encoires doubles grans fossez à fons de cuve. Laquelle ville (89) et le chastel furent fort batus des engiens du grand Turcq quand derrenièrement il y mist son champ qui fut le xxiii.ᵉ de may l'an mil iiiiᶜ iiiˣˣ, et il leva le xviii.ᵉ jour d'aoust ensuivant oudit an ; mais à présent le tout est réparé. Et sy est que à ceste heure ledit Grand M.ᵉ y a fait faire de grans ouvrages tout nouveaulx comme bolwars et fossez qui sont fort sumptueulx et puissans, et à ce jour ilz sont mis à deffence. Et sy avons veu où la puissance du Turc bailla l'assault où il en morut fors grand nombre. Ouquel lieu ledit grand Maistre fait faire deux belles chappelles, l'une pour les Grecs et l'autre pour les Latins. Et à ce que dient les dits de Rodes, ce fut une chose miraculeuse de ce que les crestiens fey-

Le château.

(*) Le ms. de Valenciennes, au lieu de *à payne*, écrit *quasi* ; meilleure leçon.

rent (*), car aultrement n'y avoit remède que ladicte ville et tous ceulx de dedens n'eussent esté mis à la volonté dudit Turcq. D'autre part à cent milles de Rodes est le chastel saint Pierre qui se soulloit appeller la cité de Tarce dont les trois roys vinrent pour aourer nostre s̄gr̄, *reges Tarsis et insule* &.ᶜ Et combien que leurs corps n'y sont, leurs tombeaux y sont en marbre grands et haults. Et du chasteau rouge lequel est gardé par les frères de Rodes, aussy c'est grand chose des chiens qui font le ghet audit chastel, et de la grâce que Dieu a donné pour congnoistre les crestiens envers les Turcs et autres infidèles (90). Assez près de ceste isle est l'isle de Pathmos (91) où saint (Jehan) fist l'Apocalipse. Aussy y est l'isle du Langho qui est bonne terre et fertile, mesmes l'isle de Querquy où Ypocras fist ses médecines. Et y a une aulte montaigne que l'on dist estre playnne de serpens. Esquelles ysles y a bien xxx villes que chasteaux, aussy villages, et le tout de Turquie; mais les dits frères de Roddes les tiennent sur les Turcs. J'ay aussy veu la grosse tour de Bourgoigne (92) que le bon duc Phelippe

Château S. Pierre.

Château rouge.

(*) Le ms. de Valenciennes ajoute : « contre les ditz Turcz en les rechassant jus de leurs murailles; car N. Dame et S. Jehan Baptiste quy est leur patron s'apparurent en l'air quand on y eult porté leurs croix et confanous et aultres reliquaires et sainctuaires avec aussy bonnes prieres que l'on y faisait; et quand les Turcz les veyrent ainsy en l'air, eulx ja estans sur les terrées des murailles, eurent sy horrible peur qu'ilz furent constrainctz de reculer et s'enfuir : lesquelz les Rodiens les suivantz en occirent beaucoup. Et sans miracle il n'y avoit remede que ceste ville de Rodes et toutz ceulx y estans n'euissent esté à la volenté du grand Turc et ses gens. Et les subsides et aides des navires quy venoient de par le pape Sixte et par le roy de Cécille venirent trop tard; car les Turcz ja retournoient. »

fist faire, et deux aultres tours qui gardent le havre, et xv mollins à vent estant sur icelluy, les xii d'un costé et les trois de l'autre. Il y a aussy pluiseurs aultres semblables mollins ès fors dudit Roddes. Et en icelle y a beaucop de belles femmes et fort gentes en leurs habillemens, et sont femmes de très beau taint ; et tiens qu'il en y a largement qui vendent amour en détail. Et souvent se y vendent esclaves, hommes et femmes. Audit Roddes les vins sont fors, mais l'eauwe doulce y est très bonne venant des puys. Aussy les ville et chastel sont assiz sur pierres, sablons et roches. Et audit Roddes se sonnent les heures comme en nostre pays, ce que n'avoye oy depuis mon partement de Bourgoigne et Savoye. Audit Rodes sont demourans Turcs avec leurs femmes et enfans, et aussy juifz, et en y a assez compétanment ; ne scay pas bien quel tribu, ne comment ilz y sont. Principallement les Turcs y laissier avoir leur résidence est chose mal affréant. Ne scay quel gouvernement il y a eu audit Roddes, mais ilz ont esté fort batus des verges de nostre S̄gr par la guerre et siège du Grand Turcq et ses gens en telle puissance que chascun scet : la seconde (verge), du tramblement de la terre audit Roddes par pluiseurs fois ; et durèrent huit mois entiers ; et le tierche, de la grande famine qui a esté audit Rodes, dont grans cris et clameurs se firent illec par tout le peuple y estant, et d'autres grans choses dont je me déporte. Et certes aussy Dieu leur a fait de grans graces ; et me semble que chascun doibt prier qu'ilz soyent si bons et par luy estre sy bien gardez, que toutte la crestienneté en puist de mieulx valloir.

Le jeudy, xiii.ᵉ jour de juillet, séjournâmes encoires tout le jour audit Rodes.

Femmes de Rhodes.

13 juillet.

14 juillet.

Exhibition de reliques.

Le vendredy, xiiii.e jour du dit mois de juillet, comme le jour de devant séjournâmes encoires audit Rodes. Et ce jour après vespres en l'église Saint Jehan audit Roddes tous les pellerins des deux gallées y assemblez, les reliques estans en icelle église furent monstrées. Assavoir de la vraye croix une fort belle croix; item ung des deniers qui fut baillié pour l'achat de nostre seigneur Jhésus Crist; la main de monsgr saint Jehan Baptiste en char et en os saulf le petit doyt; la moictié de l'autre main après, et est la main dont il baptisa nostre S̄gr comme ilz dient, et a esté esprouvé par miracle; item le chief sainte Eufémie; le chief de une des xim vierges; l'os de l'un des bras saint Estienne; ung des bras s.t Blaise qui fut Cordelier; ung des bras saint George; aussy ung bachin précieux de agathe et une licorne; aussy y a une croix de cuyvre que l'on dist que sainte Hélaynne avoit aultrefois ruée au goulfre de Satalie. D'illec nous allâmes ou pallaiz, et en la chapelle du grand maistre de Roddes veymes une sainte espine (95) laquelle le jour du saint vendredy, à la veue de tout le peuple y estant, flourit par une heure de loing; avec y veymes deux joinctes de saincte Catherine et ung os de saint Anthoine. Item il y a une église hors de Rodes que l'on appelle l'église saint Anthoine en laquelle les frères de ladicte religion sont enterrez. Et pour parler de chose advenue audit Rodes, est vray que durant le siège du Turc derrain, ung chevalier de la religion fut tué, et pour cause dudit siège fut enterré en une église des Grecs; et environ le boult de l'an de son enterrement fut retiré de ladicte église de Grecs pour le transporter en ladite église saint Anthoine, lequel fut trouvé sans pourriture voyant les playes dont il mourut, comme au jour de son trespas; et tant d'autres choses que merveilles qu'il n'est en moy de l'escripre.

Le samedy, xv.ᵉ jour dudit mois de juillet, environ quatre heures après midy sortismes hors du dit port de Rodes ; aussy fist messire Augustin et sa gallée, et feymes voille pour aller au port de Sallines en Cippres ; et tout ce jour et la nuit eusmes très bon vent et gaignâmes fort pays. *15 juillet.*

Le dimence, xvi.ᵉ jour dudit mois, comme le jour et nuit paravant chenglâmes pour tirer audit port de Salines, et en passant veymes l'isle de Quirindon (94) où dudit Rodes a cent milles, et là est le Chastel rouge que tiennent lesdits frères de Rodes. Après nous trouvâmes sur le bort de la mer, sur le costé de la main senestre, la ville de Baffa. Et tost après on treuve le gouffre de Sathalie qui contient comme l'on dist cent milles de long, où allefois on est bien visitez de grans vents et tempestes. Et nous fut dit que se ne fust ce que sainte Hélayne y getta une foys une crois faitte du bachin dont nostre seigneur lava les piez à ses apostres, à peine seroit-il possible de y passer ; et aultres dient que ce fut ung des claux de nostre seigneur qu'elle y getta. *16 juillet.* *Gouffre de Sathalie.*

Les lundy, mardy et merquedy, xvii.ᵉ, xviii.ᵉ et xix.ᵉ jours dudit mois de juillet, chenglâmes jour et nuyt comme devant à intencion de venir au port de Sallines. Et à cause qu'il faisoit fort bonnace en la mer, ledit merquedy nous ancrâmes au port de Limechon qui est de l'isle de Cippres et y trouvâmes messire Augustin et ses pélerins ancrez ; mais n'y arrestâmes que environ une heure. Et d'illec partismes peur aller audit port de Salines où l'on atendit la mère de la royne de Cippres estant sur nostre gallée pour la mener devers la royne sa fille à Nicosye ; auquel port de Salines nous arrivâmes et feismes scale ce merquedy pour la nuit, &.ᵉ *17, 18, 19 juillet.* *Limechon (Limisso).* *Port de Salines.*

Le jeudy, xx.ᵉ jour dudit mois de juillet, ainsi que nous *20 juillet.*

nous levâmes, trouvâmes que l'on avoit desja menée la mère de ladicte roynne de Cipres en une platte maison à une lieuwe près dudit port où dames, demoiselles, et pluiseurs gentilz hommes de l'ostel de ladicte roynne le actendoyent et estoyent venus au devant, et avoyent victailles et vaisselle d'argent pour cuisine et aultrement pour le servir. Et ce jour par nuyt fut emmenée pour cause de la chaleur; et le lendemain par nuyt jusques assez près de Nicossie, et le samedy du matin elle y fist son entrée. Et fut nostre patron avec, dont estions fort desplaisans pour le longtain séjour à icellui port ouquel n'y avoit que boire ne que mengier.

Mais assez près dudit port sont les salines (95) qui sont les nonpareilles de quoy j'aye oy parler. Car il n'y fault quelque chose faire, et se fait le sel de soy; et est de telle fachon que ce semble eauwe engellée, et sur ceste gellée qu'il ayt négée, et que ceste eauwe et nege soyent engellées; et tout ce s'est crouste, tellement que on le lieve par grandes grosses pièches, lequel l'on met par grands moncheaux sur la ryve desdictes sallines. Et quand naves ou aultres s'en voellent chargier, l'on le prend à l'esquipart et le met l'on ou sacq, et le porte l'on où on le voelt avoir, et aultre ouvrage ny faulte faire. Et tiennent lesdictes sallines plus de six miles de pays. Et d'illec jusques à Nicossye a de xxvIII à xxx miles, et tout plain pays. Ou dudit port jusques à Famagoce l'on compte de xxxvi à xL miles. Et a xvIII miles ou environ dudit port a une chappelle où l'on dist que la croix du bon larron est; et nous fut dit que l'on ne scet percevoir à quoy la dicte croix tient, et semble qu'elle se tienne en l'air. Et est la dicte isle de Cippres une bien grande isle et l'une des plus grandes du monde, aussy grande celle d'Angleterre et de Candie.

Le vendredy et samedy, xxi.ᵉ et xxii.ᵉ jours dudit mois de juillet, séjournàmes tous ces jours audit port de Sallines en atendant le retour de nostre dit patron qui estoit allé audit Nicossie conduire la mère de ladite royne de Cippres et aultres pellerins de la gallée qui si estoient allez esbatre. Et quand audit messire Augustin et sa gallée, dudit Lymechon il s'en alla à Jaffe sans faire scalle.

Le dimence, lundy et mardy, xxiii.ᵉ, xxiiii.ᵉ, xxv.ᵉ jour dudit mois de juillet, à cause que nostre dit patron estoit audit Nicossie, séjournàmes tous ces jours, sinon que le mardy, à cause que ledit patron revint du matin, feismes voille environ dix heures pour tirer au port de Jaffe. Et si tost que nostre dit patron fut retourné dudit Nicossie, il se prinst à voulloir bouter hors ung povre pelerin Englés en le battant et sans lui rendre son argent, dont les pellerins furent malcontens, et en firent de grans remonstrances en ramentevant ce qui avoit esté par ledit patron fait audit pellerin au partir de Roddes.. D'autre part en lad.ᵉ ville de Nicossie a une église de sainte Souffie faitte semblable à celle qui est en Constantinoble, fors qu'elle est plus petitte. Aussy en l'église de saint Dominique au dit Nicossie est la main de saint Luc dont il paindy trois ymages de la vierge Marie. Et le corps de saint Jehan de Montfort est aussy en une abbeye illec, et plusieurs aultres relicques.

Le merquedy, xxvi.ᵉ dudit mois de juillet, chenglàmes tout ce jour comme la nuyt paravant, mais à cause que le vent nous fut contraire ne feismes guères de chemin, et qui plus est nous failly ancrer en mer en atendant le vent, deux heures après soleil couchant. Et en oultre nous fut dit que saincte Caterine (⁹⁶) fut née à cincq milles près de la ville de Famagouste, et que son père estoit roy dudit Famagoce; et quiconcques y va comme l'en dist il peult porter la roe comme de avoir esté à mont de Sinay, saulf qu'il y a à dire ung membre à ladite roe. Pareillement on dist que audit Famagoce y a ung pilier où lad.ᵉ sainte Catherine fut loyée et flagellée. Avec ce en l'église sainte Souffie à Nicosie a ung sépulcre de grand longheur et largeur tout d'une pieche en coulleur de jaspre qui fut rapporté (de) Jherusalem, sur lequel fut trouvé en escript d'un poinchon le nom de Collart Béghin. Et par la royne de Cippres fut présenté et donné à nostre patron xv moutons, cent milons, trois sacquies de pain avec aucunes bottes de vin et chire.

26, 27 juillet.

Les (jeudy) et vendredy, xxvi.ᵉ et xxvii.ᵉ jours de juillet, chenglâmes continuellement pour tirer au port de Jaffe, mais à cause des bonnaces n'y peusmes arriver. Et pour parler des ports est que le port de Jaffe est le port de Jhérusalem; le port de Barut est le port de Damas; Allixandrie est le port du grand Kayre; Anthioce est le port de Nazareth.

28 juillet.

Arrivée au port de Jaffa.

Le samedy, xxviii.ᵉ jour dudit mois de juillet, chenglâmes comme devant pour venir au port de Jaffe où l'on compte du port de Sallines jusques illec environ ii\ᶜ lxx milles; mais nous en feismes plus par ce que nous montâmes ung petit trop hault, et toutesfois nous arrivâmes audit port de Jaffe ce jour ung petit devant soleil couchant. Ouquel port nous trouvâmes messire Augustin et ses pellerins nous attendans, et y avoient séjourné de sept à viii jours. Et pour parler dudit Japha qui parcidevant fut appellée Joppem, la mer duquel port est fort rudde, et sur la rive d'icellui port y a pluiseurs roches et cavernes, et a dessus deux tours dont l'une estant à la main senestre est quarrée, et l'autre à la main dextre, semble qu'il y a aultres édifficès que d'unne seulle tour. Laquelle plache de Joppem que l'on dit Jaffa a parcidevant esté une grande cité en laquelle après l'Assumpcion de Nostre Seigneur, si comme en la rive sur la mer, demoura saint Pierre, vers lequel fut envoyé Cornelius centurio par l'amonestion de l'angele, pour savoir la foy de Jhésus Crist : mais obstant ce, saint Pierre mesmes alla devers lui. Et pendant ce temps l'on envoya quérir le saulf conduit des pellerins pour faire leurs pélerinages.

Le dimence et lundy, pénultième et derrain jours de juillet, séjournâmes tous ces jours sur nostre gallée en actendant ledit saulf conduit, sans aultre chose faire.

29, 30 juillet.

Le mardy, jour saint Pierre, premier jour d'aoust, oudit an IIII^{xx} six, au point du jour, le patron envoya dire que ceulx qui vouldroyent aller veoir une roche en la mer environ trois milles de nostre gallée sur la rive du costé devers Jaffa, qu'ilz montassent en barques. En laquelle roche s.^{t} Pierre et saint Andrieu se tenoyent quand ilz peschoient ou Nostre Seigneur les appella (96bis); en laquelle roche l'on ne voit quelque apparence de caverne, sinon ung grand trou que l'eauwe de la mer y a fait, et de laquelle roche fut prins pluiseurs caillaux. Et tout ce jour fûmes encoires sur la dicte gallée en actendant le saulf conduit.

1.er aoust.

Le mécredy, jeudy, vendredy et samedy ensuivant, IIe, IIIe, IIIIe et v.^{e} jours dudit mois d'aoust, séjournâmes encoires ces jours sur ladite gallée actendant les dits saulf conduiz. Et la cause du long séjour sans descendre estoit comme nous fut dit pour ce que les seigneurs ayans puissance du souldan de baillier les dits saulf conduitz estoyent

2-5 aoust.

Retards mis au débarquement.

empeschiez à festoyer aucuns grans personnages venus en Jhérusalem, Rames, et là enthour de par le Soudan ; mais durant ces longtainetez les Mores bailloient vivres pour argent aux galliotz des deux gallées qui après les vendoyent aux pellerins. Et aussy durant ce temps pluiseurs marchans Mores se trouvèrent en nostre gallée, veirent les marchandises y estans pour chascun y faire son prouffit.

6, 7 aoust.

Les dimence et lundy, vi.ᵉ et vii.ᵉ jours d'aoust, séjournàmes encoires sur nostre gallée au port de Jaffe, non obstant que les saulf-conduis fussent dès le dimence apportez, et se vinrent les sgrs Mores avec ; mais ce jour les patrons des deux gallées mirent de grandes difficultez sur le fait des Franchois estans en icelles, à cause que le frère du grand Turc (⁹⁷), qui pour le présent estoit en France, et le grand maistre de Rodes le devoit avoir reprins en ses mains dès le premier jour de mars derrain passé ; dont à ceste cause grand murmure fut, car le bruit couroit que se les Franchois descendoyent en terre, ilz seroient retenus prisonniers non obstant ledit saulf conduit. Pour laquelle cause lesdiz Franchois requisrent d'estre remenez à Roddes ou que les patrons pourveissent autres seuretez, veu que pour eulx le roy de France ne feroit riens. Ces difficultez veues, les patrons se comprinrent de faire ouverture aux Mores d'icelles difficultez pour sur ce scavoir leur intencion plus à plain, ce qu'ilz firent ; et comme ilz rapportèrent ausdiz pellerins, les Mores firent response qu'ilz n'en avoyent jamais oy parler. Et quand commandement leur seroit fait de par le Souldan de retenir tous lesdiz pellerins ou les aucuns d'iceulx, sy n'en diroient ilz riens ; mais ilz n'y savoyent que tout bien. Ce rapporté ausdiz Franchois, se délibérèrent de passer avant et parfaire

Incident relatif au frère du sultan.

leur voyage en se recommandant à Dieu, et attendre telle fortune que nostre S̄ḡr leur vouldroit envoyer.

Le mardy, viii.ᵉ jour dudit mois d'aoust, séjournâmes encoires en la mer jusques après disner que lors nostre patron fist appointier les deux batelets d'icelle et adverty les pellerins que ce jour il falloit prendre port pour parfaire les pélerinages de Jhérusalem et de saintz lieux à l'environ. Et à ceste cause chascun se prépara pour ce faire, et chascun à son tour monta sur lesdits bateletz pour descendre audit port de Jaffe qui est le commencement de la terre de promission ; et aussy les aultres pellerins de la gallée messire Augustin. Descendismes tous à terre où trouvasmes les gouverneurs et officiers de la ville de Rames de par le Souldain qui estoient logiez en tentes et pavillons, lesquelz vinrent au devant desdits pélerins sur le bort de la mer. Et fait à fait que lesdits pélerins descendoyent, ilz passoient entre eulx, et par ung escripvain faisoient escripre le nom de chascun pélerin et le nom de son père. Et fait à fait qu'ilz estoient escrips, l'on les faisoit mener et logier en croustes volsées (⁹⁸) par gens qu'ilz sembloit qu'ilz les menassent pour cruciffier. Et eulx entrez esdites croustes dont il en y a deux, l'on leur bailloit ung peu de paille pour seoir dessus, et failloit chascun pélerin tirer trois ou quattre soudins. Et quand tous lesdits pellerins furent descendus, lesdites deux caves furent touttes playnnes. Et illec aucuns crestiens de la chainture (⁹⁹) vinrent pour la lucrature, et nous aportoyent vivres. Aussy les pellerins en alloyent acheter au port aux Mores qui en avoyent aporté largement à intencion de eulx rechargier de marchandises que les marchans venuz esdictes gallées et les galliotz y avoient amenées pour

8 aoust.

Débarquement à Jaffa.

vendre. Et la nuyt fusmes gardez par les Mores, lesquelz au matin pour widier d'icelles failloit payer un soldin. Et y fûmes bien povrement couchiez et en grand presse; avec ce lesdicts Mores venoyent voir les pélerins en grand multitude, et leurs faisoyent de grandes desrisions et desplaisirs qu'il falloit souffrir bon gré mal gré.

9 aoust.

Le merquedy, ix.ᵉ jour dudit mois d'aoust, séjournâmes tout le jour esdites crousles, attendant les asnes pour monter les pellerins dessus; aussy les patrons n'avoyent point achevé le fait de leurs marchandises. Et selon ce que l'on peult perchevoir de la scituation de la ville de Jaffe, ce a esté parcidevant grand chose. Audit Jaffe est le lieu où saint Pierre resuscita sainte Tabia (100) qui estoit servante des apostres; mais nulz pélerins n'y furent menez, et fut laissié pour leur monstrer à leur retour. Et quant au lieu estant assez près où saint Pierre alloit pesquier, les pélerins y avoient paravant esté; et y a vii ans et vii xl.ⁿᵉˢ de pardons.

10 aoust.

Rames (Ramleh).

Le jeudy, x.ᵉ jour dudit mois d'aoust, environ dix heures du matin, fut baillyé à chascun pélerin le nom de son moncre pour y lever son asne et monter dessus. Et tost après chascun pellerin monta sur son asne pour tirer vers Rames à xii milles dudit Jaffe, et arrivâmes ce jour audit Rames environ trois heures après midy. Et en chemin trouvâmes aucuns villages où les femmes et enfans nous ruoient de pierres (101) et tellement qu'ilz bléchèrent aucuns pellerins bien fort. Du dit Japhes à Rames c'est ung beau pays, bon et fructueux; car quand il est labouré en vii ou viii ans une fois, il portera chascun an comme se l'on le labouroit; et n'est point sans cause appellé la terre de promission. Mais à cause de la grande challeur qu'il fist ce jour les pélerins furent sy matz, foybles, et altérez, que la plus part en furent mallades ; et tellement que nous arrivez audit Rames, trois heures après deux Allemans y rendirent l'esprit à Dieu, l'un chevalier nommé messire Tibault, et l'autre gentilhomme, duquel ne say le nom : Dieu voelle avoir leurs âmes ! Fûmes logiez en l'ostel des frères du Mont de Sion (¹⁰²) qui est à l'entrée de la ville dudit Rames, et est l'ostel par chambres pour logier les pellerins, comme en ung hospital, sans ce que l'on treuve quelque chose à couchier dessus. Les crestiens de la chainture y apportoient des nates qu'ilz louent aux pélerins ; et pour vivres l'on en aporte assez à vendre. Lesdiz Allemans trespassez furent avallez par ung petit trou en une volsure en bas, ne say où ladicte volsure va ; mais ilz sont jectez du hault en bas bien librement, et puis l'on remet une grosse pierre sur le dit trou.

Le vendredy, xi.ᵉ jour dudit mois d'aoust, ung peu devant le point du jour, ung des frères du Mont de Sion fist un sermon ausdictz pellerins en leur déclarant les pardons et indulgences qu'ilz gaigneroient, comment ilz se y avoyent à conduire ; et la passience qu'il failloit que chascun d'eulx supportast des Mores et aultres infidèles, et que chascun se confessast pour plus facillement gaignier et acquérir les dits pardons. Et puis icellui sermon fait, il dist la messe, et tout ce jour demourâmes audit Rames pour reposer et refaire les diz pellerins qui, pour cause de la journée devant, avoient esté fort déhaictiez.

Le samedy, xii.ᵉ jour dudit mois d'aoust, après la messe oye bien matin, montasmes sur noz asnes, et allâmes en la ville et cité de Lidia à mille et demie près dudit Rames.

2 pèlerins succombent.

11 aoust.
Sermon aux pèlerins

12 aoust.

Lidia.

Et nous là arrivez, fûmes menez au cœur d'unne église, laquelle a parcidevant, comme il semble, esté belle et grande ; et au devant du grand autel y a une pierre blanche où l'on dist que en ce propre lieu monsgr s.' George ot la teste copée (¹⁰³), et y a vii ans et vii xl.ⁿᵉˢ de pardons, et baise l'on une aultre pierre estant dessus la volsure où est ladicte blanche pierre ; en laquelle a une croix taillié dessus. Aussy illec nous fut baillié à baisier une double croix, comme l'on diroit une croix d'oultre mer (¹⁰⁴). Assez près dudit Lidia y a parcidevant eu une aultre cité nommée Sarone (¹⁰⁵) : et de l'autre costé lez Rames aussy une aulte cité qui s'appelle Jette, dont fut nez Gholias que David tua. De laquelle ville de Rames (¹⁰⁶) fut Rachel femme de Jacob dont il dist : *vox in Rama audita est.*

Ce jour environ six heures du soir après nous retourné dudit Lidia à Rames, remontasmes sur noz asnes après avoir traversé la ville à piet à intencion de tirer en Jhérusalem, où dudit Rames l'on compte xxx miles, et cheminasmes tant que vinsmes repaistre et ung petit dormir entre roches et montaignes à x ou xii milles près dudict Jhérusalem, en ung lieu nommé La Chisterne. Mais dudit Rames, en tirant nostre chemin, trouvasmes très bon pays pour viii ou x milles, et bien fertille ; et en après ne sont que roches et montaignes, et tout plain de pierres. Ouquel lieu de La Chisterne avoit une belle et bonne fontaine (¹⁰⁷), et trouvàmes les Arrabes logiez en plains champs à tout leurs femmes, enfans et bestes. Et à cause que les sgrs de Rames, tant de Rames comme de Jhérusalem y estoient, ne nous fut par eulx riens demandé, fors que aucuns d'iceulx Arrabes nous sievirent jusques là où couchâmes, et illec robèrent à aucuns pellerins leurs chapeaux, bonnetz et aultres baghes.

Le dimence, XIII.ᵉ jour d'aoust, au point du jour deslogâmes pour tirer en Jhérusalem. Et en nostre chemin à cincq ou six milles près, trouvâmes ung village nommé Emaulx ouquel a une église, où deux des disciples congnurent Nostre Seigneur *in fractione panis;* et là est l'indulgence de VII ans et VII quarantaines. Auprès de là est le sépulcre de Cléophas, disciple à nostre Sgr; et là est indulgence de VII ans et VII quarantaines. Aussy nous fut monstré en nostre chemin assez près de Jhérusalem le grand pallais de David tout dérompu. Et si voit on pluiseurs chasteaux et entrepresures de grandes maisons qui monstrent parcidevant avoir esté de grandes magnificences, comme la veue des lieux le démonstre; et est tout chemin par montaignes et vallées plaines de pierres.

Et nous arrivez tout près de Jhérusalem, allencontre d'un bien grand hostel, chascun pélerin descendy à piet, et delà les aucuns furent conduis logier en l'église des frères du Mont de Sion, aultres ès maisons de ung appelé Calis qui se dist trucheman de sainte Catherine, et en la maison d'un apellé Gazelle, crestien de la chainture, et qui pour lors se disoit consul du Soudan, et les aultres à l'ospital de la religion de Roddes ([108]) où fut la fondacion et tiltre prins des frères de saint Jehan de Jherusalem. Ouquel hospital fault couchier sur la terre se les péllerins ne font apporter leurs litz de la gallée et leurs couvertures. Lesdiz pellerins ainsy arrivez et eulx reposez le parfait de ce jour, chascun se va confesser; et eulx confessez, le gardien qui a le povoir papal leur donne à tous absolucion; et puis lesdits frères du Mont de Sion avec les patrons des gallées, les truche-

13 aoust.

Emaulx.

Arrivée à Jérusalem

mans et officiers et gardes d'illec, mainent les pellerins par tous les pélerinages qui s'enssuivent ([109]).

Et est assavoir que là où vous verrez la croix pourtraicte, là sont les grans pardons à peine et à coulpe. Et les aultres lieux où la croix ne sera point, ce seront les pardons de VII ans et VII XL.^{nes}

14 aoust.
Indication des stations
et
des indulgences.

S'enssuivent les pélerinages, pardons et indulgences estans tant en Jhérusalem comme à l'environ. Et est assavoir que là où vous verrez ✝ pourtraicte, là sont les grans pardons *à penâ et culpâ;* et où ladicte croix ne sera point, de VII ans et VII XL.^{nes} (*). Et premiers :

Pierre où N. S.
se reposa
en allant au calvaire.

Au partir dudit hospital se tire l'on en une plache qui est devant l'église où est le saint sépulcre, et là nous fut monstré une pierre où ilz dient que nostre Seigneur se reposa en portant la croix quand on le menoit crucifier; et là est pardons de VII ans et VII XL.^{nes}

Chapelle où se tenait
N. D.
durant la Passion.

Item en ladicte plache et à l'entour d'icelle y a pluiseurs chappelles, et entre aultres une bien petite qui est comme dessoubz le mont de Calvaire, où l'on dist que la Vierge Marie se tenoit, tandis que nostre Seigneur rechut mort passion ; et le tiennent les Indiens ([110]).

Maison de Veronne.

Item d'illec allâmes pardevant la maison de Véronne ([111]) (**) qui comme l'on menoit nostre S̄gr audit mont de Calvaire pour le cruciffier tout plain de sueur, et les Juys lui avoient crachié au visage, lui bailla ung ceuvre chief dont il se essua. Et là demoura sa très sainte face

---

(*) Le ms. de Valenciennes ajoute ici : « En entrant en Jherusalem est » pleine remission. »

(**) Pour Véronique.

emprintée, et puis lui rebailla. Là y a sept ans et sept quarantaines.

Puis passâmes pardevant la maison du mauvaix riche qui refusa à ung povre ladre les myes du pain qui cheoyent soubz sa table, lequel, comme l'on dist, est ensevely ès infers. *Maison du mauvais riche.*

De là allâmes à ung quarfour où il y a trois rues qui là s'asemblent, lequel on appelle Trivion; et fut là ou les Juifz constraindirent Simon Ciréneen de porter la croix de nostre S͞gr pour ce qu'il ne la povoit plus porter, et craindoyent les Juys qu'il ne morust illec. Et en ce mesme lieu dist nostre S͞gr aux femmes qu'il véoit plourer de pitié: *Nolite flere super me* &.ᶜ Là y a VII ans et VII XL.ⁿᵉˢ *Trivion.*

A demy ject de pierre de là y a une grosse pierre où la glorieuse Vierge Marie se pasma (112) quand elle vey son chier filz portant la croix et fut une espasse comme morte de la grande dolleur qu'elle eubt; et y a VII ans et VII XL.ⁿᵉˢ de pardons. *Pierre où se pâma N. D.*

A deux gectz de pierre de là ou environ y a une arcure de pierre qui traverse la rue, lequel fist faire sainte Hélaynne, et au hault y a deux grosses pierres blanches, dont sur l'une estoit nostre S͞gr quand il fut jugié à mort, et sur l'autre Pillate qui le juga; et y a VII ans et VII XL.ⁿᵉˢ *Lieu du jugement de N. S.*

Assez près de là est l'escolle où nostre Dame aprinst ses heures, mais je ne la vys pas. *Ecole de N. D.*

Près de là au boult d'unne ruelle à main senestre, est la maison de Hérodes qui est repavée de neuf (113); et au boult de ladicte ruelle sur le chemin où nous passions, à la mesme main, est la maison de Pillatte où nostre S͞gr fut batu, flagellé et condempné à mort; et pour lors n'y *Maison d'Herode.* *Maison de Pilate.*

entrâmes point, mais depuis je y ay entré (*) et veu la prison, aussy le lieu où il fut batu et jugié; et y a indulgence plénière.

†

Temple de Salomon. Puis passâmes par une ruelle à main destre, et au boult d'icelle est le temple Sallomon (114) où l'on n'oseroit plus avant aller sur la vie; et en le salluant y a indulgence plénière.

†

Eglise S. Anne. Après trouvâmes à main gauche l'église sainte Anne (115) où aussy l'on n'oze entrer pour ce que les Mores y ont fait une de leurs musquées. Et là naquist la glorieuse Vierge Marie, où depuis trouvay manière d'entrer (**); et y a indulgence plénière; et lors c'estoit la maison de Joachin.

†

Lieu du martyre de S. Etienne. Puis partismes hors de la ville par la porte par où l'on mena s.ᵗ Estienne lapider, et de là allâmes vers la vallée de Jozaphat (116), et au my chemin trouvâmes le lieu où saint Estienne fut lapidé, et où saint Pol lors nommé Saulus gardoit les robes de ceulx qui le lapidoyent. Là y a VII ans VII XL.ⁿᵉˢ

Val de Jozaphat. Après descendismes au val de Jozaphat où trouvâmes ung pont de pierre où anchiennement soulloit servir pour planches le bois duquel fut faicte la sainte croix; et par dessoubz passe en yver le torrent de Cedron, mais en esté est secq. Et ne voulloit passer par dessus la royne Sabba quand elle vint en Jhérusalem veoir le temple de Salomon

---

(*) Voir plus loin.
(**) Idem.

et la sapience d'icellui ; et en passant par ledit torrent profetiza que ce bois serait le bois du salut. En laquelle vallée se tiendra le jugement, comme dient les escriptures ; et là en signe de ferme créance de la résurection de la char, chascun y gette une pierre pour y avoir son lieu ; et y a indulgence pleniere.

†

Oultre torrent, à main gauche, est l'église et sépulcre Nostre Dame (117), où par les apostles elle fut ensevelye, et de là glorieusement son âme et son corps remis et reuny ensemble, et par conséquent transporté ès chieulx. Et est son sépulcre bien dévot. Et est le dit sépulcre au milieu de ladicte église ouquel fault descendre par XLIX degrez, et y entre l'on par une petitte porte au costé du grand autel, et en wide l'on par une aultre loing de VIII piez ou environ ; et est couvert de ung marbre blancq, et y a pléniere rémission. Sépulcre de N. D.

†

Après au départir de ladicte église par une peticte ruelle, à main gauche, fusmes au lieu où nostre Sgr après la saincte Chenne au Mont de Sion, vint prier Dieu par trois fois en disant, *pater si possibile est transeat à me calix iste* &.ª Et est comme une cave où il fault descendre par ung trou comme de la haulteur d'un homme ou environ ; et dedens a esté fait ung autel. Et à ung des boutz semble qu'elle soit fendue, ou paraventure dès lors l'estoit tellement que l'on y voit par raison assez cler ; et illec sua eauwe et sang ainsi qu'il est escript en l'évangille. Là y a VII ans et VII quarantaines. Grotte de l'agonie de N. S.

De là repassâmes par devant l'église Nostre Dame et

Porte dorée.

commenchâmes à monter au Mont d'Ollivet ; et assez tost après nous fut monstré la porte dorée qui est le contremont de Sion en la painture(*) de la ville, et est de présent murée ; et n'en aprochent les Crestiens, car les Mores y ont fait ung chimentière. C'est la porte par laquelle nostre S̄gr entra en la ville de Jhérusalem le jour de Pasques flories, quand on lui dist *Osanna filio David* &.° Et là en saluant dévotement y a pleine indulgence.

✝

Jardin d'Olivet.

Ung (petit) plus avant, comme d'un ject de pierre, fusmes au jardin d'Olivet où Judas vint baisier nostre S̄gr et là u nostre S̄gr fut prins, lyé, et durement traictiez. Et en ce lieu auprès de là, si comme de VII à VIII pas, saint Pierre coppa l'oreille à Malcus. Là y a sept ans et sept quarantaines de pardons.

Près de là, comme de XX pas, est le lieu où estoyent les trois apostles qui atendoyent nostre S̄gr quand il prioit au lieu de dessus dit et nostre S̄gr leur dit, *sedete hic et orate* &.°

Lieu de S. Thomas.

A quelque demy gect de pierre d'illec est le lieu où saint Thomas rechut la chainture nostre Dame quand elle monta ès chieulx. Et est assavoir que nostre S̄gr en partant du lieu de ses oroisons et venant à ses apostles passa par ledit lieu de saint Thomas. Et en chascun d'iceulx y a VII ans et VII XL.^{nes}

Ascension au sommet de l'Olivet.

Après montâmes plus hault comme de deux gectz de pierre ; là trouvâmes une grosse roche sur laquelle nostre S̄gr ploura en regardant la cité de Jhérusalem en disant, *sy cognovisses et tu* &.° Là u il y a VII ans et VII XL.^{nes}

(*) Il faut sans doute lire : *la çainture*.

Puis montâmes au hault de la montaigne où il y a long chemin, et allâmes deux deux par ung chemin estroit, pour ce que on ne se ozoit espendre par les champs pour doubte des cops de baston des Mores qui là estoient pour garder leurs fruiz comme engouries et arbres. Et allâmes aussy jusques en Gallilée où (118) nostre S̄gr s'apparut après sa résurection à xi de ses disciples, si comme il est escript, *Ite dicite discipulis et Petro.* Et en ce lieu, du temps passé, y soulloit avoir église, mais puis deux ans encha les Mores l'ont rompue et y font faire une tour ; Dieu par sa grâce y voelle remédier ! Là y a pleine indulgence ; et d'illec voit on la Mer Morte.

†

De là retournâmes par ledit chemin estroit et vinsmes au coing d'une muraille assez loing de là ; et illec par l'angele fut présenté (à nostre Dame) ung palme, et luy fut révélé l'eure de son trespas et glorieuse assumpcion. Et illec pria nostre Seigneur qu'elle ne veist les deables à sa mort, ce qui lui fut octroyé. Là y a vii ans et vii xl.^{nes} {Palme remise à N. D.}

De là allâmes tout en hault de la montaigne d'Ollivet en une église quasi ronde, et au milieu y a une petite tour ronde vaultée ; et là est le lieu duquel Dieu partit de ce monde et monta ès chieulx. Et y voit on un pas du dextre piet de nostre Seigneur encavé en la pierre. Là le patron paye treu pour les pellerins, car les Mores gardent le lieu. Et y a indulgence plénière. {Lieu d'où s'éleva N. S}

†

Bien près de là est une petite église que les Mores gardent, là u sainte Pélage fist sa pénitence ; et y fault descendre bien bas (119). {S^{te} Pelage.}

Pierre d'où parlait N. S.

Devant ceste chappelle y a une pierre où nostre Sgr parloit souvent à ses apostles, et y fist pluiseurs miracles; et les apostles y firent l'évangille de *Beati mites* ([120]).

Eglise S. Marc.

Puis allâmes en l'église saint Marc ([121]) qui de présent est rompue, là u les apostles composèrent le *Credo*: Et y a VII ans et VII XL.^{nes}

Lieu où fut enseigné le PATER.

Après vinsmes en descendant ladicte montaigne d'Olivet au lieu où nostre Sgr aprinst aux apostles et disciples de prier Dieu, et là fist la *pater noster*; et n'y a que une muraille le loing d'un grand chemin : et y a VII ans et VII XL.^{nes}

Pierre où se reposait N. D.

Plus bas, au long dudit grand chemin y a une pierre en la roche où Nostre Dame après la résurrection se reposoit souvent quand elle venoit visiter iceulx sains lieux. Y a VII ans VII 40.^{nes}

Sepulcre d'Absalon.

Au piet de la dicte montaigne nous trouvâmes la sépulture de Absalon.

Caverne de S. Jacques le Mineur.

Puis allâmes au long d'un grand chemin, à main gauche, à une église de Saint Jaques le mineur de présent fondue; et là y a une petitte caverne où saint Jaques fut par trois jours devant la résurrection cachié ([122]) pour doubte des Juifz, sans boire ne mengier, et jusques à ce que nostre Sgr après sadicte résurrection s'apparut à lui le jour de Pasques en disant, *frater manducato*; et là fut sa sépulture quand il fut mort. Et en ce lieu fut sépulturé Zacharie le Profete, filz de Barrachée; et y a plenière rémission.

†

De la cuidions aller visiter la vallée de Silloé, mais la chaleur estoit trop aspre. Et nous dist le (cordelier) qu'il valloit mieulx se retourner au mont de Sion, et que en montant il nous monstreroit bien tout ce qui y estoit. Et ainsi nous retournâmes pardevant la sépulture d'Absalon, et là commenchâmes à remonter le mont de Sion où en montant ledit cordelier nous monstra outre ladite vallée le lieu où soulloit estre la maison de Judas, et là où il se pendit; mais l'arbre n'y est plus (¹²³). Nous monstra aussy une fontaine où Nostre Dame lavoit le linge de nostre S̄gr quand il estoit petit; et aussy là est la piscine Silloé où l'aveugle fut enluminé, là nous monstra le lieu où Ysaye le profete fut soyé et ensevely; pareillement le camp qui fut achapté des xxx deniers que Judas rendy, et qu'il avoit eu quand il vendy nostre S̄gr. Là aussy nous monstra le lieu où les disciples de nostre S̄gr se cachèrent lors que nostre S̄gr fut prins ou jardin d'Ollivet. Pareillement nous monstra en ladicte vallée des murailles que l'on appelle *castrum maly consilii* (¹²⁴) où fut traittée la mort de nostre S̄gr. Puis quand fusmes montez bien hault, vynsmes au devant d'une chappelle qui est contigue du temple Sallomon dedens la ville, et est l'église Nostre Dame (¹²⁵), laquelle le soudan mesmes a fait recouvrir de plonb pour l'honneur d'Elle; et est l'église où icelle fut présentée et espousée; et là où nostre S̄gr fut aussy présenté; là u elle fit offrir *par turturum*, et là saint Siméon le rechut entre ses bras en disant *nunc dimittis*. Et est le lieu où nostre Dame trouva nostre S̄gr disputant aux Juifz. Là devant feismes nostre oroison, car les Crestiens n'y entrent point, pour ce qu'elle est joincte au temple Sallomon; là y a plénière indulgence.

_{Ascension au Mont de Sion.}
_{Maison de Judas.}
_{Piscine de Siloé (*)}
_{Sepulcre d'Isaïe.}
_{Champ des 30 deniers.}
_{Castrum mali consilii (**).}
_{Eglise de la Présentation.}

†

Là endroit y a ung coing de l'anchienne muraille où est encoires la pierre de qui David dist, *Lapidem quem reprobave-*

_{Pierre angulaire.}

(*) Voir plus loin.
(**) Idem.

runt edifficantes hic factus est in caput anguly. Et est une grosse pierre à mon advis bien mal mise en euvre.

<small>Lieu où pleura S. Pierre.</small>

De là montâmes plus hault et trouvâmes au long du chemin par où on va aux Cordeliers du Mont de Sion, le lieu où saint Pierre alla (¹²⁶) plourer après que trois foys il eubt renyet nostre S̄gr. Là y a VII ans et VII XL.^{nes}

<small>Le corps de N. D. disputé par les Juifs.</small>

De là montâmes jusques à ung canton où il y a ung chemin qui vient de la ville, l'autre des Cordeliers, où il y a une grosse pierre. Et fut illec que les Juifz volurent oster aux apostles le corps de la glorieuse vierge Marie; et là tombèrent comme mors, mais à la prière de saint Pierre furent guéris. Et y a VII ans et VII XL.^{nes} de pardon.

Et pour ce que le chault fut véhément, lors demourâmes jusques à lendemain à visiter le Mont de Sion, combien qu'il fut près de là. Mais pour ce que la coustume est que le jour que les pellérins visitent ledit Mont de Sion, ilz y doibvent tous disner par une fondacion que fist Philippe le Bon, duc de Bourgoigne, et que ce jour il estoit vigille de l'Assumpcion Nostre Dame et n'estoient point pourveus de vivres, et le remisrent jusques à lendemain. Et ainsy retournèrent lesdiz pellerins à l'ospital où, à la vérité, on leur donna mauvaise ordene car ilz n'avoient personne pour les garder, et leur faisoyent les Mores beaucop d'anoy. Par quoy je le dis pour advertir ceulx qui iront, affin que au commencement et devant qu'ilz soyent en la ville, ilz en parlent aux patrons; car des Cordeliers certes nous trouvâmes que c'est bien peu de chose.

<small>Vespres au Val de Jozaphat.</small>

A l'asprès-disner, vigille de l'Assumpcion Nostre Dame, allâmes oyr vespres au val de Jozaphat, là u se trouvèrent pareillement tous les aultres pélerins. Et illec vinrent aussy touttes manières de crestiens qui sont en Jhérusalem; et en y a neuf manières ([127]), tous héréticques. Les Cordeliers chantèrent vespres belles et dévotes; sy feyrent les aultres chascun selon sa sérémonie, et demoura aucuns desdiz pèlerins la nuit en ladicte église pour oyr matines. Mais la plupart s'en retournèrent pour ce que l'église est moiste et relente, et y avoit dangier de maladie. Et lendemain mardy, jour de l'Assumpcion Nostre Dame, tous les pèlerins retournèrent bien matin en ladicte église, et là visitâmes encoires le sépulcre Nostre Dame, et veymes lesdiz crestiens faire leurs sérémonies; et de tous ceulx n'y a que les Arméniens qui aprochent de nostre sacrement. Et aussy de touttes les dictes ix sortes de crestiens qui sont en Jhérusalem, ilz sont les mains héréses, après les Machonnites (*) &.ᵃ Et après le service fait, retournâmes devers le Mont de Syon pour parfaire les voyages que le jour paravant avions laissié; et quand fûmes au hault de la montaigne, nous allâmes en la maison de Anne où de présent est l'église saint Michiel que les crestiens Arméniens tiennent. Là fut premièrement mené nostre S̄gr après qu'il fut prins au jardin de Ollivet, là u il fut batu, injurié et opprobrié quand il respondy aux interrogatoires dudit Anne, qu'il lui faisoit de sa doctrine. Là y a sept ans et sept xl.ⁿᵉˢ

De là allâmes au coing de la maison de Cayphe, et là veymes le lieu où après que saint Pierre eu par trois foys nyé nostre S̄gr, luy souvint de la parolle qu'il luy avoit dit, *Ante quam gallus cantet* &.ᶜ et s'en alla d'illec plourer amèrement; et y a v ans et v 40.ⁿᵉˢ

15 aoust.

Office du matin.

Sommet du Mont de Sion.

Maison d'Anne.

Maison de Caïphe

(*) Pour Maronites.

A l'autre boult de ladicte maison qui est assez grande, est le lieu où après que saint Jehan vey les maulx que l'on faisoit à nostre S̄gr, laissa ses habillemens et s'en alla le plus tost qu'il peult en Béthanie dire à la dolente vierge Marie le nouvelle de son filz ; et incontynent de nuyt s'en vint en ce lieu, et là fut quasy toutte nuyt, et tant que nostre S̄gr wida de prison dessus Cayphe et fut mené à Pilate et Hérodes. Là y a VII ans et VII XLmes de pardons.

S. Sauveur des Arméniens.

Pardedens ladicte maison veymes l'église saint Saulveur que tiennent les Crestiens aussy Arméniens. En laquelle est la pierre qui sert au grand autel, de laquelle fut clos le monument et sépulcre de nostre S̄gr, qui est de la longheur de IX piez ou environ et espesse de une couldée ou environ ; et au coing de l'autel est la prison où nostre S̄gr fut toutte nuyt mis et lyé bien estroit, et n'y peult que trois personnes bien serrez ; et n'y a nulle clarté que d'une lampe. Là y a plénière rémission.

†

Lieu où se chauffait S. Pierre.

Hors de ladicte église, en la court de ladicte maison, est le lieu où estoit le feu où se chauffoit saint Pierre quand il nya nostre S̄gr. Et près de là en une muraille est une pierre sur laquelle estoit nostre S̄gr quand il regarda saint Pierre après qu'il l'eubt renyé, et lors se partit, et lors lui souvint de la parolle que nostre S̄gr luy avoit dit à la Cenne. Puis partismes de la dicte maison et alâmes où anchiennement soulloit avoir une chappelle ainsi que on dist, mais à présent n'en y a nulle apparence. Là est une pierre en

Lieu où S. Jean chantait messe.

l'endroit de laquelle s.^t Jehan chantoit messe devant nostre Dame après l'Assumpcion (*). Et y a VII ans et VII XL.^{nes}

(*) Lisez, l'Ascension.

Et auprès de là y a une pierre en fachon d'autel ; là nostre Dame y demoura xvii ans depuis la passion ; et en ce mesme lieu trespassa et rendit son âme à nostre S̄gr. Et y a plénière rémission et indulgence. *Demeure de N. D. depuis la Passion.*

†

Assez près de là en venant vers l'église du Mont de Sion, est le lieu où saint Mathias fut receu ou nombre des apostles. Et y a vii ans et vii quarantaines. *Lieu où fut élu S. Mathias.*

Au partir de là, à main gauche, est le lieu où fut faicte la division des apostles là u leur fut dit *Ite et predicate*. Et y a vii ans et vii XL.^{nes} *Lieu de la division des Apôtres.*

Près de là encoires, à main gauche, retournant vers ladicte église, est le lieu où fut trouvé le corps saint Estienne et Abilon (128) ; et y a vii ans et vii quarantaines. *Lieu où fut trouvé S. Etienne.*

A main dextre et environ le coing de l'église des Frères, est le lieu où fut rosty l'aigniel pasqual et lors estoit en la maison de . . . . . . (*) Et y a vii ans et vii quarantaines. *Lieu où fut roti l'agneau pascal.*

Tournant vers la porte de ladicte église au pignon devers le grand autel est la sépulture David, où les Crestiens n'entrent point pour ce que les Mores se dient de sa lignie (129). *Sépulcre de David.*

Oultre ladicte sépulture y a deux pierres ; sur l'une s'asséoit nostre S̄gr quand très souvent il preschoit à ses disciples, et sur l'autre séoit la Vierge Marie pour l'oyr. A chascune y a vii ans et vii quarantaines. *Pierres où séoient N. S. et sa mère.*

Au partir de là on monte vii ou viii degrez, et entre on en l'église du mont de Sion (130). Léans sont Cordeliers de Saint Franchois, et trouvâmes que on commenchoit la grand messe ; et icelle ditte, fist le vicaire qui avoit chanté la messe ung ser- *Église du Mont de Sion.*

(*) Le nom est en blanc dans le manuscrit.

mon en déclarant en partie la saincteté dudit lieu où il y a d[e] très dévotes places. Et premièrement nous monstra le lieu o[ù] nostre S̄gr fist la Saincte Cenne, et fut mengié l'aigniel pasc[al] avec ses disciples, et institua le très digne sacrement d[e] l'autel; et est le lieu où de présent est le grand autel de ladic[te] église; et y a plénière indulgence.

†

Chapelle du lavement des pieds.

Et à costé dudit hostel, à main dextre, y a une bien gent[e] et dévotte chappelle, ouquel lieu nostre S̄gr lava les piez e[t] les mains (131) de ses apostles, ainsy qu'il est contenu en l'évan[gille. Et y a vii ans et vii quarantaines.

Après sortismes tous en procession la croix devant, par un[e] porte qui est au boult de l'église, à main dextre, ainsy qu[e] on entre; et allâmes par une court à manière de terrache a[u] boult de laquelle y a dix degrez ou environ, en montant ver[s] le pignon de l'église, au bout desquelz trouvâmes une muraill[e] de pierre sèche; et est faicte par la constrainte des Mores qu[i] ne veullent souffrir que l'on y euvre; où les apostles recheuren[t]

Lieu de la descente du S. Esprit.

le Saint Esprit le jour de la Pentecouste; pour ce que la sépul[ture de David dont j'ay parlé est dessoubz. Et n'a guères que l[e] bon duc Philippe de Bourgoigne y envoya une chappelle d[e] bois toutte faicte, mais les Mores ne vollurent souffrir qu'elle y fust mise. Et en saluant ce lieu y a plain pardon.

†

Lieu de l'apparition à S. Thomas.

De là descendismes en ladicte court et passâmes par ung petit dortoir des frères, et allâmes en bas en ung cloistre où est la chappelle saint Tomas, en laquelle nostre S̄gr s'apparut à ses apostles après sa résurrection les portes fermées; et fut là où saint Tomas mist le doyt ou costé de nostre S̄gr. Là y a indulgence plénière.

Au partir de là fut temps de disner, et disnâmes tous sus lesdiz frères aux despens dudit feu duc Philippe de Bourgoigne, lequel le a fondé ainsi que l'on me dist. Après le disner chascun s'en retourna en son logis jusques environ vespres, que l'on nous fist tous trouver devant l'église de saint Sépulcre. Et tantost vinrent les Mores, Mamelus et officiers du soudan qui ouvrirent la porte dont tousjours ont la clef : Dieu par sa pitié les leur voelle oster ! Et tous par compte nous misrent dedans, et nous enfermèrent avec les Cordeliers du Mont de Sion et des Crestiens de ix sectes, desquelz ordinairement de chascunne sorte y en a deux léans enclos, et deux Cordeliers; et leur baille l'on à mengier par des fentes qui sont à la grande porte de l'église. Là entrâmes tous en une chappelle de Nostre Dame chascun ung chierge en la main, et ung frère nous fist ung sermon en amonestant de nostre consience et nous déclara que à l'autel de ladicte chappelle est le lieu où nostre S̄gr premièrement s'aparut bien piteusement ou chiel (*) à Nostre Dame après sa résurrection, combien que l'évangille n'en die aucunne chose. A main dextre de ladicte chappelle ainsy qu'on y entre, y a une fenestre treslée de gros bois où il y a partie de la coulompne (132) à laquelle nostre S̄gr fut lyé et batu en la maison de Pillate. A main gauche et droit vis à vis, y a une aultre fenestre où longhement reposa une partie de la vraye croix que sainte Hellaine y mist ; et de présent n'en y a que une petite porcion. Et au milieu d'icelle chappelle y a ung rondeau de pierre de marbre ; là est où la vraye croix fut congneue entre celles des deux larrons par le moyen d'un mort qui là

Repas fondé par le duc Philippe le Bon.

Entrée en l'église du St Sépulcre.

Chapelle de l'apparition.

Colonne de la flagellation.

Fragment de la vraie croix.

Reconnaissance de la vraie croix.

(*) Ces deux mots ne présentent pas de sens.

résuscita en mettant ladicte vraye croix sur lui. Là y a VII ans VII XL.^{nes}

<small>Apparition de N. S. à Madeleine.</small>

Puis tousjours en procession, la croix devant, sortimes de ladicte chapelle; et près de l'issue y a deux aultres grans rondeaux de marbre, distance de cincq pas l'un à l'autre. Sur l'un estoit nostre $\overline{\text{Sgr}}$ quand il s'apparut à la Magdelaine en fachon d'un jardinier, et sur l'autre estoit la Magdelaine quand elle lui dist, *si tu sustulisti eum dicito michi;* et incontinent recongnut nostre $\overline{\text{Sgr}}$, ainsy qu'il est dit en l'Évangille. Et y a VII ans et VII XL.^{nes}

<small>Chapelle de la prison de N. S.</small>

De là allâmes à main gauche en la chartre ou prison quand il fut amené au Mont de Calvaire, et là y demoura par aucun temps cependant que les Juifz préparoyent leur fait pour le mettre à mort; et maintenant y a une chappelle grande de XV piez en quarré ou environ; et y a VII ans et VII XL.^{nes}

<small>Chapelle des vêtements de N. S.</small>

De là tirant tousjours à main gauche, allâmes en une peticte chappelle en laquelle fut le sort (mis) sur la robe inconsutille de nostre Seigneur, et sur l'autre furent rompues et départies les aultres; aussy y a VII ans VII XL.^{nes}

<small>Chapelle de Ste Hélène.</small>

Après, à ceste main gauche, allâmes et descendismes bien XXXIX degrez en une chappelle basse en laquelle se tint Hélaine après qu'elle eubt fait l'invencion de la croix, cherchié la vérité des lieux de la passion de nostre $\overline{\text{Sgr}}$, et que sumptueusement les édiffioit. Là y a plénière rémission.

†

<small>Lieu de l'invention de la vraie croix.</small>

Puis descendymes encoires plus bas de XI grans degrez en ung lieu à fachon de cave entaillié en rocq, là u fut trouvée la vraye croix au pourchas de sainte Hélaynne par Judas ([133]), ainsy qu'il est contenu en l'istoire de l'invencion de ladite croix. Et en ce mesme lieu qui lors estoit les fossez de la ville, pareillement estoyent la couronne d'espine, l'esponge et la lanche bien avant soubz terre et en ordure, où les fauls juifz les avoyent jectez. Et là y a aussy indulgence plénière.

†

De là remontasmes par devant ladite chappelle sainte Hélène tout hault en la grande église, et à ladite main gauche du costé mesmes en tournant autour du ceur, (a) une autre petitte chappelle, soubz l'autel, de laquelle est la coulompne de pierre en laquelle estoit nostre S̄gr lyé et atachié quand on luy bailla la poignante couronne d'espine sur son chief; et là y a VII ans et VII XL.[nes] *Chapelle du couronnement d'épines.*

Au partir de là nous allâmes tousjours à main gauche jusques environ le costé du grand autel de ladicte église, où trouvâmes ung degré de pierre du hault d'unne lanche ou environ, là où nous montâmes, et entrâmes en une chappelle où il y a ung pilier ou milieu; dont la moictié est devers la grosse muraille de l'église que tiennent les Cordeliers latins, et là rechoipvent les pélerins le corps de nostre S̄gr. De l'autre costé, ainsy que l'on entre à main gauche, est le lieu où fut mis en croix nostre S̄gr Jhésus. Et là est encoires ung trou entaillié en la roche ouquel fut plantée la croix. Il ne fault demander se le lieu est dévot, car il n'est cuer sy endurcy qui ne se amolye, ne jambe qui ne tramble. Là voit on le lieu où (est) ung monument qui se ouvry le jour de la passion et les pierres qui fendirent. Là y a plénière indulgence. *Chapelle du crucifiement.*

†

Puis descendismes et vinsmes au droit de la grand porte de l'église; et illec entre ladicte porte et le ceur est le très digne lieu où quand le très digne corps de nostre S̄gr fut mis jus de la croix, fut mis ou giron et entre les bras de la benoite *Chapelle de l'ensevelissement.*

vierge Marie, où le assistoient les Maries et aultres; et là fut oingt de précieux ongement et ensevely. Là y a plénière indulgence.

†

Le saint Sépulcre.

De là, après l'oroison dicte, party la procession, et vinsmes devant la grande porte du cuer là u est le très saint et dévot sépulcre de nostre S̄gr, là u il fut mist après sa très dolereuse mort et passion, et dont glorieusement au tiers jour il résuscita. Ouquel lieu et aussy en tous les lieux dessus dits furent dictes pluiseurs belles anthyphones et oroisons; puis fut ouvert, et tous l'un après l'autre y entrâmes et le baisâmes. Au commenchement entre l'on en ung petit lieu voulté où il y a cincq petittes fenestres barrées, et au milieu d'icellui est la pierre sur laquelle estoit l'angèle qui parla aux Maries le jour de la résurrection. D'icellui petit lieu on entre par une bien petitte porte au devant de laquelle estoit la grosse pierre qui faisoit closture et estouppoit ledit monument dedens le saint sépulcre, qui est ung aultre petit lieu sans clarté, fors que de lampes qui là ardent, où il n'y peut que trois personnes; et là est une table de pierre de marbre (blanc) quy sert d'autel; et là fut mis le très précieulx corps de nostre S̄gr.

En icelle église demourâmes toutte nuyt enclos, faisant noz voyages cha et là. Et lendemain environ viii heures du matin revinrent les Mores ouvrir la porte de ladite église, qui nous firent widier dehors, et retournâmes à l'ospital; et ny demoura dedens de chascunne secte de crestiens que deux personnes, comme anchiennement il est acoustumé.

17 aoust.
Lieu de l'apparition aux trois Maries.

Le jeudy ensuivant matin fusmes menez là où nostre S̄gr s'apparut aux trois Maries quand il leur dit, *avete*. Et y a vii ans et vii XL.^{nes}

Puis allâmes en l'église saint Jaques que tiennent les Arméniens, et veymes où saint Jaques le Majeur (fut décollé); et y a aussy VII ans et VII XL.^nes

Église S. Jacques le Majeur.

Ce jour, devers le soir, montâmes sur nos asnes pour aller en Bethléem, distance de Jhérusalem de cincq milles; où en chemin environ trois milles, veismes le lieu où l'estoille s'apparut pour la seconde foys aux trois rois qui alloyent aourer nostre S̄gr, où ilz se logèrent la nuyt qu'ilz partirent de Hérodes. Là y a VII ans et sept XL.^nes

Départ pour Béthléem

Ung peu plus avant, trouvâmes le lieu où naquist Hélye le Prophète, et le lieu où l'angèle prinst Abacuc par les cheveulx et le porta en Babilonne vers Daniel au lac des lions.

Item après trouvâmes la maison de Jacob, et assez près de la ville de Béthléem, la sépulture de Rachel, femme dudit Jacob.

A soleil couchant nous entrâmes en l'église de Nostre Dame de Bethléem qui encoires est belle église détenue par les frères du Mont de Sion : et fut faitte par sainte Hélène d'un très grand ouvrage, les murailles touttes couvertes de tables de marbre blancq; et nous logâmes tous par le cloistre, et nous fisrent acheter lesdiz frères chascun ung chierge de chire, et allâmes tous en procession en chantant anthiennes et hymnes, les voyages qui s'enssuient.

Église de N. D. de Béthléem.

Et premièrement feymes une stacion devant une porte qui est oudit cloistre, par où on descend en la sépulture de saint Jéromme qui là longuement demoura et y trespassa après que en ce mesme lieu il eust translaté la bible; mais pour éviter la presse n'y entrâmes point jusques la procession fuist faitte.

Puis entrâmes en l'église en une chappelle qui est à main dextre hors le cœur qui est au costé du grand hostel; en laquelle chappelle et au lieu où est l'autel fut nostre S̄gr circoncis; et y a plénière indulgence.

†

Puis allâmes à main senestre de l'autre costé de ladicte église en une aultre chappelle; et là fut où les trois Rois descendirent et préparèrent leurs présens pour adorer nostre S̄gr. Là y a VII ans et VII XL.ⁿᵉˢ

De là descendymes en ung lieu bas qui est soubz le cœur et grand autel de ladicte église, où il y a XVI degrés; et à l'entrée à main gauche veymes le lieu où nostre S̄gr naquist. Là y a plénière rémission.

†

Ung peu plus bas, comme à six pas en descendant, veymes le saint lieu où nostre S̄gr fut mis en la crebbe entre l'asne et le beuf. Là y a aussy plénière rémission.

†

Item au boult d'icelle place est le saint lieu où la vierge Marie se séoit tenant nostre benoit saulveur entre ses bras quand les trois Rois vindrent offrir; et dedens la roche y a ung pertruys là u furent mises les offrandes.

Au boult d'icellui lieu, comme à douze pas, où nostre S̄gr naquist, est le lieu marquiet où les Rois perdirent la veue de l'estoille.

De là secrètement les frères me menèrent veoir le lieu où les saintz Innocens furent jettés, qui est une cave bas.

18 aoust. Le lendemain, vendredy-matin, montâmes sur noz asnes et nous fut monstré le lieu où l'angèle s'apparut aux pas-

toureaux disant *Gloria in excelsis deo*, et y a apparence d'unne église. Là u il y a vii ans et vii xl.^nes (134).

De là allâmes ès montaignes de Judée, distance de Betléem cincq milles, et à l'arriver montasmes en ung tas de masures où y a une chappelle hault où estoit la maison de Zacharies; et là escripvit de Saint Jehan, *Johannes est nomen ejus*. Et là après qu'il eubt recouvré la parolle composa le psalme de *Benedictus Dominus Deus Israel*. Et là y a vii ans et vii xl.^nes {Maison de Zacharie.}

De là descendimes par ungs estrois degrez en une aultre basse chappelle, en laquelle la vierge Marie entra quand elle vint visiter sainte Elizabeth; et là composa le psalme de *Magnificat*. En ceste chappelle, à main dextre, y a une fenestre où saint Jehan fut chassié (135) de paour de l'occision des Innocens. Et y a sept ans et sept xl.^nes de pardons.

Assez près de là est la maison de saint Siméon qui rechut nostre S̄gr entre ses bras quand il fut présenté au temple en Jhérusalem. Là y a vii ans et vii xl.^nes {Maison de S. Siméon}

De là allâmes où saint Jehan naquist, et passâmes par une fontaine où saint Philippe baptiza Enuch (136). {Lieu de naissance de S. Jean.}

Puis entrâmes en une église où les Mores font leur estable, et à costé du grand autel d'icelle à main gauche y a une chappelle à manière d'unne chambre bien mauvaise, où saint Jehan nasquist. Et là y a indulgence plénière.

†

Puis remontâmes sur noz asnes et vinsmes à l'église sainte Croix, distance de laditte montaigne de Judée trois milles ou environ; et là descendismes et entrâmes en une très belle église que les Crestiens Géorgiens tiennent. En laquelle et au mesme lieu où est le grand autel, crut l'un des arbres {Église Ste Croix des Géorgiens.}

dont fut faicte la sainte Croix; et y a indulgence plénière.

†

En ladicte église veymes la main s.^{te} Barbe; là nous disnâmes légièrement, remontasmes sur noz asnes, et comme environ vespres arrivâmes en Jhérusalem.

Après souper, par le congié des Mores rentrâmes dedens le saint sépulcre.

Le dimence enssuivant sur le soir, environ soleil couchié, remontasmes sur noz asnes et chevauchâmes par nuit jusques à une fontaine distante de Jhérusalem six milles (157) ou environ, et là reposâmes bien peu, et jusques à ce que la lune fut levée, que nous remontâmes et chevaulchâmes tout le surplus de la nuit tant que environ et devant le point du jour nous trouvâmes au lieu où nostre S̄gr illumina l'aveugle; lequel ainsy que nostre S̄gr passoit la voye, crya *Jhesu filii David miserere mei*. Tost après que eusmes descendu la vallée bien droicte à main dextre le loing du chemin, nous trouvâmes *terra Rubea* (158) où le bon Joachim demoura (159) par une espace de temps de honte qu'il eubt quand il fut déjetté du temple (*). Et à deux milles près de là est Jérico ou nostre S̄gr fut logié en la maison de Zachée. Et environ soleil levant nous trouvâmes ou désert où saint Jehan se tenoit quant il baptisoit les gens ou fleuve de Jourdain; qui est ung désert de sables. Et de là nous allâmes au fleuve de Jourdain distant dudit lieu de une mille ou environ, et illec descendismes; et dist ung frère certaines oroisons. Puis les

---

(*) Le ms. de Valenciennes porte : « Quand il luy fut reproché au temple » la stérilité de sa femme Ste Anne, et par le grand Prestre ses dons et » offrandes contempnées. »

aucuns se despouillèrent tous nudz et y baignèrent, et autres lavèrent leurs visages aux mains. Et y a une indulgence plénière.

†

Oultre ledit fleuve, où nous ne fûmes point, est le désert où S.ᵗᵉ Marie Egipcienne fist sa pénitance; et assez près d'illec est la femme de Loth en stature (*) de sel.

Au partir dudit fleuve de Jourdain, à main senestre, et assez près, veymes le monastère saint Jéromme là u lontemps il fist pénitance *In vastâ solitudine*. — Monastère de S. Jérôme.

A ceste main senestre, nous laissâmes la Mer Morte que bien clerement et à plain veymes; en laquelle furent subverties les cincq citez, assavoir: Sodome, Gomore, Adomma, Sebays, et Seghor. — Mer Morte.

Après retournâmes par le désert saint Jehan en Jerico. Et environ dix heures du matin nous trouvâmes le lieu où nostre S̄gr (140) juna la XL.ⁿᵉ, distant dudit fleuve de huit milles; et là descendimes, dont les aucuns des pélerins furent en une chappelle entaillié en roc et y fault monter bien hault et par rocs bien pénibles, là u nostre S̄gr juna XL jours et XL nuytz; et y a plénière indulgence. — Désert où jeuna J. C.

†

Et au dessus de ladicte montaigne bien hault est le lieu où le deable porta nostre S̄gr pour le tempter, et là je ne fus point pour le chault; et y a VII ans et VII quarantaines.

Après nous vinsmes reposer auprès d'unne fontaine où avions prins nostre logis et laissié noz baghes. Ceste fontaine est la fontaine que le profete Helisée beneit (141), et le adoulcy — Fontaine d'Elisée.

(*) Le ms. de Valenciennes porte mieux, statue.

par sel qu'il mist dedans en la béneissant, et est fort bonne à boire, non pas fort froyde.

Après disner, au fort du chault, nous failly remonter sur noz asnes, et vinsmes regaignier le chemin que au matin avyons fait, et retournâmes couchier à une masure où il y a une court frummée de murs que l'on appelle le Chastel rouge, distance de la XL.^{ne} de xv milles ou environ.

Chastel rouge.

22 aoust.
Bétanie.

Le lendemain, environ soleil levant, nous trouvâmes en Bétanie, distance du Chastel rouge de six milles ou environ. Là descendismes et nous menèrent les frères.

Premièrement en la maison de Marie Magdelaine où elle se tint depuis que ses péchiez lui furent pardonnez, et y entra pluiseurs foys nostre Sgr. Là y a VII ans et VII XL.^{nes}

Assez près de là, comme à mains d'un trait d'arc, est le chasteau de Marte à présent tout destruit, là u nostre Sgr très souvent se retiroit et logoit. Là y a VII ans et VII XL.^{nes}

A ung aultre trait d'arc de là ou environ, tirant au grand chemin dont nous estions partis, y a une grosse pierre (142) sur laquelle nostre Sgr séoit en venant de Gallilée quand sainte Marthe lui vint dire: *Domine si fuisses hic, frater meus non fuisset mortuus.* Là y a VII ans et VII XL.^{nes}

Traversâmes par le grand chemin, et vinsmes au lieu où nostre Sgr resuscita Lazare, et là est son sépulcre bien paré de marbre, et est de présent comme une église sans autel. Et au boult de ladicte église y a une pierre en fachon de chayère où nostre Sgr estoit assiz quand il dist; *Lazare, veni foras.* Là y a indulgence plénière.

†

De là allâmes à la maison (143) de Simon le Lépreux où la benoitte Magdelaine respandy son ongement sur le chief nostre

S̄gr, et de ses larmes lui lava ses piez, et de ses cheveux les essua, et lui furent en ce lieu remis et pardonnez tous ses péchiez. Là y a vii ans et vii xl.^{nes} de pardons et indulgences.

Après remontâmes sur noz asnes et revinsmes en Jhérusalem.

Le merquedy ensuivant au soir nous entrâmes de rechief audit saint sépulcre et y couchâmes toutte la nuit. *23 aoust.*

Lendemain matin fûmes en la vallée de Silloé dont cy devant (*) est parlé. Et premiers lesdiz frères nous menèrent en une cave où les apostles et disciples s'enfuyrent et cachèrent quant nostre Seigneur fut prins au jardin d'Olivet. Et là est le pardon de vii ans et vii quarantaines. *24 aoust. Vallée de Siloé.*

Pareillement nous fut lors monstré par lesdiz frères aucunes murailles en icelle vallée que l'on appelle *Castrum mali consilii* (**). Là où fut traittié la doloreuse mort de nostre S̄gr, et n'y a nulz pardons. *Castrum mali consilii.*

Après nous menèrent au lieu et champ nommé *Acheldemach* qui fut acheté des xxx deniers que Judas rendy et lesquelz il avoit eu de la tradicion de nostre S̄gr. Ouquel champ au dessus a certaines ouvertures de pierre de taille par lesquelles l'on puet jecter les corps des trespassez du hault en bas, et selon ce que l'on puelt veoir ilz sont recueillie soubz une belle volsure comme une bove la plus belle que jusques à présent aye veu. Et du temps passé l'on disoit que c'estoit la sépulture des pélerins qui trespassoient en faisant leurs voyages. Et là y a vii ans et vii xl.^{nes} *Haceldama.*

(*) Voir page 125.
(**) Idem.

Fontaine de Nostre Dame.

De l'autre costé, après estre descendu dudit champ qui est assez hault, nous fut monstré une fontaine en laquelle Nostre Dame (144) lavoit le linge nostre S̅g̅r quand il est petit, laquelle est bien parfonde soubz roches et terre. En laquelle les Mores à présent viennent faire et laver leurs buées et linges; et y a vii ans et vii xl.^{nes} de pardons.

Piscine de Siloé.

Et assez près d'illec en remontant du val de la fontaine se treuve la piscine Siloé où le aveugle fut illuminé quand nostre S̅g̅r lui fist laver ses yeux d'icelle piscine et frotté de de terre avec sa sallive. Et y a vii ans et vii xl.^{nes}

Roche fendue.

Encoires assez près nous fut monstré une grande roche qui du temps passé respondoit à ceste estant au mont de Calvaire, laquelle pour cause de la Passion nostre S̅g̅r se ouvry, et se fendirent les pierres tellement que une personne y peult aller et retourner à son ayse; et sy est ladicte roche de grande haulteur.

Tombeau d'Isaïe.

Tost après nous fut monstré le lieu où Ysaye le prophète fut soyé et ensevely, qui est belle chose à veoir, et y a de beaux arbres à l'enthour; ouquel lieu y a vii ans et vii xl.^{nes} Et ce fait, chascun desdiz pélerins retournèrent en leurs lieux selon qu'ilz estoient logiez.

27 aoust.

Iceulx pélerinages ainsy faiz, après que les pellerins eurent estés en Jhérusalem tant en faisant lesdiz pélerinages comme aultrement, depuis le dimence xiiie d'aoust jusques au dimence xxviie jour d'icellui mois, que ce jour tous lesdiz

Séparation des pélerins.

pellerins remontèrent sur leurs asnes, saulf ceulx qui demourèrent illec pour fayre le voyage du mont de sainte Catherine de Sinay, qui desja avoyent fait marchié aux truchemans pour les y mener. Et iceulx pélerins de Jhérusalem seullement avec leurs patrons, aussy les S̅g̅rs de Jhérusalem et truchemans d'illec et de Rames partirent ce jour du bien matin pour aller à Rames et de là à Jaffes; pour remonter sur leurs gallées; et eurent beau temps selon qu'il apparu à nous aultres demeurans en Jhérusalem pour aller visiter les sains et dévotz lieux de saint Marie *de Rubo* et sainte Catherine du mont de Sinay comme dessus est dit.

Après iceulx ainsi retournez pour remonter sur leurs gallées, demouràmes audit lieu de Jhérusalem pour tirer audit lieu de sainte Caterine XVII pellerins, assavoir VIII Thudes que l'on dit Allemans; si comme Jehan (145), duc en Bavière, son serviteur nommé Hancs; Guillaume, conte de Vernenburch et Sanascasce (146), Loys de Rechbergh de la conté de Hoghenrechberch (147), seigneur de Sohramberch, et ung serviteur nommé Baltazar et leur cuisinier nommé Pietre Edelin; Bernard, mareschal ou pays du duc de Stettein et son compagnon nommé Broudehans, sont les huit Thudes. Messire Ghuyst Boussart, chevalier, sgr de Mursay, et Guillaume Cambedit de la Rocque, son serviteur; messire Ghuy de Toürettes, prestre escolatre de Xainctes, chanoine de la sainte chappelle de Paris et prieur de s.ᵗ George de Saintonge en Ghienne; Franchois de Tournemine, sg.ʳ de la Gherche (148), escuier d'escuyrie du duc de Bretaigne; messire Nicolas de Saint Genois, chevalier, sgr de Clérieu, de la ville de Tournay, Arnoul de Saint Genois, son frère, demourant en la ville d'Ath, en Haynnau; Diéryc Van Beest Dierycxsone de la ville de Delft, en Hollande; Claes Jacobzzone de la ville de Harlem, oudit pays de Hollande; et moy George Lenguerand de la ville de Mons ou pays de Haynnau. Et en atendant que nostre trucheman fust prest pour nous tirer hors

<small>Noms des pélerins du Sinaï.</small>

de Jhérusalem, y séjournàmes depuis ledit dimence XXVII.ᵉ d'aoust jusques au merquedy XIII.ᵉ de septembre ensuivant, où sont XVII jours enthiers. Pendant lequel temps achetâmes aux officiers du Soudan audit Jhérusalem de pouvoir de rechief couchier et visiter une nuyt l'église du s.ᵗ Sépulcre, et y entrâmes et fûmes enfermé la nuyt enthière comme par trois fois paravant nous avons esté. Où chascun fist son debvoir de prier Dieu pour les âmes de ses parens et amis trespassez, et aussy pour la prospérité et bonne vie de ses parens et amis vivans.

>Dernière nuit au S. Sépulcre.

Pareillement durant icellui temps, je fus pour argent en la maison de Pillate où me fut monstré la prison où nostre S̄gr fut mis, aussy le lieu où par pluiseurs foys il fut batu et flagellé et le lieu où il fut jugié (*).

>Maison de Pilate.

D'illec me menèrent les Mores qui avoient receu mon argent en une musquée qui est à présent église des Mores et paravant estoit une religion de femmes, et encoires paravant estoit la maison de Joachim et de sainte Anne (**). Ouquel lieu me fut monstré le lieu où la glorieuse vierge Marie naquist, et y entre l'on à grand paine; sy fait on en ladicte église parce que, comme dit est, elle est à présent musquée aux Mores. Mais la lucrative qu'ilz en eurent nous y firent entrer après avoir atendu grand temps que lesdiz Mores estoient hors de leurs dévocions et d'iceulx lieux.

>Maison où naquit la vierge Marie.

Au partir de là me menèrent au lieu de la pichine (¹⁴⁹) qui est assez près de la dicte maison Sainte Anne, et nous fut tiré de l'eauwe, et en buch.

(*) Voir page 120.
(**) Idem.

Pour autant que nous fûmes en Jhérusalem eusmes beaucop d'empeschemens et affin de composicions ; touttesfois nous partismes sans en payer nulles, saulf que à ung crestien de la chainture nommé Gazelle qui se disoit consulle du Soudan, failly pour chascun pellerin baillier deux ducas, à cause que avions amené la provision de vins des gallées et non le prins à lui ; et à ceste cause son droit estoit de lever de chascun pellerin allant à sainte Caterine deux ducas, comme nous fut forché de faire.

Consul du Soudan : ses droits.

Et nous ayans fait noz préparatoires et provisions de vivres et de touttes choses nécessaires pour d'illec tirer oultre ; aussy par nostre truceman, ses cameliers et asniers, partimes dudit lieu de Jhérusalem pour tirer et faire le voyage de sainte Catherine tous ensemble le merquedy XIII.ᵉ jour dudit mois de septembre an IIII^{xx} six, environ cincq heures du soir. Et nous allâmes pour cuidier aller couchier en l'église de Bethléem à v milles d'illec, pour de rechief visiter les sains lieux y estans, et prendre nostre chemin par le val de Ebron (*) et de Abraham où nostre père Adam fut créé. Mais nous là arrivez, trouvâmes l'église plaine de gens d'armes du Soudam tellement que à ceste cause nostre voyage dudit Ebron en fut rompu, et nous failly prendre aultre train, et fût nostre trucheman composé de eulx de huit ducas. Et ceste nuyt nous burent la pluspart d'un baril de Mallevisée et osté le meilleur frommage nous avions.

13 septembre. Départ pour le Sinaï.

(*) Le ms. de Valenciennes porte : « par le val de Ebron pour visiter les
» sepulcres des quatre grands patriarches, Adam, Abraham, Ysaac, et Jacob
» quy sont *in speluncâ duplici* avec leurs femmes, Eve, Sara, Rebecca, et
» Lya ; et pour veoir aussy le camp Damascene (150) de la terre duquel fut
» faict et formé Adam nostre premier père ; laquelle terre est flexible entre
» les doigts comme cyre. »

14 septembre.

Zacharies.

Ricoyer.

15 septembre.
Arrivée à Gazera.

Le jeudy, xiiii.ᵉ jour dudit septembre, deux heures devant le jour, partimes de ladicte église de Bethléem, et par ung chemin piérieux et montaignes et vallées, allâmes repaistre noz camelz et asnes en ung champ lez ung village nommé Zacharies, où il y a pluiseurs cazals et de beaux vignobles à l'enthour, à viii milles dudit Bethléem; et y arrivâmes environ huit heures du matin, et y séjournâmes jusques environ cincq heures après midy; ouquel lieu le compaignon du marischal fut sy mallade qu'il le failly remener en l'église du Mont de Sion en Jhérusalem, et en fut son voyage de sainte Catherine rompu. Partimes de ce lieu sur noz asnes avec nos camelz, et le parfait de ce jour et toutte la nuit nous cheminâmes sans arrester, sans parler ne dire mot, et ce de paour des Arrabes qui pour lors estoyent en grande compaignies en ce quartier, qui nous eussent compozez et peult estre osté de noz vivres et provisions; et environ heure devant le jour nous descendimes de noz asnes en plains champs lez ung gros village nommé Ricoyer, pour ung petit dormir et reposer. Et après que eusmes là endroit repozé environ trois heures, remontâmes sur noz asnes, et avec l'un de noz trucemans et aucunnes gardes, nous tous pélerins tirâmes nostre chemin le vendredy xv.ᵉ dudit septembre, et d'un train cheminâmes jusques en la ville de Gazera, ouquel lieu nous arivâmes environ une heure après midy, où nous vint audevant le truceman du Souldam audit Gazera. Et en nostre chemin trouvâmes le plus beau plain pays de labeur et le plus plain que je veys oncques en Santers, Ostrevant, ne Artois, et beaucop de villages y estans. Mais en ces lieux l'eauwe de quoy usent les bestes et les gens se prendent en grans puis qui sont faiz lez lesdiz villages en plains champs, et se tire l'eauwe par beufz. Et obstant que ce jour avions laissié noz cameaulx derrière qui portoient noz vivres et ce sur quoy chascun pélerin couchoit à la terre ès mains d'un aultre truceman nommé Calix pour les conduire, et que ce jour devoyent venir audit Gazere de bonne heure, pour la malladie que eubt l'un desdiz camelz, n'y arrivèrent jusques lendemain de grand heure; de quoy nous tous fusmes en grand soussy cuidant avoir perdu tous noz vivres et baghages. Et aussy ce ne fut pas sagement fait à nous de les habandonner; touttesfois nous n'y perdismes que peu ou néant. Et nos diz camelz ainsy arrivez audit Gazera lez nous qui estions logiez et couchiez sur la terre en la court d'une maison où nul ne demouroit, en très grande povreté, ayant gardes à noz despens qui nous faisoient avoir vivres et aultres choses à nous nécessaires pour noz deniers, en payant de ce qui ne coustoit que deux (*) le double avant, et en payant louage de la maison, payant tribu à icelles noz gardes, aussy au truceman dudit Gazera, et payant l'eauwe qui nous estoit apportée pour faire nostre cuisine et mettre en nostre vin à leur voulenté, avec aultres menues composicions qui se faisoyent sur nous par chascun jour, tant d'un baril de vin pour ung cop comme aultrement, en nous menachant venir prendre tous noz vivres, se ne faisions ce qu'ilz demandoient. Séjournâmes illec en très grande povreté depuis le xv.ᵉ jour de septembre jusques au ii.ᵉ d'octobre oudit an iiii^{xx} six, que ce jour nostre truceman Calix nous fist tirer noz baghes hors d'icelle court et le tout porter hors de ladite ville en une plaine lez une

Inquiétude pour les bagages

Avanies.

2 octobre.

(*) Il manque ici un mot désignant une monnaie.

chimentière à leur mode, pour là endroit plus à l'aise chargier noz vivres et baghes sur les camelz. Mais avant le partement de ce lieu, pour les grans challeurs qu'il faisoit journellement aucuns pellerins furent sy opressez de maladie que forche leur fust eulx agister, et tellement que par leurs frères et compaignons furent forchiez de eulx retourner en l'église du Mont de Sion lez Jhérusalem, ou aultrement ils y fussent mors. Assavoir : Jehan, duc en Bavière, lequel combien qu'il fust bien pensé audit Mont de Syon et sy avoit son serviteur lez luy, y termina vie par mort. Et pareillement y fut grièvement malade Arnoul de Saint Genois, tellement que forche fut le remener audit Mont de Sion oultre son gré, mais à ce ses frères pellerins le persuadèrent, et le compaigna en grand dueil son frère messire Nicolas, sgr de Clerieu, chevalier, lequel pour deul et anoy qu'il prinst de laissier la compaignie, se agista aussy audit Mont de Syon, et tellement qui tous deux furent en grand danger de y perdre la vye.

<small>Plusieurs pélerins hors d'état de continuer.</small>

Nostre partement fait dudit lieu de Gazera, et nous tirez lez ladite chimentière à intencion de partir ce jour et prendre chemin vers sainte Catherine, et que desjà avions séjourné audit Gazera xvi jours entiers, sy nous vint dire nostre truceman Calix que luy n'avoit pas fait le pact ne marchié avec nous, mais avoit esté le principal truceman de Jhérusalem. Et jasoit ce qu'il nous euist promis venir avec nous audit sainte Catherine et par le moyen de nostre marchié nous livrer cameaulx, asnes et pavillons, mesmes de nous acquicter de touttes mengeries, composicions grandes et petites. Sy estoit il party de nous, et allé remener les mallades, et ne retourneroit point. Parquoy il nous advertissoit qu'il

<small>Mauvaise foi du trucheman Calix.</small>

trouvoit que selon nos vivres et baghages il avoit retenu et payé peu d'un camel, à laquelle cause il failloit laissier vivres ou baghes pour ung camiel ou que payssions ung entre nous. Ce voyant par nous pélerins, et jasoit que avions très bien adverty ce truceman Calix de non prendre la charge de nous mener pour l'autre sinon aux condicions déclarées en nostre pact, sy nous failly passer par là. Ce fut que nous douze pélerins demourez pour tirer oultre ensemble tirâmes quattre ducas d'or. Et combien que ces quattre ducas furent payez comptant, sy séjournâmes illec jusques à lendemain environ dix heures du matin.

Et pour parler de la ville de Gazera, c'est une très belle ville, grande et playnne de peuple, bien fructueuse et plus que Jhérusalem. Et à une petite licuwe d'icelle bat la mer, et tout plain pays à l'enthour sans quelque courant d'eauwe y avoir, sinon par puis et citernes dont il y en a pluiseurs, et bonne eauwe et de beaux jardinages dedans et à l'enthour d'icelle. En laquelle ville est le pallais que Sanson le fort fist tomber par sa forche et esbranla la maistre coulompne où il par désespoir de sa femme avec son amy tous périrent dedens ledit palais, ainsy que l'istoire le dit. Et combien que allâmes audit Gazera, aucuns pellerins ont esté et peuvent encoires bien aller à ung chastel nommé Zania, et entens qu'il y a eauwe doulce très bonne comme à Gazera, et est ce chastel sur la fin d'Egipte, et d'illec entre l'on en Arrabie.

Le mardy, III.ᵉ jour d'octobre oudit an IIII^xx six, après avoir fort débatu le long séjour que avions fait audit Gazera qui estoit de XVIII à XIX jours, et que déclarâmes à nostre truceman que se ne partions nous yrions complaindre à l'officier principal du soudan audit Gazera, icellui nostre truceman se disposa

3 octobre.
Départ de Gazera.

de nous faire partir et tirer chemin environ dix heures du matin en ce jour. Ce voyant nous tirâmes pardevers les Arrabes maistres des kamelz de noz vivres et bagages pour à eulx marchander en combien de jours ils nous vouldroyent mettre au mont de Sinay ; lesquelz respondirent en xv jours. Tant fut pourparlé que moyennant deux ducas et demi qui leur furent promis nous y devoient mettre et livrer en xii jours. Et combien qu'ilz en firent leur poissance par grandes journées et dilligence faire, se y meismes nous xiiii jours et demy entiers. Et ainsy nous partismes ce jour à dix heures dessusdit, et allâmes ce jour logier et couchier à viii ou x milles dudit Gazera, lez ung village (*), soubz aucuns arbres grans portans fighes (¹⁵¹) par les grosses branches comme trousses, et non pas par les branchettes comme en nostre quartier tous fruis se portent. Et depuis ledit Gazera jusques illec, c'est ung beau plain pays et bien labouré portans tous biens de terre et fruis ; et à cedit village l'on commenche à trouver les Arrabes. Nous illec arrivez fusmes composez et constrains de donner au truceman dudit Gazera qui nous avoit conduit jusques illec, pour chascun pellerin trois medins, et pour parvenir à plus grande composicion nostre truceman mesmes s'en volt retourner audit Gazera et nous là endroit habandonner. Mais néantmoins combien qu'il en fist tous les signes, sy revint-il avec nous de soy mesmes. Et pour chascune nuyt y avoit deux pellerins qui faisoient le ghet, l'un à l'avant minuyt, et l'autre depuis minuyt jusques au partement des pellerins.

Première couchée.

4 octobre.

Le mercredy iiii.ᵉ jour dudit mois d'octobre, bien matin, seconde journée dudit Gazera, ainsy que cuidions chargiez

(*) Il l'appelle plus loin Garfa.

noz vivres et bagages sur noz kamelz, nous trouvâmes que les deux meilleurs camels n'y estoient point, et à ceste cause les vivres et baghes pour autant que deux camels portoient demouroient là sur le champ. Fut demandé à nostre truceman les causes ; il respondyt que deux garchons les avoy robez et qu'il veoit remède que d'en louer deux aultres aux Arrabes demourans au village près de nostre logis. A quoy nous diférâmes (attendu) que noz vivres et baghes devoyent estre portez par nostre marchié ; finablement après que eusmes là séjourné deux ou trois heures en ces devises, et que nostre truceman perchut que n'estions délibéré de pour ce mettre main à bourse, mais plus tost retourner audit Gazera vers les s̅g̅rs de la justice pour nous en complaindre, de soy mesmes en loua deux aultres, et lesquelz furent chargiez. Et prestement tirâmes chemin et continuâmes de aller jusques cincq heures après midy, que là endroit, en ung val entre deux montaignes, sur le sablon nous logâmes. Et pour la moictié du chemin que feymes ce jour, c'est ung très beau pays plain à tous costez et bien labouré. Et en pluiseurs (lieux) emmy iceulx champs, y a greniers en terre bien machonnez où du temps passé l'on mettoit les grains venans d'icelles labeurs, et sont à fachon comme de grans puis par le dessus et en grande largesse par le dessoubz. Et nous fut dit que en temps passé c'estoyent les greniers des Soudans. Et pour l'autre moittié du parfait de nostre journée pour ce jour, c'est aussy beau plain pays sans quelque labeur ; mais sont désers et plains de sables, et veymes ce jour dayns ou palmars par troppeaux parmi iceulx champs. Et pour ce jour veymes la mer de nostre chemin, au costé de la main dextre ; où en ceste nuyt fut fait ghet par lesdiz

Puits pour conserver les grains.

pélerins, comme devant est dit, et sera fait par touttes les aultres nuitz ensuivans.

<small>5 octobre.</small>

Le jeudy, v.ᵉ jour d'octobre, troisième journée, partismes dudit lieu environ une heure devant soleil levant, et d'un trac cheminâmes tout ce jour jusques environ six heures du soir, que vinsmes logier en une playnne entre grans montaignes de sablon.

<small>Sables.</small>

Et en nostre chemin trouvâmes partie d'iceulx sables molz qui alefois par grans vents faysoient grands empeschements aux pellerins ; et autresfois grandes plaines et durs sablons où en l'un ne en l'autre croit peu ou néant de verdure ;

<small>Garennes de rats.</small>

mais ès dictes plaines voit-on garennes de ras comme nous disons pardecha garennes de connins.

<small>Rencontres d'Arabes.</small>

Et en nostre chemin nous vinrent rencontrer aucuns Arrabes qui sont gens quasi tous nudz, ayant chascun la partisienne ou arcq et flesches à la mode du pays, ausquelz nous failly donner du bescuit, de l'eauwe fresche à boire que portions en peaux de chièvre sur noz camelz, et de l'argent pour courtoisie ; et puis s'en allèrent. Après nous ainsi arrivez et noz camelz deschergiez, autres Arrabes nous vinrent encoires, ausquelz de rechief nous convint baillier la courtoisie et à mengier. Et pendant le temps que estions illec logiez, une carvane vint logier lez nous de 11ᶜ camelz chargiez de blé qu'ilz portoient au Kaire.

<small>6 octobre.</small>

Le vendredy, vi.ᵉ jour dudit mois d'octobre, IIII.ᵉ journée, incontinent que l'estoille Journade fut levée, afin de anticiper la foulle des camelz de ladite carvane, montâmes sur noz asnes et chargâmes noz camelz et feismes telle dilligence que environ ix heures du matin nous arrivâmes en ung plain de durs sables entre grans montaignes et vallées lez

<small>Fontaine Elmarzabeth.</small>

une fontaine sallée qui se nomme Elmarzabeth, où emprès

il y a une aultre fontaine d'eauwe doulce blanche comme lait où les camelz et asnes furent abuvrez et noz peaulx de chièvre raemplies, dont chascun pélerin avoit une. Et après que eusmes séjourné illec jusques environ une heure après midy, nous tirâmes chemin de rechief parmi montaignes et sablons jusques environ soleil couchant que nous logâmes entre deux grans montaignes de sables; esquelles et en chascun d'iceulx logis failloit faire par nous ghet, de peur des bestes sauvages et d'estre sourprins des Arrabes.

Le samedy, viie jour dudit mois d'octobre, v.^e journée depuis ledit Gazera, partismes dudit lieu devant le jour, et cheminâmes continuellement jusques environ une heure devant soleil couchant que nous logâmes entre deux grandes montaignes de sables tout nouvellement faictes par les vens, et avoyent couvert nostre chemin : et y treuve on allefois sablons durs et plains de pierres et aultre sablon mol. Et nous fut dit que en ces désers se tenoient asnes et bestes sauvages, et aussy ostrices; mais pour ceste fois n'en veymes nulles.

7 octobre.

Le dimence, viiie jour dudit mois d'octobre et vi.^e journée, tost après l'estoille du jour levée, nous montâmes sur noz asnes et tirâmes chemin jusques environ deux heures après soleil levant, que arrivâmes en une plaine de sablons durs et piérieux entre grans montaignes, où trouvâmes une fontaine qui se nomme Alssine, laquelle est bien orde; et là furent abuvrés les diz camelz et asnes, et prins eauwe pour les pellerins; et est icelle fontaine en val comme ung rondt trou en terre et au fons d'icelle sont pierres et tiens qu'il n'y a quelque sourjon ne auwe vive. Et est icelle comme ou milieu de ladite plaine, et est sy orde qu'il le

8 octobre.

Fontaine Alssine.

nous failloit couller parmi ung blancq linge, et encoires le buvions nous à grand regret. D'illec partimes environ une heure après midy, et allâmes couchier sur ceste araine vii ou viii milles oultre, là u nous trouvâmes tous sablons durs et plain de petittes pierres, et entre montaignes de pierre et de sablons. Et au milieu de ces désers estoient aultres montaignes de sablon et pierres meslées parmi.

9 octobre. Le lundy, ix.ᵉ jour dudit mois d'octobre et vii.ᵉ journée, environ une heure et demie avant soleil levant, partismes d'icellui logis et allâmes logier sur ceste arrene environ six heures du soir entre roches et montaignes : et trouvâmes iceulx désers plain pays, telz durs sablons et piérieux comme le jour devant, sans trouver quelque eauwe, aultrement que deux de noz Arrabes qui menoyent noz camelz sur deux asnes se trouvèrent hors de nostre chemin environ six milles et nous rapportèrent eauwe fresche plain iiii peaulx de chièvre ; qui nous vint bien à point.

10 octobre. Le mardy, x.ᵉ dudit mois d'octobre, viii.ᵉ journée depuis le dit Gazera, partismes bien matin du logis dessus dit. Et ainsy que tiriemes nostre chemin sur ceste arène, nous trouvâmes le chemin et le traversâmes qui va du grant Kayre ou port de la Mecque où Macommet est, et que dudit Kaire jusques audit la Mecque nous fut dit qu'il y avoit xxx journées et tous désers semblables à nostre chemin. Et ce jour, entre douse et une heure après midy, ung de noz compaignons pellerins, assavoir le conte de Wernembourg, fut mallade ; et à ceste cause failly deschargier les camelz et faire tendre ung pavillon et le couchier dessoubz affin de le reposer et rafreschir, car la charleur y est sy grande ; qu'il n'est à croire sans le avoir essayé. Et luy reposé et rafres-

chy, remontâmes sur noz asnes environ une heure avant
soleil esconsant, et tirâmes chemin en sablons et pierres
blanches meslées parmi, entre grandes roches de pierres
blanches, et jusques environ viii heures du soir à la lune,
pour raconsuire et rataindre le séjour fait pour cause de la
malladie faicte dudit conte; et là endroit descendismes entre
montaignes et vallées pour reposer le parfait de la nuit.

 Le merquedy, xi.ᵉ jour dudit mois d'octobre et ix.ᵉ *11 octobre.*
journée depuis ledit Gazera, bien matin partismes et cheminasmes jusques environ midi que lors ung petit pour
rafreschir feismes tendre nostre pavillon entre montaignes
de pierres blanches et sablon meslé parmi. Ouquel lieu
avoit tamaris de verdure pour repaistre noz bestes; et pendant ce temps aucuns de noz cameliers et asniers acompaigniez d'aucuns de noz pélerins dont je fus l'un, allèrent
quérir de l'eauwe à une fontaine nommée Magemaque qui *Fontaine Magemaque.*
est doulce eauwe, et distance du lieu où les pélerins estoient
demourez pour reposer, environ cincq milles. Et tous les
diz pellerins rassemblez ensemble demourèrent illec le parfait de ce jour et jusques à ce que la lune fut levée, qui
fut environ dix heures en la nuict.

 Ceste nuit, environ dix heures, et la lune levée, dont le
lendemain estoit jeudy, xii.ᵉ jour d'octobre et x.ᵉ journée *12 octobre.*
du depuis le partement dudit Gazera, remontasmes sur noz
asnes et cheminasmes le parfait de ceste nuyt et jusques
qu'il estoit grand jour que nous trouvâmes en ung grand
val entre roches et montaignes telles que devant, et où avoit
tamaris et bois à foison pour faire nostre cuisine. Et en ce
lieu furent noz camelz deschargiez pour eulx reposer et
mengier, et les asnes. Et pendant ce temps aucuns cameliers

et asniers à tout noz asnes avec aulcuns pélerins avec eulx, allèrent environ chincq ou six milles d'illec où ilz trouvèrent une fontaine belle et bonne nommée Hierkat, et fut la meilleure eauwe que avions trouvée depuis nostre partement dudit Gazera; de laquelle noz kamelz et asnes furent abuvrez et nous rafreschy. Et pour icelle cause nous demourâmes en icelle plache tout ce jour, et furent noz peaulx de chièvres remplies d'icelle eauwe et noz baris de vins à eauwe.

<small>Fontaine Hierkat.</small>

<small>13 octobre.</small>

Le vendredy, xiii.ᵉ jour dudit mois d'octobre, xi.ᵉ journée du partement dudit Gazera, une heure devant le jour, remontasmes sur noz asnes et tirâmes chemin jusques environ midy que lors allâmes descendre entre roches et montaignes lez une fontaine nommée Sequey, laquelle est puante, et à paine en voldrent boire les bestes. Ouquel lieu noz cameliers trouvèrent ung camel qu'ilz prinrent. Et tout le chemin de cest avant disner est le plus malplaisant chemin que avions encoires trouvé; car l'on ne fait que tousjours monter et descendre, et pays plains de pierres. Et nous vinrent xvii arrabes ausquelz il failly baillier bescuit et yauwe doulce, et pour courtoysie quarante medins : et près qu'il n'y eubt une lourde besongne de nostre part par les Allemans qui les vollurent enchachier à l'espée et à forche d'armes etc. Et après avoir (reposé) remontasmes et tirâmes chemin jusques environ soleil couchant, où descendismes en semblable lieu que paravant et entre roches et montaignes; et n'y avoit eauwe ne verdure.

<small>Fontaine Sequey.</small>

<small>Rencontre d'Arabes.</small>

<small>14 octobre.</small>

Le samedy, xiiii.ᵉ jour dudit mois d'octobre, xii.ᵉ journée dudit Gazera, partismes d'illec environ une heure devant le point du jour, et tirâmes chemin jusques environ deux heures avant le soleil couchant sans trouver quelque chose qui soit, et tout nostre chemin ce jour fut en montant et avalant entre roches et montaignes et le chemin plain de pierres, véant à chascun costé grandes montaignes à merveilles : où alefois on y voit de grands orages et merveilleux delouvres d'eauwes comme la veue le démonstre. Et allâmes (*) la montaigne de Abocorba qui est fort grande et plus aspre et grande que le mont de saint Bernard ne le mont de Montju et de Montjouet, mais elle n'est pas sy roidde, et n'y fait on que tourpier, et dure beaucop. Et au fons de la vallée entrâmes au courant des fleuves quand ilz y sont, entre deux montaignes; qui est chose bien merveilleuse et espoentable à y estre, car ce dure assez long chemin. Et en ce lieu à peu près que les deux montaignes par le deseure ne conjoindent ensemble, et par le dessoubz à cause desdiz fleuves et vens sont tellement mengiés que la voye y est large; et sont icelles montaignes de sablon, grosses pierres meslés parmi. Et logâmes ceste nuyt en ung plain au-dessoubz d'icelles roches, où ne avoit quelque chose pour gens ne bestes. {*Montagne Abocorba.*}

Le dimence, xv.ᵉ jour dudit mois d'octobre, xiii.ᵉ journée depuis ledit Gazera, partismes d'illec environ une grande heure devant le jour, et tirâmes chemin continuellement jusques une heure devant soleil couchant, et vinsmes logier entre rochiers lez une fontaine nommée Lequedaire, qui est bonne eauwe doulce; et tout ce jour cheminâmes entre grans rochiers, et nostre chemin sy plain de grans pierres que à paynes povoient noz asnes aller avant, et tousjours montaignes et vallées, et pieur chemin que n'avions encoires trouvé. En icellui chemin avoit arbres grans comme grandes aubespines, lesquelles portoient espines semblables à celles de quoy nostre {*15 octobre. Fontaine Lequedaire.*}

(*) Le ms. de Valenciennes porte : avallâmes; ce qui est plus intelligible.

Sgr fut couronné. Et en icelui chemin nous fourvoyâmes, mais aucuns Arrabes trouvâmes (qui) nous remisrent en nostre chemin. Et comme cy devant est dit, en aucun par, chascunne nuyt, deux de noz pélerins faisoient le ghet, assavoir : l'un à l'avant minuyt et l'autre à l'après minuyt.

16 octobre.

Le lundy, XVI.ᵉ jour d'octobre et XIIII.ᵉ journée depuis nostre partement dudit Gazera, partismes dudit logis une heure devant le jour, et cheminâmes en assez beau chemin plain de sablons et pierres parmy. Mais environ midy, entre grans rochiers à douze ou XIIII milles près du mont de Sinay et à l'entrée d'iceulx rochiers, nous fut monstrée une grande pierre où l'on dist que Moyse séoit quand il faisoit les commandemens aux enfans d'Israël selon que nostre Sgr lui avoit commandé; et encoires y voit on l'empreinte de ses deux fesses, combien que la pierre soit des plus dures : et en font les Arrabes et Mores très grand feste en le baisant et aorant. D'illec nous cheminâmes le parfait du jour jusques une heure devant soleil couchant entre lesdiz grans rochiers et assez plain chemin. Assez près de Sainte Catherine vysmes une grand pierre chutte desdiz rochiers (¹⁵²) qui de loing semble une maison, et ung peu oultre icelle pierre et à ceste main y a aucuns cazalz et logis d'Arrabes. Et puis l'on tourne à la main senestre entre aultres rochiers pour aller ou monastère de Sainte Catherine que l'on dist de Nostre Dame *de Rubo*, et maintenant on l'apelle Sainte Catherine pour ce que son corps, IIIᵉ LX ans après sa mort, y fut translaté. Vinrent envers nous Arrabes qui descendoyent desdittes montaignes de tous costez, et n'estoit point pour nous mal faire, mais estoit de ceulx qui se tiennent audit monastère et nous conduirent jusques dedens environ une heure devant soleil couchant comme devant est dit. Et avant

Pierre de Moyse.

arriver nous trouvâmes de leurs maison qui semblent petiz logis de pourceaux; puis tost après passâmes nous au dessoubz de la montaigne de Oreb où les enfans d'Israël adorèrent le veau. Et de là en tournant à main gauche, veymes ledit monastère de Nostre Dame *de Rubo* scitué en une vallée entre deux grandes montaignes; c'est assavoir le mont de Sinay qui est vers le midi, et une aultre montaigne dont ne me recorde du nom (153) qui est vers septentrion. Et devant que entrer trouvâmes ung jardin enclos de pierres seiches (154) où a plusseurs arbres comme olliviers et amandiers, et y font les calogiers ou religieux quelque peu de potage, dont peu en joissent pour lesdits Arabes qui mengnent tout. Puis descendismes noz baghes et vivres et les mismes au dedens ledit monastère; et à l'entrée a une peticte porte couverte de fer et beaucop de petiz logis et chambres pour lesdicts calogiers. Ledit monastère est quarré, et clos à l'entour de pierre de taille, et au milieu est scituée l'église; et devant icelle est une musquée de Mores ou Arrabes, qui est grand pitié; mais forche est de l'endurer, ou aultrement ilz jecteroyent tout par terre, ou y bouteroient le feu. Tout à l'enthour de la dicte église et musquée sont petittes chambres et logis et molins à bras à faire farine.

Nous fusmes logiez en petictes chambres au plus hault du dit monastère où il y a une petite chappelle et oratoire de sainte Catherine, en laquelle les pélerins qui sont prestres et qui ont porté des ornemens peuvent dire messe; car à l'église Nostre Dame *de Rubo* ne seuffrent les calogiers chanter autres que Grecs. Acoustrâmes noz bezongnes dedens; puis (fûmes à l'Eglise en laquelle il) (*) fault des-

Mont Oreb.

Arrivée au monastère du Sinaï.

Description de l'église.

(*) Ce qui est entre parenthèses est suppléé d'après le manuscrit de Valenciennes.

cendre par unze degrez, et y a degrez de deux costez de la grande porte; puis dedens la ditte église treuve l'on à costé du grand autel, à main dextre, comme (*) ung des pilliers par voie et le derrenier devers orient, une chasse de marbre blancq en laquelle les calogiers nous disrent que reposoit le corps madame s.^te Catherine ; et là deismez nos oroisons. Puis à ceste main mesmes et joindant de là entrâmes en une chappelle quarrée fondée de saint Jehan Baptiste où il y a VII ans et VII XL.^nes de pardons. En laquelle l'on nous fist deschausser et oster noz sollers; et ainsy entrâmes en une aultre chappelle qui est droit derrière le grand autel de la dicte église. En laquelle et là endroit où représente l'autel, veyt Moyse le feu au buisson qui point ne brusloit; qui est figure de la vierge Marie. Et est ce dont est escript, *Rubum quem viderat Moyses incombustum* &.^a Et là se fault deschausser comme dit est, car Moyse eubt commandement de Dieu de non aprochier chaussié, et pour ce que c'estoit lieu sainct. La chappelle est belle et dévotte, et y a plénière indulgence, comme il nous fut dit. En tournant par l'église veymes grand forche de lampes pendant tout du long de la nef et devant les autelz. Entre le grand autel et la grand porte de l'Eglise y a XII pilliers par voye, de chascun costé six; et à chascun pillier y a ung tableau tous plain de sains qui servent pour monstrer les festes qui sont en chascun mois de l'an. Et commenchent leur an au mois de septembre; et au dessoubz de chascun tableau y a une croix de plomb où ils dient dessoubz y avoir des reliques. Ladicte église est belle et gente, selon la mode du pays non voultée et toutte couverte de plomb.

(*) Contre ; ms. de Valenciennes.

Et ainsy fut la xiiii.ᵉ journée que partismes de Gazera et fusmes par les désers.

Lendemain matin au point du jour, le mardy, xvii.ᵉ dudit mois d'octobre, prinsmes vivres pour deux jours, et en la compaignie d'un calogier parlant ytalien et d'un Arrabe allâmes pour faire noz voyages au mont de Sinay. Et au partir dudit monastère tournasmes à main gauche, puis à main dextre commenchâmes à monter ladicte montaigne; et quand nous fusmes montez une espace de temps, trouvâmes une fontaine venant d'un roc. Plus hault et environ du chemin trouvâmes une chappelle de Nostre Dame là faicte pour ung miracle qui en temps passé y est advenu, qui est tel. Comme les calogiers dudit monastère fuissent en grand nombre et euissent peu de vitailles, tellement qu'ilz n'y savoyent vivre, et eussent aussy tant de poulx, punages et aultres vermines qu'ilz n'y povoient durer, furent tous ou la plus part d'iceulx délibérez de eulx partir. Et ung jour montant ladicte montaigne voellans visiter les sains lieux et gaignier les pardons, et de là eulx en aller ailleurs où ilz porroyent servir Dieu et avoir à mengier; à l'endroit de ladicte chappelle sur un roc trouvèrent la glorieuse vierge Marie en habit d'unne dame qui leur demanda où ilz alloient. Et après qu'ilz lui eurent dit leur intencion et qui les mouvoit, leur dist qu'ilz allassent par la montaigne gaignier les diz pardons, puis rapassassent par ledit monastère. Ce qu'ilz fisrent au boult de trois jours qu'ilz demourèrent en ladicte montaigne. Trouvèrent à l'huys dudit monastère trois cens cameaulx chargiez de bled, pois, fèves et aultres victailles. Interroghèrent qui illec les avoit fait venir, disrent qu'ilz avoient trouvé sur le chemin du Kaire une dame et ung

17 octobre.
MONT DE SINAY.

Chapelle Notre-Dame: origine.

seigneur qui avoyent acheté touttes lesdictes victailles, et les envoyèrent audit monastère pour la provision desdicts calogiers. Eurent mémoire de ladicte dame qu'ilz avoyent veue à la montaigne, et en mettant lesdiz vivres dedens, iceulx marchans veyrent en painture Nostre Dame et Moyses; et incontinent disrent que c'estoyent ces deux là qui illec les avoyent envoyez. Oncques puis ne rengna ladicte vermine audit monastère, et dient les calogiers que ung homme poulleux estant trois jours audit monastère n'en aura plus nulz et en sera tout neth.

<small>Souvenirs du prophète Élie.</small>

Après nous montasmes plus hault ou destroit de une aultre montaigne, trouvâmes une porte vaultée et tantost nous trouvâmes encoires une aultre fontaine venant le loing du rocq, puis une aultre pareille porte à l'autre, et un peu au dessus une chappelle où fist saint Hélye sa pénitence. Après trouvâmes une grosse pierre, laquelle saint Hélye, profete, cuidant aller visiter le lieu où Moyses rechut la loy ne peult passer, et là survint ung feu céleste qui l'empescha, et eult révélacion de s'en retourner pour ce que encoires en bas n'avoit assez fait sa pénitence. Et nous dit ledit calogier que anchiennement ne passoyent pellerins par cest endroit que le feu soudainement ne sourvenoit, ne lui bruslast de la barbe ou robe ou quelque aultre chose sans lui mal faire; qu'il en est, Dieu le scet.

<small>Rocher des tables de la Loi.</small>

Après, beaucop plus hault, trouvâmes ung rocq où Dieu bailla les tables à Moyses; et pour ce que Moyses eubt paour pour la grande resplendeur qu'il veyt, se chassa soubz ledit rocq en ung lieu fort estroit où la pierre se amolya et lui fist plache ainsy que l'on dist; et de ce y a grande apparence, car on y voit le lieu de ses fesses et espaulles. Là y a indulgence plénière. Incontinent et au dessus de ce dit rocq est une chappelle fondée de saint Moyses; que tiennent lesdiz calogiers; et devant, une musquée de Mores ou Arrabes. Et devant ladicte musquée y a une fosse là u on dist que Moyses juna xl jours et xl nuytz affin qu'il peuist mériter ladicte loy de Dieu; et là est le hault de la dicte montaigne, et estions bien las, car il y (a), comme nous fut dit, vii mil degrez à monter. Devant ceste chappelle repusmes, et povoit estre dix heures. Puis par une aultre (voie) descendysmes ladicte montaigne par mauvaix et pénible chemin. Et au piet de ladicte montaigne trouvâmes une église que on dist les quarante saints, car là furent enterrez xl martirs (154 bis); et est entre la dicte montaigne où fut sainte Katerine par les angèles portée, (et le mont d'Oreb). Ceste église, lesdiz calogiers le tiennent, et y a maison close qui depuis deux mois encha a esté brulée par un des calogiers qui là demeure pour garder la dicte maison; et y a jardin qui est devant le long deux jectz d'arcq ou environ, bien garnis d'arbres et d'aucuns fruys pour faire potage pour les frères, par le milieu duquel passe ung petit ruysseau qui le arouze. A l'arriver estoit midy, et sy très chault qu'il failly là demourer le parfait du jour; et sur le soir fusmes visiter le lieu où saint Offre (155) fist sa pénitance qui est au boult dudit jardin.

Lendemain merquedy, xviii.e jour dudit mois d'octobre, bien trois ou quattre heures devant le jour, partismes avec nostre calogier et trois Arrabes et commenchâmes à monter la montaigne du mont de Sinay; et combien que ce sont deux montaignes, ceste et l'autre où Moyse rechut la loy, touttesvoyes tout s'appelle Sinay; combien que aucuns ap-

Chapelle S. Moyse.

Église des XL Saints.

18 octobre.
Nouvelle ascension.

pellent celle de Moyse, Oreb, qui est à dire feu en Morisque (¹⁵⁶), pour le feu que Hélye y vey comme j'ay dit. Puis quand nous eusmes grandement monté, trouvâmes une fontaine à main gauche venant d'un rocq ou aucuns prinrent de l'eauwe, et continuâmes de monter tellement que souvent nous failloit reposer pour la grande haulteur et longheur du chemin et la mauvaiseté d'icellui, qui sans nulle comparison est pire que l'autre montaigne, par ce qu'il n'y a nulz degrez, droitte et roidde à merveilles, et plus haulte deux fois : au mains y a plus de chemin deux foys que en celle où Moyse rechut la loy. Et quand eusmes bien monté les trois pars, de là jusques à la syme noz gardes faisoient feu de trait d'arc en trait d'arc ou plus tost, et nous disrent que c'estoit pour déchassier les lions et liépars qui se tiennent esdictes montaignes et très souvent menguent en cest endroit asnes et bestes et pareillement les femmes et enfans desdiz Arrabes qui se tiennent sans maison ne habitacion par lesdictes montaignes.

<small>Sommet où fut déposée S.ᵗᵉ Catherine.</small>

Finablement à l'aube du jour, estans bien las et traveilliez, nous trouvâmes au hault de la dicte montaigne, là où nous veymes un rocq sur lequel les angèles portèrent le corps sainte Catherine, après que en Allixandrie elle eubt à Dieu rendue son âme par martire ; et là demoura IIIᶜ LX ans sans que personne en sceut riens, jusques à ce que par révélacion fut trouvé ; et d'illec fut porté à Nostre Dame *de Rubo*. Là voit on comment le roc se amolia (¹⁵⁷) soubz son corps à l'endroit de sa teste, eschine, fesses et jambes ; et est en sy estrange lieu que nul ne le créroit sans y avoir esté. Là y a indulgence plénière. De là voit on la mer rouge et le désert où saint Anthoine fist sa pénitence (*). Et après noz dévocions faictes, entre sept et huit heures, commenchâmes à descendre par où nous estions montez, et à dix heures ou environ fusmes en bas, et allâmes disner et prendre nostre réfection au mesme lieu où ceste nuit avions couchié. Puis environ xi heures montasmes sur noz asnes que là l'on nous avoit amenez. Et en retournant au monastère nous fut monstré une pierre grande laquelle on dist Moyses avoir touchié de sa verge, et d'icelle sorty eauwe en douze lieux; et encoires y a apparence des troux et les lieux assez évidens; mais de présent aucune chose n'en sourt. Et sur ceste grande pierre estoit escript le nom de Jehan de Gomgnies. Depuis sur ledit chemin nous fut monstré une église de saint Pierre et saint Pol où y a deux calogiers et auprès d'eulx une vingne en la combe contenant journel et demy ou environ; et environ midy revinsmes au monastère de Nostre Dame *de Rubo*. En nostre chemin y avoit assez plain pays entre montaignes et aucunes casales d'Arabes où leurs femmes et quelque peu de bestes se tenoyent. Pierre frappée par la verge de Moyse.

Eglise de S. Pierre et S. Pol.

Le jeudy ensuivant bien matin, xix.ᵉ jour dudit mois d'octobre, avant que les Arrabes fussent levez, nous fut ouverte la casse de madame sainte Catherine, qui est de marbre blancq; et veymes dedens son chief et ses deux mains, dont en l'une y a ung aneau et une pierre rouge encassée en icellui et en l'autre deux; et au boult des dois y a de l'argent; l'os de une espaulle et aultres ossellemens 19 octobre.

Châsse de S.ᵗᵉ Catherine.

(*) Le ms. de Valenciennes ajoute : « et un port de la mer nommé Thor, et plusieurs choses, pays, et montagnes long de là. »

comme de jambes, cuisses; et n'y est pas le corps enthier de beaucoup près. Les diz chief et ossellemens sont tous moistes et semble qu'ilz ayent jetté huille (158), qui de présent sont essuez; mais qu'ilz rendent magne, non que j'aye peu aperchevoir. Et dist on que après qu'il fut apporté dudit mont et divisé et départy ainsi qu'il est, qu'il n'en rendy que très peu, mais par avant très fort. Lesdictes reliques sont povrement encassées, mais les calogiers dient que se plus richement estoient, les Arrabes le pilleroyent. Et après, nous demorâmes le parfait du jour audit monastère.

20 octobre.
Départ pour le Kaire.

Le vendredy, xx.ᵉ jour dudit mois d'octobre, environ dix heures du matin, après que eusmes furny ung empeschement que nous firent les calogiers, chascun pélerin payer deux médins au portier d'icellui monastère et aultres petittes composicions, obstant que largement lesdiz pélerins leur avoyent donné du leur, partismes d'illec à intencion de tirer au grand Kayre; et noz camelz chargiez de noz vivres et baghes, et nous montez sur noz asnes, les diz calogiers nous firent présent chascun de deux pains frés et plain une main de dades. Et tirâmes ce jour tout le chemin que estions venus par avant en passant pardevant la pierre où on dit que Moyse s'assit lorsqu'il prêchoit et amonestoit les enfans d'Israël, comme devant est dit. Et allâmes ce jour couchier emprès la fontaine de Lequedaire où paravant en allant audit mont de Sinay avions couchié, qui est très bonne eauwe et doulce.

21 octobre.

Le samedy, xxi.ᵉ jour dudit mois d'octobre, environ deux heures devant le jour, ii.ᵉ journée depuis ledit lieu de sainte Caterine, partismes et cheminasmes encoires le chemin que estions paravant venus environ dix milles. Et après laissâmes ce chemin et prinsmes aultre à la main senestre, et allâmes logier xv ou xvi milles oultre sur le droit chemin venant dudit Gazera à sainte Katerine. Mais pour ce que les Arrabes se tiennent plus sur ledit commun chemin et (*) par cely que nous allâmes, ce fut la cause de prendre le chemin que prendismes tant pour les composicions comme pour les dangiers. Avec ce que le chemin que nous menèrent iceulx Arrabes dudit Gazera audit sainte Caterine est plus court, comme nous fut dit ; mais il n'estoit pas si ample que le commun chemin. Et pour ce jour tout l'après midy eusmes assez beau chemin en sablon et entre montaignes et roches, le dit chemin plain de pierres de diverses sortes et couleurs bien plaisans à l'œul. Aussy sur ledit chemin, nous trouvasmes pluiseurs arbres portant (159) espines semblables à celles dont nostre S̄gr fut couronné ; et lesquelz arbres jectent gomme arrabique que les Arrabes menguent bien volontiers. Et ce jour environ soleil couchant, logâmes sur iceulx sables et pierres entre montaignes de sable, là où ne trouvâmes choses nulle que ung peu de meschans rachines que nous ardismes pour faire du feu. Arbres à épines.

Le dimence, xxii.ᵉ jour dudit mois d'octobre, et iii.ᵉ journée depuis nostre partement dudit lieu de sainte Catherine, environ une heure devant le jour, partismes dudit lieu et vinsmes descendre en ung val entre montaignes, et n'estoit que dix heures du matin, assez près d'unne fontaine nommée Moylehat qui est eauwe doulce et ne vault guères ; 22 octobre.
Fontaine Moylehat.

(*) Au lieu de *et*, lisez *que*.

de laquelle noz camelz et asnes furent rafreschis. Et environ douze heures à midy ce jour remonstasmes et cheminâmes de rechief, et vinsmes couchier à deux milles près de une aultre fontaine (*). Et est ce chemin assez près de la mer rouge, dont l'eauwe d'icelle fontaine est sallée. Et ouquel lieu arrivâmes environ heure et demie après soleil couchant, et est chemin entre grans roches et montaignes ; beau chemin et plaisant pour sablon plain de petittes pierres, allefois dur et allefois mol, sans guères de verdure au mains prouffictable pour corps humain.

23 octobre.

Le lendemain lundy, XXIII.ᵉ jour d'octobre, IIII.ᵉ journée du dit retour de sainte Caterine, partîmes environ soleil levant dudit logis, et allâmes logier lez la fontaine de (160)

Fontaine Gerondel.

Gérondel qui est eauwe doulce assez bonne, et aucuns petiz arbres à l'entour qui ne portent quelque fruit ne prouffit ; et y arrivâmes environ une heure après midy, et y demourâmes deux heures pour y lever nouvelle eauwe, laquelle est à manière d'un petit courant. Et ouquel courant, d'un ject de pierre fut tué par monsgr de Mursay, nommé Guy Boussart, ung oiseau de rivière bon et gras et que mengâmes ensemble. Puis ce jour mesme remontâmes sur noz asnes, et tirâmes chemin le parfait de ce jour et jusques deux heures après soleil couchié, que vinsmes logier à deux

Fontaine Acrie.

milles près d'une aultre fontaine nommée Acrie qui est sallée ; et trouvâmes tout chemin entre grans montaignes, et entre icelles assez plain chemin qui est de sablon pierrieux assez plaisant à chevaulchier, tousjours en costiant la mer rouge.

(*) Le ms. de Valenciennes la nomme *Aduphrin*.

Le mardy, xxiiii.ᵉ jour d'octobre, et v.ᵉ journée dudit retour de sainte Catherine, partismes environ le soleil levant, et tost après que fusmes partis trouvâmes une grande place entre montaignes, où l'on nous dit que cent ans a y fut enterrée une femme nommée Arrousse, laquelle les Mores et Arrabes qui sont infidèles selon leur loy tiennent pour sainte ; et en icelle Calix nostre trucheman à main dextre selon que le chemin estoit, nous monstra le lieu où Gilles Vinchant, natif de Mons en Haynnau, estoit terminé vie par mort et là endroit enterré ès sables ; dont pour savoir se son corps estoit encoires illec, fut par aucuns fait des dilligences et fut trouvé que oyl ; Dieu par sa grâce en voelle avoir l'âme. Cheminâmes tout ce jour jusques environ une heure devant soleil couchié tel chemin que paravant, et tout l'avant disner de ce jour ne veymes quelque verdure, et non guères plus tout le parfait du jour. Nous couchâmes sur les champs qui ne sont que sables. Et pour ce jour feismes assez grand journée toudis en costiant la mer rouge. Et nous logiés, voyans par aucuns de noz pélerins que estions à trois milles près de ladite rouge mer, y alèrent et se y baignièrent ; dont les aultres pellerins qui demourèrent au logis eurent regret et paour de culx, et ne furent joyeulx jusques qu'ilz furent retournez avec les aultres.

Le merquedy, xxv.ᵉ jour dudit mois d'octobre et vi.ᵉ journée dudit retour de sainte Catherine, partismes dudit lieu une heure devant le jour, et vinsmes ung peu arrester à une fontaine nommée Golemmosse que l'on dist la fontaine Moyses, où sont deux fontaynes, l'une assez près de l'autre qui guères ne vallent. Et pendant le temps que les camelz tirèrent leur droit chemin à la dicte fontaine, allâmes tous

24 octobre.

Sépulture d'Arrousse

Sépulture de Gilles Vinchant.

25 octobre.

Fontaine Golemosse.

Visite à la mer Rouge.

ensemble voir la mer rouge là u nous abuvrâmes noz asnes s'ilz vollurent, et va et vient ladicte mer comme les aultres mers à l'environ. Et y levâmes et veymes pluiseurs choses bien plaisantes qui estoient sur la rive de ladicte mer ; et combien qu'on le appelle la mer rouge, l'eauwe, le gravier ne le fons n'est aultre que les aultres mers que j'ai veu en tous quartiers où j'ay esté. Ce fait, nous retournâmes avec noz kamelz et asniers qui desjà estoient à ladicte fontaine Moyses et nous atendoyent. Et où vis à vis d'icelle fontaine oultre la mer rouge que costions à la main senestre a une grande montaigne à terre ferme ; et au delà d'icelle montaigne y a une cité qui s'apelle Souelz qui est pays d'Arrabie.

Débordemens de la mer Rouge.

Laquelle mer aucune foys en l'an s'espand par grans fleuves par les désers ; du costé de nostre chemin et où ce fleuve s'est espandu, semble que ce soit sel. Après nous retrouvez ensemble et avoir prins eauwe esdictes fontaines, remontâmes et tirâmes chemin le parfait du jour au long de la dicte mer rouge où il y a chemin de dur sablon plain de petites pierres et assez expédient à chevaulchier, et vinsmes logier ung peu devant soleil couchant emmy les champs où il y avoit ung peu de tamaris.

26 octobre.

Fontaine Gagerot ou du Soudan.

Le jeudy, xxvi.ᵉ jour d'octobre, vii.ᵉ journée depuis le retour dudit lieu de sainte Caterine, partismes environ heure et demie devant le jour, et droit au point du jour arrivâmes à une fontaine nommée Gagerot que communément l'on appelle la fontaine (du Souldan) où l'on print de l'eauwe par seilles, et en abuvrâmes noz asnes. Et est sur le passage pour aller à la Mech, et y a quattre citernes quarrées bien grandes, et y vient l'eauwe d'un grand puis qui est emprès icellui, enclos de grandes murailles, qui se tire par ung camel; et y a manière de deux petittes tourettes par le dehors de ladite grande muraille où ledit puis est enclos, comme dit est; l'une d'icelles tourettes entre les quatre citernes, et l'autre assez près. Et s'en y a une grande ou clos de la dicte grande muraille; et à l'environ de ceste fontaine la mer rouge ne va plus avant. Et là endroit de ce lieu fut que Moyses et les enfans d'Israël passèrent ladicte rouge mer; et encoires à ceste heure la mer est en ce lieu toutte quoye comme eauwe morte, et quelque tempeste qu'il y fache, sinon à deux costez que la mer y ceurt. Et n'est icelle mer à l'endroit d'illec que ung bras lequel va au port de la Tour. D'icelle fontaine du Soudan cheminâmes jusques à soleil couchant parmi sablon durs plains de petittes pierres, et est plain pays bien ouny, et là entour n'y a que montaignes plattes. En icellui chemin y sentoit très mal parce que grant nombre de camelz y estoient mors par les carvanes qui journellement y passoyent. En nostre chemin nous passâmes par d'encoste une grande cisterne et puis, que le Soudan avoit encommenchié de piécha, cuidant y trouver eauwe et que non; et au fons du puis, comme nous fut dit, entant que les ouvriers y besongnoient, ung homme s'apparut ausdicts ouvriers et leur dit: déportez vous de vostre euvre de labourer pour trouver eauwe, car point n'en trouverez. Dont de ce fut fait rapport au Soudan et à ses ministres; et sur ce ordonna ausdicts ouvriers eulx plus y empeschier. Et pour tout ce jour ne trouvâmes quelque verdure, et là logâmes ung petit de temps et jusques environ dix heures en la nuyt.

Environ x heures en la nuit partismes dudit logis, et tirâmes le parfait de ceste nuit par tel chemin que le jour devant sans trouver verdure jusques environ deux heures devant le jour que furent deschargiez noz camelz et descendismes de noz asnes pour dormir. Et au point du jour de ceste nuit qui fut le vendredy xxvii.ᵉ d'octobre et viii.ᵉ journée de nostre retour depuis ladicte sainte Catherine, partismes dudit logis et tirâmes d'un train jusques deux heures devant soleil couchant et jusques à un cours d'eauwe venant de la rivière du Nil à deux milles près de la Matharie ([161]), ouquel lieu y a ung grand jardin nommé Burquet sur le chemin allant du Kayre à la Mecque, lequel est plain de palmiers et pluiseurs aultres arbres; et est ledit gardin enclos de murs de terre. Et au delà d'icelle eauwe du Nyl y a ung chastel qui est au Soudan où allefois il se tient quand il se vient esbattre pour voller, nommé Machy Mory. Et au deseure y a ung village nommé Datilly. Et tout le chemin de ce jour et des deux journées par avant est bien plaisant chemin à chevauchier pour désers. Et rencontrâmes ce jour pluiseurs karvanes allans à la Mecque et au port La Thour; et nous fut dit que à la Mecque est le temple que Abraham fist faire par le commandement de Dieu, et nomme l'on la ville Bellet. Du costé à la main dextre qui est du costé du Nil y a pluiseurs beaux jardins ainsy enclos comme le précédent.

Le samedy, xxviii.ᵉ jour d'octobre, ix.ᵉ journée depuis nostre partement de sainte Caterine, partismes du lieu dessus dit ung peu après le point du jour, et arrivâmes ou village de la Matarie deux heures ensuivans, et logâmes en une maison appartenant au Soudam. En laquelle maison est une salle bas couverte par les deux boutz et ou milieu ouverte est une fenestre, parée et pavée de tous costez de marbre paincte et par devant fermée de bois, dedans sentant très bon et assez honnestement entretenue. En laquelle Nostre Dame fuyant de Jhérusalem pour la mauvaistié de Hérode quand il fist ochir les Innocens, vint en Egipte, et là mist nostre S̄gr Jhésus Crist; et y a une lampe ardant laquelle les Mores entretiennent des aumosnes que les crestiens y donnent, et le ont en révérence. Et au piet du mur où est ladicte fenestre passe une fontaine qui va arrouzer le jardin du baulme, laquelle croit et sourt en ladicte maison. Et environ douze pas de ladite fenestre est celle que miraculeusement la vierge Marie fist sourdre, elle estant illec sans eauwe. Après que nous eusmes payé six médins chascun, l'on nous mena voir le jardin du balsme (161 bis). Et à l'entrée d'un jardin où l'on entre avant que l'on viengne audit jardin du balsme, trouvasmes ung grand et gros fighier que l'on appelle le fighier de Pharaon, pareil à ceulx dont dessus ay parlé que trouvasmes à Carfa près de Gazera (*); ouquel on dist que la vierge Marie avec Jhésus son enfant se cacha pour doubte des gens de Hérodes. Et se ouvry ledit fighier par le milieu, puis après se ouvry quand elle en volut partir; et encoires est il creux de deux costez, tant d'un costé que de l'autre, et y tiennent les Mores une lampe devant. Puis entrâmes en une aultre jardin, ouquel croit le balsme qui est en manière de ung arbre portant petittes foelles où en a chinc qui s'entretiengnent, et a le bois hérable ou herelle de la grandeur d'un moyen pommier de paradis. Entre la première escorche et le bois y a un verdillon tendre où se tient le balsme et quand on tire une feulle, en taille l'on ladicte première escorche, incontiment le balsme en sort. Ce balsme vint que comme Nostre

Jardin du Baume

(*) Voyez page 150.

Dame lavast les drapeles de (¹⁶²) Nostre S̄ḡr̄ en la fontaine dessus dicte et les espardeist sur ledit bois qui paravant ne sentoyent riens, incontinent prinst ceste odeur. Et n'y a lieu au monde où il venist que là, et contient bien un journel ou plus.

Danse deshonnête.

Ce jour tost après que fusmes logiez comme dit est, vinrent devers nous deux Mores à tout deux chalmies courtes et fort larges par le dessoubz, et en jouèrent devant nous à la mode du pays ; et sont lesdiz chalemies fort haultaines, et y avoit ung More qui jouoit avec eulx d'un grand tambur. Et prestement qu'ilz eurent commenchié à jouer vinrent pluiseurs femmes d'Arrabes et du pays qui se prinrent à danser et en dansant crollent et brondient comme s'elles estoient à l'ouvrage. Et pour mieulx monstrer le crollage se chaindent d'une touelle par dessoubz les fesses, et est une très honteuse et infâme chose à veoir. Mais les hommes ne les femmes ne sont de riens honteux ; et nous fut dit qu'il n'y a si femme de bien qui ne dansent de ceste sorte pour tant plus esmouvoir les hommes à lubricité, obstant qu'ilz le sont beaucop. Et failly que nous donnissions la courtoisie ausdicts joueurs de chalmies et tambur. Icellui village est plain de touttes manières d'arbres, palmiers et aultres, et les jardins tous clos de murs de terre ; et l'eauwe venant du Nil y avoit esté espandue n'avoit guères, pour arrouser et fumer le territoire ; car se n'estoit ladicte eauwe du Nil, il n'y croisteroit riens. Et demourâmes tout ce jour en ce dit logis, et nous furent bailliés gardes par jour et par nuyt à nos despens.

29 octobre.

Le dimence, xxix.ᵉ jour d'octobre, dixième journée de nostre dit partement de sainte Catherine, demourâmes tout ce jour audit lieu de la Matharie en atendant que le grand truceman du Soudan nous venist ou envoyast quérir pour nous mener au Kayre ; car nostre truceman de Jhérusalem ne nous povoit mener plus avant. Et sur le soir vint de par ledit grand truceman ung mameluc nommé Cargent, et est Castillan, qui nous dist que fuissions prest pour le lendemain partir affin de tirer au Kayre, et qu'il avoit ordonné de faire amener kamelz pour porter noz baghes, et asnes pour nous porter.

Lendemain lundy, pénultième d'octobre et xi.ᵉ journée depuis nostre partement de sainte Katerine, partismes au point du jour dudit lieu de la Matharie pour venir au Kaire. Et comme dit est prinsmes nouveaulx kameliers et asniers et payâmes pour porter noz baghes huit médins, et pour chascun asne deux médins. Il y a environ cincq milles de chemin. Et à l'ariver entrâmes du costé où commenchent les sépultures des Mores où nous veymes celle que le Soudan (163), qui est de présent, a fait faire pour luy qui est grande comme de dix (*) journelz ou environ en closture de murs, car communément ilz les font en ung jardin. Moult est belle, et aussy sont les aultres qui sont à l'enthour d'elle en si grand nombre qu'elles contiennent bien vii ou viii milles de pays. Au regard de la ville, elle n'est ne close ne fermée de portes ; mais tant y a que c'est une chose inextimable de voir le peuple qui dedens est, grande en soy sans lesdictes sépultures.

Nous entrez bien avant en ladicte ville du Kaire, trouvâmes une grande arcure vaultée toutte de pierre ; la porte desoubz ladicte arcure a deux grans couteaulx de fer pour le clorre quand l'on veult, et a dessus ladicte arcure et porte,

30 octobre.

Le Kayre.

(*) Deux, selon le manuscrit de Valenciennes.

une musquée. Et en ensuivant ce, avant arriver au logis dudit grand trucheman, nous trouvâmes pluiseurs aultres petittes portelettes de bois qui fermoyent les entrées et widenghes d'aucunnes petites rues. Et avec la grandeur du Kaire est Babilonne (164) comme ung Parys et demy, les deux joinctz ensemble et qui se entretiennent assez bien. Le chastel à l'un des boutz assiz au montant d'unne montaigne, et aux deux costez de ladicte montaigne, sont les dictes sépultures et en ung combe qui est entre ladicte montaigne à costé et tirant vers Gyon, autrement nommé le Nil, qui est ung grand fleuve venant de Paradis terrestre. Et entre la dicte ville du Kaire et Babillonne, combien que l'on die estre tout une ville, y a distance de quelque demy mille sans trouver maisons. Babillonne est grande comme ung demy Paris, et est le tiltre du Souldan; car on dist le Souldan de Babillonne. Et est là où Pharaon se tenoit quand il persécutoit le peuple d'Egipte, et là où Moyses lui monstra les exemples contenus en la bible; assavoir qu'il commua d'eauwe en sang, convertit sa verge en ung serpent, fist venir les mouches et pluiseurs aultres choses par le commandement de Dieu, dont pourtant ne cessa icelui Pharaon. Et logâmes ce jour à l'ostel du grand truceman du Souldan.

Le mardy, darrain jour dudit mois d'octobre, séjournâmes tout ce jour en ladicte ville du Kayre; chascun desdiz pélerins alloyent jouer et veoir la ville quand il voulloit sans garde ne aultrement, et allefois les aucuns rencontrez de soufflés ou cops de baton qu'il faire (*) prendre en pasience.

Le merquedy ensuivant, premier jour de novembre et jour

(*) Il faut sans doute dire, failly.

de Toussains, séjournâmes encoires tout le jour audit Kayre ; mais chascun jour nous allions oyr la messe en la chambre d'un ambassadeur Vénissien qui avoit son chappellain, et tout ce qui servoit pour célébrer et dire messe.

Le jeudy, ii.ᵉ jour de novembre, nous partismes de nostre logis environ deux heures après minuit, montasmes sur noz asnes et tirâmes chemin au long de ladicte ville du Kayre pour tirer audit Babilonne, à intencion de aller veoir les greniers que l'on dist les greniers de Pharaon, de six à sept mille oultre ledit Kayre. Et arrivâmes audit Babilonne environ huit heures du matin sur le bort du fleuve du Nil ; puis passâmes ledit fleuve nous et noz asnes sur barkes que l'on appelle germe, où la endroit y a une ysle où se tenoit ledit Pharaon, et y estoit son pallaix. Et de là oultre l'on va aux greniers que fist faire ledit Pharaon par le conseil de Joseph, (qui sont bien a vii milles du dict Babilonne) combien qu'il semble qu'ilz soyent plus près ; mais le tour qu'il convient prendre le long d'unne levée pour le marais fait le long chemin ; et fault passer ix ponts de pierre qui semblent nouvellement faiz, et ont les dictes pierres esté prinses et viennent des dicts greniers de Pharaon ; les deux d'iceulx et les plus prochains des dicts greniers, chascun ayant dix arcures, les aucuns six, aultres quattre, trois, et deux.

Ces greniers sont de très merveilleux édiffices et y en souloit avoir xiiii, et maintenant n'en y a que six ou sept (165). On n'entre point dedens, et sont tous de pierre de taille, (ayant) couverture à feste (*) tout de mesme, et sont en manière de tallus commenchent dès le piet lequel a ii° lxxv

2 novembre.

Greniers de Pharaon

(*) C'est-à-dire à faîte.

pas de long, et est quarré par le dessoubz ; si sont les aultres, et a bien viiiᵉ piez de hault ; et sont deux de ceste grandeur et fachon, et les aultres de ceste fachon mesmes, ung peu mendres. Et pour lors que y estions, y trouvâmes trois loups dormans sur les pierres d'aucuns d'iceulx greniers, et assez hault. Et aussy icelles pierres sont de grandeur et haulteur l'une par l'autre de iii piez ou environ. Et à l'enthour de ces greniers y a petittes chambrettes, pluiseurs tailliés en rocq ; ne scay à quoy ce a peu servir, sy n'estoit que du temps que iceulx greniers estoient en estre, aucunnes gardes se tenoyent en icelles chambrettes. Là est pareillement une grosse teste taillié en rocq, plantée en terre, que on dist en temps passé avoir esté ung ydolle, et parloit et bailloit responce par les fallaces du déable.

<small>Château du Kayre.</small> En ceste ville du Kayre se tient le Soudan audit chasteau qui peult estre grand comme la ville de Binch en Haynnau, tousjours du mains acompaignié de xii mil Mamelus qui sont Crestiens renoyez, sans les aultres qui sont espandus par le pays et en armes ; et dit on qu'il en a en tout bien xl mil <small>Chrétiens insultés.</small> et non plus. Et là sont Crestiens assez mal traittiez, car en allant par la ville, qui bien ne se garde l'on a souvent bastonnades et souffletz, et souvent la bourse ostée par lesdiz Mamelus, et n'y a justice qui le fache rendre : de injures ot on assez ; mais il fault avoir passience.

<small>Eglises chrétiennes.</small> Ceste ville est riche et habondant en touttes marchandises, en vivres, chière. Nous fusmes aussy visiter quattre églises que tiennent les Grecs et Crestiens de la chainture. En l'une veymes la chasse de saint Théodor comme ilz dient ; et là en ceste église demoura Nostre Dame deux ans au josne eage de nostre S͞gr. Et y a une chappelle où l'on dist que

Abraham parla à elle. En ung aultre veymes une chasse où l'on dist que le corps sainte Barbe repose. En une aultre veymes une chasse où on dist que le corps du père saint Georges repose. Et en ceste église trouvay escript : Collart Béghin, de Mons en Haynnau ; et du costé où les femmes se tiennent. Et en la quarte église fusmes en une volte qui est soubz le cœur de la dicte église, où l'on dist que Nostre Dame pareillement demoura avec nostre S͞gr par l'espace de VII ans ; et est le lieu bien dévot. Et comme dit est fusmes logiez à la maison du grand trucheman nommé Gavardin, et eubt de chacun de nous cincq ducas pour son tribut seullement ; et pour nous mener èsdicts lieux des greniers et voyages, nous fist on payer pour chascun asne v médins, trois médins pour passer l'eauwe du Nil avec aultres avariez (*) ; et pour les Mamelus envoyez avec nous par nostre dit trucheman, pour chascun demy ducat et trois médins. Et ainsy ce jour retournâmes en nostre logis audit Kayre environ deux heures avant soleil couchié.

Le vendredy, samedy et dimence, III.ᵉ IIII.ᵉ et v.ᵉ jours dudit mois de novembre, séjournâmes tous ces jours en la dite ville du Kayre, laquelle est la plus grande ville que ayt le Soudan, et la plus peuplée, comme je crois, et la principale de toutte Egipte et Surie. Après la dicte ville du Kayre, Damas est la meilleure ville que ayt le Soudan, en Surie ; après, Aleph oudit pays de Surie qui est ès confins de Turquie, et est où a esté mené la guerre entre le Turcq et le Soudan depuis deux ans ; puis est Tripoly en Surye après Allixandrie en Egipte. Assez de moyennes en a comme

3, 4, 5 novembre. Villes qui dépendent du Soudan.

(*) Il faut sans doute lire, avanies.

Jhérusalem, Damiette, Gazera, Barult et aultres. Ceste ville du Kayre n'est point pavée, mais tousjours nette, parce que peu ou néant n'y pleut. Et pour éviter la pouldre, y a XIIe cameaulx qui tous les jours ne servent que de porter eauwe par les rues aux despens des marchans et habitans.

Propreté du Kayre.

Les Mamelus.

Et pour parler des Mamelus, ce sont crestiens renyez, et ont telle auctorité par toutte la terre Sarrasine qu'ils sont sgrs, et ont tout le gouvernement des places, de la pollice et justice; et les Mores ou Sarrasins naturelz, quelque riches ou sages qu'ilz soyent, n'ont administracion de riens que de leur marchandise. Et n'y a personne qui ayt auctorité de monter sur cheval ne selle close (165 bis) que les dicts Mamelus. Ces Mamelus sont tous vestus de blanc et ont tous chappeaux rouges, réservé ceulx qui sont esclaves du Soudan qui aucunne fois et mesmes quand ilz sont audit Kayre portent quelque barrette à la devise du Soudan. Pluiseurs en a qui sont chastrez, qu'il met à garder ses femmes dont il a grande quantité; et de paour qu'elles ne se eschauffent ou ayent vollenté d'aller à aultre, elles ne voyent nulz aultres hommes que lesdictz chastrez. Et ne leur soufriroyt on avoir aucun fruit lonc comme concombres ne chose portant (forme de) nature d'homme dont elles se peussent corrompre, non seullement quand elles mengnent taillier leur pain en long mais en quarré. Ces Mamelus se font Souldan, non par élection ou antiquité, mais par forche; car celui qui a plus d'or pour donner, ou de intelligence à pluiseurs, par force se fait Soudan, et bien souvent despointent l'un l'autre par forche et traysons. Et de présent en y a deux, l'un à Damiette et l'autre en Allixandrie qui ont été despointiez (166) par aultres qui par forche se sont faiz Soudans. Et celui qui au jour d'huy l'est, fut et est esclave de celui de Damiette; celuy dudit Damiette est fort vielz, et pour le jour d'huy a bien IIII^{xx} femmes touttes à sa maison. Et toutesfois qu'il y a Soudan nouveau, chascun Mamelu doibt avoir de luy cent ducas, et pour ce désirent ilz le change. Ilz tiennent la foy des Mores et Sarrasins qui est la loy de Maçommet, lequel fut un homme diabolicque plain d'hérésie et ennemy de toutte vérité. Il fut né de Arrabie en l'an de l'incarnacion nostre S̄gr VIe XII (¹⁶⁷), rengnant en Romme saint Grégoire pape, et descendy de la nacion de Agar qui fut concubine de Abraham, et fit ung livre nommé Alcoran, plain de hérésies, lequel les diz Mores et Sarrasins observent comme les Crestiens l'Evangille. Et pour plus avoir en destestacion leur faulce secte, m'en suis enquis le plus que j'ay peu; et ce que j'en ay peu savoir le mis par escript. Et premiers nyent la Trinité, et dient que par nul moyen Dieu ne peult avoir filz parce qu'il n'a point de femme; dient bien et confessent que Jhésus Crist, filz de Marie, fut ung bon et saint profete inspiré de Dieu juste, et que chascun a touché Sathan par péchié, fors Jhésus Crist et sa mère. Et dient une grande follie que se Dieu avoit filz, tout le monde seroit en péril et discencion, par ce que aulcuns vouldroyent tenir la bende du père, et les aultres du filz, et pourroit estre le filz inobédient au père, dont viendroient grans maulx. Dist oultre ledit Macommet que Jhésus lui mesmes se acusa et se dist non estre filz de Dieu. Dient qu'il fut né de la vierge Marie, et ont grand honneur et révérence à elle. Dient que Jhésus ne morut point et qu'il ne fut point cruciffié, mais ce fut ung aultre qui bien le resembloit, et que Dieu le tira à lui, mais que

Digression sur Mahomet.

à la fin du monde il reviendra, tuera Ante Crist, et puis luy mesmes se tuera. Ledit Macommet leur promet en Paradis boire et mengier, et dient que la béatitude consiste en boire et en mengier, en luxure, robes précieuses, et en toutte sensualité, et en tous plaisirs qui se peuvent baillier au corps et mesmement en sodomie. Et dist que qui ne baille au corps ce qu'il demande, il est digne de morir; et assez d'autres mauvaises erreurs leur sema ledit Macommet en son dit Alcoram, lesquelles ilz tiennent tout au long. Et croy que c'est la plus grande horreur du monde de leur manière de vivre, mesmement en luxures dont ilz ne font point de consience, mais le tiennent pour vertu, monstrent leur nature comme chiens, et pissent les hommes acroupis comme femmes.

6 novembre. Le lundy, vi.ᵉ jour dudit mois de novembre, après avoir payet par chascun de nous pélerins pluiseurs courtoisies tant au grand trucheman mesmes comme à ses commis et serviteurs, partimes de son hostel audit Kayre à l'après souper, et tirâmes chemin jusques hors de la ville, que au plus près d'icelle montâmes sur ung bateau nommé germe au port qui *Boullae.* s'appelle Boullac, à intencion de aller à Damiette pour cause que les marchans crestiens venans d'Allixandrie nous affirmèrent les gallées et autres navires vénissiennes estre parties. Et à ceste cause sur ledit bateau nous dévallâmes le long du Nil qui est une grande rivière tousjours tourble, et le long d'icelle beau pays si plat que merveilles et fructueux à cause que ladicte eauwe du Nil l'arrouse, fort peuplé, et grand force de villages et casals. Et dit on que en ceste rivière du Nil au dessus du Kaire y a beaucop de serpens *Serpens dans le Nil.* grans à merveilles en forme de lézardes (168), et en y a audit

Kaire beaucop de mortes et sèches. Aussy dist on qu'il y a un poisson semblable à ung homme (¹⁶⁹) et la femme tous nudz qui dedens se tiennent jour et nuyt ; et n'y a nulle différence d'hommes et de femmes sinon qu'ilz ne parlent point, et que le loing de leur dos et eschines portent escailles comme poissons. Aucunne fois widenl sur la terre au soleil et du long la rive menguent les fruys s'ilz en treuvent ; et quand ilz voyent gens, soubit rentrent au fleuve. Et dient les gens que aucunne foys en y a eu de prins par latz et autrement, et que incontinent qu'ilz se treuvent prins, se débatent si fort que incontinent ilz se meurent se tost ne sont remis oudit fleuve. Et se ainsy est que ces ribaulx chiens Sarrazins qui gardent les bestes peuvent prendre une de ces femmes par quelque voy que ce soit, dient qu'ilz s'en servent pour lor charnellement, et puis le laissent aller ; et elles laissiés sans nulle congnoissance d'amour s'en refuyent audit fleuve.

En ceste rivière du Nil y a sept bras qui ceurent en divers lieux, dont chascun est aussy grand que le principal cours ou fleuve. Après avoir esté ce jour de lundy sur ledit fleuve et la nuyt ensuivant sur nostre germe, aussy le mardy et le merquedy ensuivant, vii.ᵉ et viii.ᵉ dudit mois de novembre, arrivasmes à Damiette en Egipte le jeudy ix.ᵉ dudit mois bien matin à l'ostel du consul qui est Venisian : Là veismes grand forche d'arbres portans casse fistules (¹⁷⁰), et d'autres qui portent une grande feulle longhe comme une aune et large comme un chou, et porte une manière de fruit qui vient par trousses long et tendre, tirant à forme de cucombre, réservé qu'il est une uny et la pel doulce ; et dist on que c'est la pomme que Dieu deffendit à Adam de

Homme et femme poissons.

7 et 8 novembre.
9 novembre.
Damiette.

non mengier; et par quelque endroit que l'on le coppe par le travers, voit on comme ung crucefix. Ceste ville a autresfois esté crestienne, prinse par saint Loys, roy de France; et assez près de là fut prins prisonnier et détenu par les Infidèles une espace de temps. Ce quartier est bon pays et fructueux. Là y a belles femmes, et au Kayre, plus que en Surye. Quand elles vont par la ville audit Kaire et ailleurs, tousjours sont à cheval ou sur asnes, jambe decha, jambe de là, et touttes couvertes d'une touaille blanche et le visage couvert d'une toule noire, tellement qu'elles voyent au travers et ne les peult on veoir, et sont en cest habit sy lourdes que jamais on ne les extimeroit belles : mais en leurs maisons se parent, et prendent autres habis de soye beaux et riches à merveilles selon la puissance et l'estat du mary; et singulièrement en chemises de soye brochiés d'or et touailles de testes garnies de pierres, et pareillement les sollers, robes de mesmes larges et légières en fachon de homme, et portent toutes brayes maridanes. Et tousjours pour l'amour de leur mary, en la maison, sont richement parées, et hors non. Tousjours ung riche More ou ung Mamelus ont quattre femmes ou cincq, dont mésmerveilles qu'elles ne gratinnent l'un l'autre comme elles feroyent en nostre pays; mais non font, et s'acordent le plus et le mieulx très bien; car villains chiens sont si à luxure que chascunne nuyt n'est celle l'une après l'autre ne se treuve avec son mary. Les unes tiennent pour femme, et ne la peuvent laissier que l'argent qu'elle ont eu au commenchement ne lui demeure; les aultres sont esclaves, et les laissent quand ilz voellent. Là les filles ne coustent riens à marier au père ne à la mer, mais qui les voelt avoir donne

Habitudes des femmes.

argent comme III, IIII, v ou vIᵉ ducas, ou plus ou moins selon qu'elles sont belles ou requises; et c'est l'argent qui leur demeure se le mary les veult laissier. De solempnité de mariage n'y a il point; mais incontinent qu'il a baillié l'argent, il en fait sa voullenté.

Au dessoubz de ladicte ville de Damiette, environ six milles, chiet ladicte rivière du Nil dedens la mer. Et y a oudit Nil pluiseurs grans serpens en forme de lézars, mesmement au dessus du Kaire, qui sont périlleux; mais ceulx du quartier de ladicte Damiette ne font nul mal et s'en fuyent devant les gens. Ceste rivière du Nil vient de paradis terrestre et croist trois fois (*) l'an qu'elle arrouze tout le pays de Egipte, et dient aucuns que c'est naturellement, mais non est; ains est par la permission du prêtre Jehan qui seuffre et consent que chascun an le soudan fache rompre certaines dicques et cauchées. Et par ce moyen fait entrer aucuns grans fleuves venans de Inde dedens le dit Nil, et sont les fleuves qui font la mer rouge, et par ce moyen croist le dit Nil. Et aussy au boult de trois mois assavoir ledit Soudan est subgiect à ses despens faire refaire les dictes dicques, et est nécessaire, aultrement il noyeroit tout son pays. Et à ceste cause en est le pays sy fructueulx que l'on recueille les blez et autres biens deux fois l'an : assavoir en décembre et en may. Et à ce propos par ung très homme de bien crestien, Vénissian, nous fut dit que n'a pas quatre ans, vint ung ambassadeur du prêtre Jehan devers le Soudan, lequel comme il fut arrivé s'entreprint ung jour qu'il yroit devers le Soudan faire sa légacion. Et pour entendre la manière que tient

Digression sur le Nil.

Cérémonial pour les Ambassadeurs

(*) Le ms. de Valenciennes dit mieux : trois mois.

le Soudan en son chasteau, est vray que audit chasteau,
avant que l'on viengne au lieu où il se tient, y a XIII portes
tousjours en montant (*), et à chascune y a XXV hommes
pour gardes, et aux trois derrenières y a esclaves du Soudan qui sont tous chastrez ; lesquelz servent que audit chasteau n'entre personne qui soit dangereux pour les femmes
dudit Soudan. Et quand on a passé touttes ces dictes portes,
quand il y a quelque ambassadeur, le Soudan s'en vient en
une grande court qui est audit chasteau soubz une tente
qui là est préparée, et là sont grand forche de tapis de
soye, et illec se assict. Auprès de lui a son chemetaire et
son arcq, et devant luy y a tapis velus qui tiennent bien XX
pas de long ou environ. Et là fault que ceux qui voellent
parler à lui, soyent ambassadeurs ou aultres, demeurent,
et parle l'on à lui par trucheman ; et devant que on soit à
lui, c'est assavoir à l'entrée de ladicte court et au milieu et
quand l'on aproche dudit tapis, fault baisier la terre. Tout
au long de ladicte court par deux bendes ainsy que est la
garde du roy ou de quelque grand prince quand il passe par
quelque lieu, sont les Mamelus tous de rencq qui le gardent
en si grande sillence que on y orroit passer une soris. Puis
quand l'ambassadeur s'en va, il fault que s'en retourne en
reculant une longhe espace, et lors le Soudan se lieve et se
fait mettre en une chayère assez basse qui est près de luy

<small>Un ambassadeur du prêtre Jean.</small>

richement acoustrée. Or advint que ledit ambassadeur du
prêtre Jean, combien que le grand trucheman lui euist dit
touttes ces sérémonies, se partit de son logis, fist apporter
à hommes ung chariot fait de grandes (bendes) d'or, riche

(*) Le ms. de Valenciennes ajoute : comme l'on dist estre à Amboise.

et pesant, ung arc et six flesches d'or. Par touttes les dictes portes lui fut fait ouverture jusques à la derrenière, que lors à l'entrée le dit grand truceman lui dist qu'il baisast la terre; ce qu'il ne volu faire ne pareillement au milieu ne à l'aprochier, mais près dudit tappis fist mettre le dit chariot et se mist dedans. Et pour ce qu'il parloit morisque, dist lui mesmes sans truceman audit Soudan : sire Soudan, veulz-tu avoir paix à ton seigneur et au mien le prêtre Jehan ? Et lors le Soudan tout esmerveillié de la continence de cest homme, regarda çà et là, puis lui dist : mes prédécesseurs Soudans n'ont accoustumé d'avoir gherre avec le seigneur prêtre Jehan. Dist le ambassadeur : ne dis point, le seigneur prêtre Jehan ; mais dis, ton seigneur ; et par trois fois récitèrent ces parolles. Finablement ledit ambassadeur lui dist : dis, ton seigneur, ou sy non je me voys pour tel (*). Lors dist le Soudan, et pensa longtemps : Je veulz avoir paix à mon seigneur le prêtre Jehan. Lors ledit ambassadeur descendit dudit charriot et le présenta audit Soudan et ledit arc et flesches d'or, et lui dist : tu dis vray, ton seigneur est-il, car en sa main est ta vie et ta mort ; et la raison : tu scés bien que le Nil passe par Indie, et que chascun an t'est besoing d'avoir de ses eauwes pour arrouser ta terre qui, sans ce, ne vauroit riens ; et que s'il voulloit, il te osteroit les cauwes, tellement que toy et ton pays morriez de fain. Le Soudan respond disant : il est vray. Or, dist l'ambassadeur, dont paix auras-tu, mais tu me octroyeras trois choses. Je le voel, dist le Soudan. C'est que combien

---

(*) Corrigez : je m'en voys pour tel que suis venu ; selon la leçon du ms. de Valenciennes.

que tous Crestiens ayent acoustumé de payer au saint Sépulcre où je voel aller, que je ne paye riens, affin de monstrer liberté. L'autre, que tant que je seray en Jhérusalem, ledit saint Sépulcre ne ferme point. Le tiers, que tous Crestiens, tant que je y seray y puissent entrer sans riens payer. Et usa ledit ambassadeur devant le Soudan de ces termes qui furent sy fiers que chascun s'en esmerveilla. Mais le Soudan fut saige et advisé, et le endura pour la grâce qu'il congnoit avoir du dit prêtre Jehan à cause de ses fleuves (171). Et ainsy s'en retourna avec grans dons et honneur que lui fist le Soudan.

On dist que quand l'eauwe du dit Nil desborde, qu'elle apporte des Indes les nitz des papegais dont le pays est furny.

Nous séjournâmes en la dite ville de Damiette depuis le dit jeudy, ix.ᵉ jour de novembre, jusques au dimence xxvi.ᵉ jour du dit mois, qui sont xvii jours entiers; et fut pour ce que ne trouvâmes naves, cravelles ne aultres navires preste pour tirer chemin. Laquelle ville de Damiette est fort marchande, et y a tousjours grand foison de marchans Crestiens, et est ladicte ville longhe et peu large et bat le fleuve du Nil tout du long d'icelle ville.

26 novembre.
Départ de Damiette.

Le dimence, xxvi.ᵉ jour du mois de novembre, après le disner partismes du dit lieu de Damiette et montasmes sur une barque sur ledit fleuve du Nil qui nous mena à l'embouchure de la mer où il y avoit une cravelle à xii milles ou environ du dit Damiette, sur laquelle nous montasmes nous sept pellerins revenus de Sainte Caterine. Et au regard des Tudes, ilz avoient fait leur marchié sur une aultre cravelle moindre que la nostre. En nostre chemin sur le dit fleuve depuis le dit Damiette jusques à nostre cravelle, veysmes d'unne veue xvi ou xviii cocodrilles qui sont les serpens en forme de lézars dont dessus est faicte mencion, lesquelz estoient sur le sable au soleil. Mais sy tost qu'ilz nous oyrent, rentrèrent oudit Nil; et sont grans à merveilles. Et sy passâmes entre deux chasteaux qui gardent l'embouchure de la mer. Ce jour sur le soir feymes voile et chenglâmes à intencion de tirer vers Rodes, mais le vent nous fut si contraire et sy merveilleux que fusmes tous en grande aventure d'estre périz. Et tellement que par fortune fûmes constrains de prendre port au havre de Quaquenau (¹⁷²) en Grèce, qui est à dire en franchois, port maudit; et y arrivâmes sur le soir le lundi iiii.ᵉ jour de décembre. Ouquel port a parcidevant eu belle cité; mais par leurs péchiez de sodomie est fondue, et estoient lors Crestiens, et présentement est Turquie. Lequel port est enclos de grans montaignes et rochiers plains d'olliviers; et est l'entrée et l'issue du dit port fort estroit et bien périlleux, pour les rochiez qui sont aux deux costez. Séjournâmes à ce dit port pour le mauvais temps jusques au samedy ensuivant, ix dudit mois de décembre, que lors tous mes compaignons firent faire voile pour tirer vers Rodes où du dit port n'avoit que cent milles, à intencion du dit Rodes aller à Naples, saint Nicolay du Bar, et Romme. Et moy avec deux Hollandois descendimes de la dicte cravelle, et montâmes sur une grosse nave Venisiane de vii^c bottes qui vouloit tirer audit Venise sans fortune, car nous avions oy nouvelles que la guerre estoit entre le roy de France (¹⁷³) et le roy des Rommains; sy désirions de retourner au pays, avec ce que j'avoye esté à Romme de ce voyage. Après avoir fait nostre part tant pour nostre bouche que

Crocodiles.

Relache forcée à Quaquenau.
4 décembre.

9 décembre.

autrement au patron de nostre nave, ce dit samedy, ix.ᵉ de décembre, bien matin feymes voille et meymes longhement à widier d'icellui port, chenglâmes et feymes grand chemin en peu de temps, car nous avions vent à voullenté, et prinsmes le hault de la playnne mer sans voulloir aller au port de Rodes ne Candie, fors seullement à Modon pour nous ravitaillier, et les galliotz eulx chargier de Romménies. Toutes voyes nous eusmes sy grandes fortunes que par pluiseurs fois fûmes près que tous périr, et ne fut que nostre nave estoit bonne et toutte neufve, n'eust peu porter les grans tourments qu'elle eubt, et par pluiseurs foys et tellement que nostre patron et tous les mareniers et galliotz ne scavoient desquelles fors que de prier Dieu et eulx recommander aux saintz. Et tellement que quand nous avions fait IIᶜ milles nous nous trouvions VII ou VIIIᶜ milles reculez en jour et en nuit et hors de nostre chemin. Quoy qu'en fut, oncques ne nous fut possible prendre nulz havres, Modon, Corfou, Arragouse, Parence ne autres jusques à Venise. Où eusmes de la povreté beaucop, et enfin par la grâce de nostre S̄gr arrivasmes au port du dit Venise le jeudy IIII.ᵉ jour de janvier. Et ainsy fusmes sur la mer sans arriver à quelque port pour recouvrer la montance d'un seul pain depuis le dit Damiette jusques audit Venise, XL jours, que ce jour descendismes de la dicte nave, et sur une barque allâmes en la dite ville de Venise ou mesmes logis où nous logâmes quand partimes dudit Venise pour aller en Jhérusalem; en laquelle ville je séjournay jusques au x.ᵉ dudit mois de janvier.

Le merquedy, x.ᵉ jour dudit mois de janvier oudit an IIII ˣˣ six, après avoir desjuné ce jour audit Venise avec et en la compaignie de deux pélerins ayans esté en Jhérusalem que je trouvay illec à mon retour, lesquelz estoyent d'Engleterre, l'un appellé Jehan de Noortheode, noble homme, et l'autre qui estoit son chappellain, nommé messire Jehan Lawe, vicaire de Ghilenghin ; et alors n'avoit guères qu'ilz estoient retournez audit Venise de Romme et de sainte Marie de Laurette après leur retour dudit Jhérusalem ; partismes de la dicte ville de Venise à intencion chascun de retourner en noz lieux par les Allemaignes, à cause que à nostre dit retour trouvâmes que la guerre estoit entre le roy de France et le roy des Rommains ; montâmes sur une barque pour nous mener jusques à Margaire où dudit Venise l'on compte IIII milles ; et eurent les mareniers grand paine à nous y mener à cause que la mer estoit illec engellée, obstant que tous les matins y avoient gens qui rompoyent la glache et faisoient le chemin de la largeur de deux barques. Nous, arrivez audit Margaire, descendîmes de nostre barque et nous meismes à terre ferme, où prinsmes chascun cheval de louage pour d'illec nous porter jusques en la ville de Trevise en passant par la ville de Mestre où a une mille dudit Margaire, et du dit Mestre jusques audit Trévise x milles, où logâmes au rouge beuf. Laquelle ville de Trévise est aux Venissians, et est assez bonne ville assize sur une belle rivière et sur icelle rivière sont scituez pluiseurs beaux molins : et là endroit séjournâmes le parfait de ce jour. Je me déporteray de guères escripre au long ce que l'on peult veoir dudit Venise en revenant en nostre pays pour ce que le chemin est assez commun à pluisieurs.

Le jeudy, XI.ᵉ jour dudit mois de janvier, séjournâmes tout ce jour audit Trévise pour veoir la ville et acheter

Mer gelée.

Margaire.

Mestre.
Treviso.

11 janvier.

chevaulx, et aussy sur espérance de trouver compaignie pour passer les montaignes du pays pour plus grande sceureté.

12 janvier.

Le vendredy, XII.ᵉ jour du dit mois de janvier, séjournâmes encoires pour les causes dictes tout ce jour en la dicte ville de Trévise.

13 janvier.

Kaire.

Chastel Noefve.

Saisie des bagages.

Le samedy, XIII.ᵉ jour du dit janvier, après avoir desjuné audit Trévise, partimes à intencion d'aller couchier à ung village nommé Kaire à une mille près de Chastel Noef. Et nous arrivez au dit village de Kaire trouvâmes qu'il estoit encoires grand jour, et à ceste cause tirâmes oultre pour faire plus grand chemin ; et en passant parmi Chastel Noefve où il y a ponts levis à l'entrée et à l'issue, le lieutenant du cappitaine d'icelle plache nous vint arrester pour savoir se avions nostre bultin des baghes que portions pour estre tenu quitte de payer deu pour icelles. A quoy luy respondeymes que n'avions quelque bullette pour ce que ce n'estoie point la coustume que pèlerins revenans des sains voyages de Jhérusalem et de sainte Caterine du Mont de Sinay levassent quelque bultin pour leurs robes, paternostres, et aultres choses ayans touchié aux sains lieux, ne mesmes des choses servans à noz corps ne pour donner à leurs amis sans les vendre ne y voulloir practicquier gaing. Et à ceste cause n'avions volu absubgir les aultres pèlerins qui venroient après nous de lever bulletin. Nonobstant touttes ces choses fusmes constrains de destrouser touttes noz baghes et les mettre ès mains du lieutenant du dit cappitaine, lequel prestement qu'il les eubt, nous déclara que le tout estoit confisquié ; mais obstant que estions pèlerins, se voullions baillier x ducas d'or, il nous renderoit la moittié de noz baghes. Ce que nous refusâmes, réquérant touttes nos dites baghes estre mises en certain lieu clos, ce qui fut fait soubz le signet de l'un de nous, et qu'il nous menast par devers son maistre qui estoit audit Kaire à une mille d'illec; lequel respondy qu'il ne nous y menroit, car il pensoit qu'il fust à Trévise ou à Venise. Ce oy, nous retournâmes audit village de Kayre, et allâmes descendre devant la maison du dit cappitaine, et tost après parlâmes à lui et lui remonstrâmes l'empeschement à nous fait par son lieutenant, requérant nous faire rendre noz baghes, ou aultrement à sa défaulte retournerions au dit Venise. Lequel nous respondy qu'il envoyeroit quérir son lieutenant, et après le avoir oy nous feroit toutte justice. Ceste responce oye, nous allâmes logier au village et penser pour nostre souper. N'eumes guères esté au logis que le cappitaine manda nostre oste aller vers luy, par lequel il nous fit dire que se lui voullions donner dix ducas d'or et une chainture de Modon, il nous feroit rendre touttes nos dictes baghes, et autrement ne les rarions, car le tout estoit confisquié. Dont nostre oste nous fist le rapport, et pour conclusion fusmes refusans de en riens donner parce que, comme dit est, ne voullions absubgir les autres pellerins après nous à faire le semblable, et que retournerions audit Venise nous complaindre de la Seigneurie d'illec.

Et à ceste cause, lendemain XIIII.ᵉ jour du dit mois de janvier, après avoir oy la messe montâmes à cheval, et d'un train allâmes couchier en la ville de Trévise. — *14 janvier.*

Le lundy, XV.ᵉ jour dudit janvier, montasmes arrière à cheval et allâmes disner en la ville de Mestre, à l'ostel de la Couronne ; et incontinent que eusmes disné remontasmes et tirâmes à Margaire, où là endroit montasmes sur une barque et renvoyasmes noz chevaulx au dit Mestre. Arri- — *15 janvier.*

vasmes sur nostre dicte barque obstant que la mer estoit fort gellée, et vinsmes à Venise environ trois heures après midy. Et là trouvasmes nostre hoste et pluiseurs pellerins et marchans ausquelz nous remonstrâmes les choses dessus dictes, lesquelz nous conseillèrent de lendemain matin nous trouver au pallais et de tout faire advertence ausdits seigneurs de Venise pour y avoir provision.

<small>16 janvier.</small>

Le mardy, xvie du dit mois de janvier, du matin, acompaigniez des patrons des deux gallées qui nous avoyent menez en Jhérusalem et deux aultres notables marchans des marches de pardecha, nous tirâmes au pallais par devers la $\overline{\text{Sg}}.^{\text{ie}}$ leur requérant avoir audience. Lesquelz estans en leur siège bien magnificquement nous accordèrent dire ce que voulions. Et prestement messire Augustin Contarin, patron de l'une de noz gallées, déclara en langhe ytalienne combien que fuissions pellerins, touttes noz baghes nous avoyent esté ostées par le lieutenant de leur cappitaine de leur ville de Chastel Noefve, ainsi que ci dessus est au long déclaré. Et que quelque remonstrance que eussions sceu faire à la personne du dit cappitaine, si ne nous avoit-il volu rendre nos dictes baghes se ne lui donnions x ducas d'or et une chainture de Modon. A quoy les diz $\overline{\text{Sgrs}}$ de Venise nous demandèrent sur nostre foy se en icelles baghes il y avoit chose dont nous voulsissions faire argent pour y practicquer prouffit. A quoy leur feymes responce que non, mais estoit le tout pour donner à noz parens et amis. Et

<small>Ordre pour lever la saisie.</small>

après qu'ilz orent de ceste matère parlé ensemble, ordonnèrent au chancellier nous faire expédier lettres plombées de par la $\overline{\text{Sg}}.^{\text{ie}}$ adreschans au potestat de Trévise pour nous faire (rendre) touttes nos dictes baghes sans coustz et sans fraiz, et mesmes nous faire rembourser de tous nos despens que avions faiz à ceste cause : Et en cas de refus, fust pourveu à son estat de cappitaine d'un aultre et amené tout prisonnier audit Venise. Laquelle lettre nous fut tost ensuivant baillié par le dit chancellier sans quelque despens ; et néantmoins séjournâmes le parfait de ce jour au dit Venise.

Le mercredy, xvii.ᵉ jour du dit janvier, après avoir oy messe et desjuné, montâmes sur une barque et à forche de rymes nous tirâmes à Margaire et d'illec tout à piet, par faulte de chevaulx, allâmes à Mestre où noz chevaulx estoient ; et prestement montâmes sus et arrivâmes à Trévise ce jour environ trois heures après nonne. Et nous descendus, allâmes par devers le potestat du dit Trévise, et lui présentâmes noz lettres. Lequel, acompaigné de pluiseurs notables personnes, les ouvry, et après la lecture d'icelle, nous fist exposer tout le cas de nostre dit empeschement : ce qui fut fait en latin par l'un des diz Englés mon compaignon bien et au long, et puis nous firent retraire. Et après par eulx avoir communicquié ensemble, nous firent rappeller et nous demandèrent combien avions frayé à cause de nostre empeschement. Sur quoy feymes responce que tous ensemble povions avoir frayé v ducas d'or ou environ. Et après nous déclarèrent que en enssuivant ce que Messg.ʳˢ de la seignourie de Venise avoient escript audit potestat, il avoit commis homme notable pour avec nous aller au village du Kayre vers le dit cappitaine de Chastel Nove, et nous faire rendre touttes noz baghes sans coustz et sans fraiz, ou à sa deffaulte besongnier contre luy tout ainsi que Messg.ʳˢ de Venise lui avoient escript. Et à ce propos nous firent délivrer sept ducas d'or tant pour la despence que pour cause

17 janvier.

du dit empeschement povyons avoir supporté, et que nous fuissions prest pour partir le lendemain du matin; dont de tout le remerchiâmes bien humblement, et ce fait retournâmes à nostre logis audit Trévise.

18 janvier.

Le jeudy, XVIII.ᵉ jour dudit janvier, après avoir oy messe et desjuné avec le commissaire députté de venir avec nous par le dit potestat de Trévise, partismes d'illec et d'un train tirâmes au dit village de Kayre; et tost après que nous fûmes là endroit arrivez, icellui commissaire manda venir devers lui le cappitaine du dit Chastel Neufve, et après qu'il eubt un petit communicquié avec lui, icellui cappitaine manda son lieutenant, et par lui fist apporter touttes nos dites

Les bagages sont rendus. baghes par lui prinses, saulf aucunnes petites chaintures de Rodes que desja il avoit données à son plaisir, lesquelles il fut constraint d'envoyer requerre. Et quand le tout fut rassamblé, chascun de nous reprinst ce qui estoit sien, et puis ce fait le dit commissaire et nous allâmes commenchier à souper et fymes bonne chière. Et après ledit souper prinsmes congié du dit commissaire en le remerchiant tant de par nous comme pour tous aultres pellerins à venir, et pareillement Mess.ʳˢ de la seigneurie de Venise de leur bonne justice en ceste partie.

19 janvier.

Le vendredy, XIX.ᵉ jour du dit mois de janvier, bien matin partismes du dit Kayre, et allâmes passer parmi led.

Feltre. Chastel Noefve. Et d'illec tirâmes chemin jusques à une bonne ville qui est ausdicts Venisiens nommée Feltre, où du dit Kayre jusques illec a sept milles et est assez bonne villette; mais nous passâmes par dehors d'icelle ville et tirâmes sans descendre jusques un gros village nommé Le

Scalle. Scalle, ouquel sur le hault a ung chastel appartenant ausdiz

Vénissiens, et compte l'on du dit Feltre jusques à Scalle x milles : ainsy feymes pour cest avant disner, xvii milles. Et prestement que eusmes disné et repeu noz chevaulx, remontâmes et allâmes couchier à ung aultre gros village à dix milles d'illec nommé L'Ospital, où il y a très bon logis. Et chevaulchâmes tout ce jour au long d'une grosse rivière (174) qui est entre deux grandes montagnes, et est ung très bon pays et bien fertille. *L'Ospital.*

Le samedy, xx.ᵉ jour dudit janvier, partismes bien matin du dit Hospital, et allâmes descendre et disner, nous et noz chevaulx, en ung gros village nommé Levigho, où du dit Hospital l'on compte xiii milles. Et après avoir disné remontâmes et allâmes couchier en la ville de Trente où du dit Levigho l'on compte x milles. Laquelle ville est belle et bonne et très forte, et est à l'évesque ; où il y a très beau chastel et fort, et belle grosse rivière passant auprès. En cesdicte ville est le corps saint Simon (175) non encoires canonisié, lequel lui estant encoires enfant fut prins par les Juifz et cruciffié comme nostre S̄ḡr, et après getté en la dicte rivière ; lequel après avoir esté certains jours en icelle fut trouvé par pescheurs tout vif ainsi lapidé et tost après aporté en l'église (*), puis termina ses jours : et sont ses père et mère encoires vivans. Et est fort belle chose à veoir le dit josne enfant en sa casse, et y a très grand apport, et fait de très beaux miracles. Laquelle ville de Trente est commenchement des Allemaignes ; et pour chascun florin de Rin l'on *20 janvier. Levigho. Trente. Enfant crucifié par les Juifs.*

(*) Le ms. de Valenciennes porte : « . . . . fut retrouvé par pescheurs
» tout vif, ainssy martirizet que Dieu scet, et tout après cela parler, et puis
» termina ses jours. »

a LX petittes pièches d'argent nommé cruchars, et ne parle l'on de cy en avant sinon de lieuwes d'Allemaignes, et non de milles; où a largement de cincq à six milles pour une lieuwe.

<small>21 janvier.</small>

Le dimence, xxi.ᵉ jour du dit janvier, après que eusmes oy la messe et veu le corps du dit saint Simon, partismes d'icelle ville, et d'un train allâmes couchier en ung gros village qui s'appelle Termine, où du dit Trente jusques illec l'on compte IIII lieuwes. Et cheminasmes tout ce jour entre grans montaignes et vallées.

<small>Termine.</small>

<small>22 janvier.</small>

Le lundy, xxii.ᵉ jour dudit janvier, partismes du matin du dit Termine, et allâmes disner en ung village nommé Saint Liénart, à deux lieuwes du dit Termine, et au giste en la ville de Merrant qui est à un seigneur subgect (¹⁷⁶), à trois lieuwes du dit Saint Liénart.

<small>23 janvier.</small>
<small>Doronis.</small>

Le mardy, xxiii.ᵉ jour du dit janvier, partismes du dit Merrant et allâmes logier en ung village nommé Doronys à deux lieuwes du dit Merrant, et au giste à ung aultre village qui s'appelle Nodris, à lieuwe et demye du dit Doronis.

<small>Nodris.</small>
<small>24 janvier.</small>
<small>Sept Eglises.</small>
<small>Noldris.</small>

Le mercredy, xxiiii.ᵉ jour du dit janvier, partismes du matin de Nodris, et allâmes disner à ung village qui s'appelle les vii Églises, et ce jour au giste à Noldris lez le mont Saint Nicolay; où du dit Nodrys jusques là l'on compte cincq lieuwes. Ou quel lieu j'encontray ung prêtre, Deleborgne Agache, de Mons en Haynnau, et ung appelé David Burghet, lesquelz me dyrent qu'ilz s'en alloient à Romme.

<small>25 janvier.</small>
<small>Ponce.</small>
<small>Lendecque.</small>

Le jeudy, xxv.ᵉ jour du dit janvier, partismes bien matin de Noldris et allâmes disner au village de Ponce; et au giste au village de Lendeque où l'on compte de Noldrix jusques illec IIII lieuwes demye, et très mauvaix chemin.

Le vendredy, xxvi.ᵉ jour du dit janvier, partismes du bon matin du dit village de Lendecque et allâmes disner au village de Nazareth où l'on compte trois lieuwes, et allâmes au giste au village de Lermus; où du dit Nazareth l'on compte II lieuwes, et y a bon logis.

Le samedy, xxvii.ᵉ jour du dit janvier, partismes bon matin du dit Lermus, et allâmes disner au village de Fillix où l'on compte trois lieuwes; et ce jour allâmes au giste au village de Neistilbancq, gros village et bon logis, à une heure du dit Filix; ainsy feymes pour ce jour IIII lieuwes.

Le dimence, xxviii.ᵉ du dit mois, après avoir oy messe et desjuné, allâmes au giste en la ville de Kempe qui est à l'Empereur, belle et bonne ville sur grosse rivière, où l'on compte du dit Neistilbancq trois lieuwes. Et nous fut dit que de là en avant nous failloit avoir conduicte, se ne voullions mettre en dangier d'estre robé et pillié, et par aventure d'estre prins prisonnier.

Le lundy, xxix.ᵉ jour dudit janvier, partismes de la dicte ville de Kempe après la messe oye et desjuné, acompaignié à nostre despence de ung homme de gherre du pays pour nostre sceureté, et alâmes au giste en la ville de Meminghe qui est belle et bonne ville et fort marchande, séant en bon pays et fertille, et est à l'Empereur. Et compte l'on du dit Kempe jusques illec IIII lieuwes. Et y a en icelle ville belles églises et belles halles où l'on vent touttes manières de grains en grande habondance.

Le mardy, pénultième jour de janvier, partismes bien matin de la dicte ville de Meminghe après la messe oye, accompaignié de ghide et garde comme dessus, et allâmes au giste en la ville de Oulme où l'on fait les futannes, et est

26 janvier.

Nazareth.
Lermus.

27 janvier.
Fillix.

Neistilbancq.

28 janvier.
Kempe.

29 janvier.

Meminghe.

30 janvier.

Oulme (Ulm).

à l'Empereur; et compte l'on du dit Meminghe jusques oudit Oulme, vi lieuwes. Mais nous repeusmes en chemin en ung village dont j'ay oublié le nom. Et au dehors de la dicte ville de Oulme a une grosse rivière qui passe au long d'icelle. Pour maison de ville, elle est fort belle, et y sont les Empereurs en grans personnages. Fûmes aussy en la principalle église d'icelle ville, laquelle s'elle estoit parfaicte est une belle église; et à tout bien comprendre, la dicte ville est une bien puissante ville.

31 janvier.

Le merquedy, derrain jour de janvier, après messe et desjuner, partismes de la dicte ville d'Oulme, et allâmes ce jour au giste en la ville de Ghesselin qui est à ung seigneur subgiet du pays; où l'on compte du dit Oulme trois lieuwes; et y a assez bonne ville.

Ghesselin.

1.er février.

Le jeudy, premier jour de février IIII^{xx} six, partismes du matin de la dite ville de Ghesselin et allâmes disner en la ville de Keppin qui est à ung $\overline{sgr}$ subgiect, à deux lieuwes du dit Ghesselin; et d'illec au giste en la ville de Esselin qui est à l'Empereur: où l'on compte du dit Keppin trois lieuwes. Sont pour ce jour cincq lieuwes, et en tous ces chemins l'on treuve fort bon logis.

Keppin.

Esselin.

2 février.

Le vendredy, II.e jour du dit février, après la messe et desjuné, partimes du dit Esselin et allâmes au giste en la ville de Fainghe qui est à ung $\overline{sgr}$ subgect, où l'on compte IIII lieuwes.

Fainghe.

3 février.

Le samedy, III.e jour du dit février, après messe et desjuné, partismes d'illec, et allâmes ce jour au giste en la ville de Bruxelle qui est à ung seigneur subgiect; où l'on compte du dit Fainghe (IIII lieues). En y passe on une grosse rivière, et pour tirer oultre nous fut conseillié

Bruxelle.

prendre gardes comme en aultres lieux cy devant avions fait.

Le dimence, iiii.ᵉ jour du dit mois de février, après avoir oy messe, acompaignié d'une ghide à le mode du pays et à nostre despence, partismes de la dicte ville de Bruxelle et cheminâmes parmi une grande forest, et assez tost après commenchâmes à voir la ville de Spiere qui est à l'Evesque; et avant que peusmes aprochier la dicte ville montâmes sur ung ponton, et passâmes une bien grosse rivière fort large; et icelle passée, si comme a près de deux à trois heures après disner, nous arrivâmes en la dicte ville de Spiere qui est une belle et bonne ville, fort marchande, et y séjournâmes la nuit; et compte l'on du dit Bruxelle jusques à Spiere trois lieuwes. Et pour lors y estoit l'Empereur (177), acompaignié de l'archevesque de Coullongne, le Paelsgreve que l'on dit le conte Pallatin, et pluiseurs autres grans princes et seigneurs. Et fusmes veoir l'Empereur et ceulx de sa court allans à l'église, et oymes ses trompettes et clarons; aussy ses challemies qui sont les meilleurs joueurs que j'avoye lors jamais oy. Allâmes veoir la principalle église d'icelle ville en laquelle saint Bernard fist en soy agenoullant par trois fois : *O clemens, o pia, o dulcis Maria!* Fusmes aussy veoir les livrées que l'on distribuoit de la court de l'Empereur de boire et de mengier, qui estoit grande et grande despence. Et sont les trois motz cy dessus concavez et escrips ou pavé de la dicte église sur pierre, ès propres lieux où mon dit sgr sainct Bernard les fist et se agenoulla. En icelle ville de Spiere se change la monnoie de cruchars et se y alouent wytspenninghen, de quoy l'on en a xxvi pour ung florin de Rin d'or, qui se alouent jusques oultre Coullongne.

Le lundy, v.ᵉ jour du dit fevrier, après la messe oye et

veu l'Empereur et ceulx de sa court aller à l'église, partismes d'illec, et d'un train tirâmes en la ville de Ourmes qui est à l'Evesque où l'on compte du dit Spiere six lieuwes, et est assez bonne ville.

Ourmes (Worms).

6 février.

Le mardy, vi.ᵉ jour du dit février, partismes du matin après la messe de la dicte ville de Ourmes, et allâmes disner en la ville de Openem qui est au conte Palatin, à iiii lieuwes du dit Ourmes, et ce jour en la ville de Mayence où du dit Openem l'on compte trois lieuwes; sont pour ce jour sept lieuwes. Laquelle ville de Mayence est à l'archevesque, belle et bonne ville, et passe le Rin devant icelle. Et à cause qu'il faisoit dangereux aller par terre du dit Mayence à Coullongne, nous fûmes conseilliez de nous et noz chevaulx monter sur bateaux et sur le dit Rin tirer au dit Coullongne pour plus grande sceureté; ce que nous délibérâmes faire.

Openem.

Mayence.

7 février.

Le merquedy, vii.ᵉ jour du dit février, après que eusmes oyé la messe et desjuné au dit Mayence, nous et noz chevaulx montâmes sur ung ponton ou navire, et à forche de rymes et chevaulx qui tiroyent, aussy que allions aval l'eauwe, arrivâmes devant la ville de Rudessem qui est à ung sgr subgiect, où du dit Mayence l'on compte iiii lieuwes; et là descendismes et allâmes logier en icelle ville.

Rudessem.

8 février.

Le jeudy, viii.ᵉ jour du dit février, bien matin remontâmes sur nostre nef, et allâmes desjuner en une villette nommé Bachrach qui est à ung sgr subgect, où du dit Rudessem l'on compte deux lieuwes; et après nous remontâmes sur le dit ponton, et tirâmes jusques en la ville de Bubarttes qui est à l'Evesque de Trèves; où du dit Bachrach l'on compte quatre lieuwes; et là faut payer treu

Bachrach.

Bubarttes.

pour chascun cheval, et nous failly illec descendre à terre.
Et du dit Mayence jusques au dit Coullongne ne se paye
treu pour cheval allant par eauwe. Tost ensuivant remontâmes sur le dit ponton, et allâmes descendre en une petite
villette nommé Rens, où du dit Bubarttes l'on compte deux
lieuwes, et couchâmes au dit Rens : feymes pour ce jour
viii lieuwes.

    Le vendredy, ix.ᵉ jour de février du matin, remontâmes
sur nostre nef, et allâmes descendre en ung village nommé
Rolanzette, et y a chastel; où du dit Rens l'on compte iiii
lieuwes demye, et disnâmes illec. Tost après remontâmes
sur l'eauwe, et allâmes descendre à une aultre ville nommé
Lintz, et là couchâmes la nuyt.

    Le samedy, x.ᵉ jour du dit mois de février, remontasmes
du matin sur le Rin, et allâmes descendre devant la ville
de Bonne où nous disnâmes, et puis remontâmes arrière et
arrivâmes ce jour de grand heure après disner devant la
ville et cité de Coullongne ; où l'on compte du dit Bonne
jusques illec iiii lieuwes. Et depuis que nous partimes de
la dicte ville de Mayence, à deux costez de la rivière du
Rin sont belles vingnobles, bon pays et fertille, et y a beaucop de villes, villages, et chasteaux. Et entre le dit Mayence
et Coullongne en allant sur le dit Rin l'on passe devant les
villes qui s'ensieuvent; entre lesquelles en y a douze où il
convient que chascun bateau arreste pour payer tolle, et
dont les fermiers viennent faire visitacion sur chascunne
personne et selon ce les faire payer; et y a aucuns des diz
fermiers fort rebelles, et chascun estant sur lesdictes nefz
ou pontons descendent pour plus ayséement visiter par les
diz fermiers ou commis quelles denrées ou marchandises

sont sur iceulx. Et à chascunne ville où il fault payer tolle y aura une telle enseigne (·).

   Mayence. . . . . . (·)
 (¹) Eltseldis.
 (²) Rudessemes.
   Bingen.
 (³) Errefelz. . . . . . (·)
 (⁴) Bachrach . . . . . (·)
 (⁵) Chaw . . . . . . (·)
 (⁶) Wessel
 (⁷) Saint Gwer. . . . . (·)
 (⁸) Bubarttes . . . . . (·)
 (⁹) Rens.
 (¹⁰) Houstain . . . . . (·)
   Koblens.
   Engers . . . . . . (·)
   Andernach . . . . . (·)
   Lintz. . . . . . . (·)
 (¹¹) Runage.
   Bonne . . . . . . (·)
   Coullongne . . . . . (·)

Le dimence, xɪ.ᵉ jour du dit février, séjournâmes tout ce jour en la dicte ville de Coullongne, et allâmes visiter les

(¹) Ellfeld.   (⁷) S. Goar.
(²) Rudesheim.   (⁸) Boppart.
(³) Ehrenfels.   (⁹) Rhense.
(⁴) Bacharach.   (¹⁰) Probablement Lahnstein.
(⁵) Caub.   (¹¹) Remagen.
(⁶) Oberwesel

églises en icelle, et aussy la ville; et entre aultres l'église des trois Rois, laquelle est fort belle église s'elle estoit parfaitte, et veymes les trois Roys. En icelle église sont chanonnes, tous filz de ducz, de contes, et d'autres grans seigneurs. D'illec allâmes en l'église des xi^x Vierges où sont nonnains, qui est une église fort dévote; car il y a tant de corps saintz et saintes que l'on ne scet où mettre le piet sans marchier dessus. Après fûmes en l'église sainte Marie où sont chanonnesses de nobles femmes comme à sainte Waudrut à Mons en Haynnau; et y a très belle église. Et en la trésorie est l'un des cloux de nostre S̄gr. La dicte ville de Coullongne est une moult belle ville, bonne et fort marchande, et séant en beau pays et de grant pollice, comme il nous fut dist. Aussy c'est grand chose des marchandises qui de tous cotez y arrivent à cause du dit Rin qui bat tout du long de l'un des costez d'icelle ville. Et a l'on au dit Coullongne xxxi raders wytspenninck pour ung florin de Rin d'or.

Le lundy, xiie jour du dit février, après avoir oy messe et desjuné, partismes du dit Coullongne acompaignié d'unne ghide et allâmes disner en une villette nommé Berchem, qui est de la duchié de Juillers, à iii lieuwes du dit Coullongne Et d'illec acompaignié d'une aultre ghide allâmes au giste à Juillers qui est petitte ville frummée à iii lieuwes du dit Berchem : sont que feymes pour ce jour six lieuwes.

Le mardy, xiiie jour du dit février, acompaignié d'unne autre ghide allâmes disner en la ville d'Aix où du dit Ghulke, aliàs Juillers, l'on compte quattre lieuwes. Fusmes voir l'église Nostre Dame au dit Aix qui est belle église. Et allâmes en aucuns lieux où on voit les bains où l'eauwe en

12 février.

Berchem.

Juillers.

13 février.
Aix.

tous temps est chaulde, mais elle sent le soulfre et est bleuwastre. Et sur le marchié d'icelle ville y a belle fontaynne. Après le disner partismes de la dicte ville d'Aix, acompaigniez d'une aultre ghide; environ ii lieuwes le dit Ayx nous failly reprendre une aultre ghide à cause des diversitez des seigneurs; et ce jour allâmes couchier en la ville de Treth sur Meuse, où du dit Aix l'on compte iiii lieuwes, qui est moult belle ville, et passe la dicte rivière de Meuse par le milieu d'icelle : ainsy feymes pour ce jour huit lieuwes. Fusmes veoir l'église saint Servais du dit Treth, qui est moult belle église. Et l'unne des moittiés d'icelle ville est à M̄gr le duc de Bourgoigne, et l'autre moittié à l'Evesque de Liége. En laquelle ville de Treth l'on prent les monnoies de mondit S̄gr le duc de Bourgoigne, et y a l'on xxxiii wytspenninck pour un florin de Rin d'or.

Le merquedy, xiiii.ᵉ jour du dit mois de février, après avoir oy la messe en l'église saint Servais, partismes et allâmes disner en une ville nommée Hasselt qui est de l'éveschié de Liége, à iiii lieuwes du dit Treth. Et ce jour allâmes au giste en la ville de Diest en Brabant, où du dit Hasselt l'on compte aussy iiii lieuwes. Très grand chière fut faitte par nous tous ensemble au soupper avec pluiseurs notables personnes que lors trouvâmes en nostre logis. Et après soupper, je prins congié de Mess.ʳˢ mes deux compaignons d'Angleterre avec lesquelz j'estoye venus de Venise jusques illec, et prenoyent leur chemin à Anvers, à Bruges, et de là en Engleterre; et moy en Haynnau.

Le jeudy, xv.ᵉ jour du dit février, du bon matin, je partis de la dicte ville de Diest, et tiray mon chemin par Louvain, et d'un train sans repaistre jusques ès faubourgs de Bruxelles du costé de la ville de Haulx. Et la cause de sy grand train, heu regard encoires que mon cheval estoit assez las, fut pour ce que craindoye estre recongneu d'aucuns qui peussent tirer audit pays de Haynnau, qui euist peu nonchier ma venue; et je désiroye que riens n'en fust sceu, parce que espoir aucuns de mes bien voellans se fussent travilliez de venir au devant de moy, ce que ne désiroye point. Mais obstant que j'entendoye trouver aveine pour mon cheval ès diz faubourgs de Bruxelles, pours l'en y trouvay point; par quoy me fut forche de remonter à cheval et tirer en la ville de Haulx où je vins assez tempre. Moy descendu me tiray à l'église pour saluer Nostre Dame (178), et sur le soir y oys le *Salve regina*. Et sur ce que je cuidoye rentrer en mon logis au dit Haulx, y trouvay le visce gerent de l'église sainte Waudrut à Mons, M.ᵉ Baude le Clerc, mon curé (179), sire Pierre Planchon et autres; et soupâmes ensemble, et feymes bonne chière. Haulx.

Le vendredy, xvi.ᵉ jour du dit mois de février oudit an mil iiiiᶜ iiiiˣˣ et six, après avoir oy la messe et desjuné, montay à cheval avec et en la compaignie de mon oste de L'estoille, et d'un train tirâmes en la dicte ville de Mons oudit pays de Haynnau, en laquelle je entray ce jour environ quatre heures après midy. Dont je loe et regracie nostre Seigneur que de sa grace m'a presté la santé de povoir avoir fait lesdiz voyages de Jhérusalem, sainte Catherine du Mont de Sinay, le voyage de Romme, de sainte Marye de Laurette, et autres dévotz et sains lieux (*). Amen. 16 février.
Rentrée à Mons.

(*) Le ms. de Valenciennes ajoute : « et de ce aussy qu'il m'a préservé en
» terre et en mer de plusieurs grandz dangers et perilz. Il en soit éternel-
» lement loué et benit. »

Notes et Éclaircissements.

N. B. *Chaque note renvoie à un numéro d'ordre inscrit dans le texte, et à la page où se trouve ce numéro.*

(¹) Page 2. — ung chastel desmoly qui se nomme Montagu....
Robert de Sarrebruck, dit le Damoiseau de Commercy, fut l'un des seigneurs les plus turbulens de son époque. Il possédait les comtés de Roucy et de Braisne et la terre de Montaigu en Laonnais du chef de sa femme Jeanne, héritière de Roucy et fille d'Élisabeth de Montaigu. Le duc de Bourgogne Philippe-le-Bon fit raser la forteresse de Montaigu en 1441, à la grande satisfaction des bourgeois de Laon, de Rheims, et de S.ᵗ-Quentin que désolaient les courses de Robert. Celui-ci mourut vers 1460. (Voyez Meyer, à l'an 1441, et Monstrelet, chap. 258).

(²) Page 2. — Madame Yzabeau de Portugal....
Isabelle, fille de Jean I, dit le Grand, Roi de Portugal, troisième femme du duc de Bourgogne Philippe-le-Bon qu'elle épousa en 1429. Elle fut mère du duc Charles-le-Téméraire, et mourut en 1472.

(³) Page 3. — Messire Phelippe de Poictiers....
Il était de la grande maison de Poitiers, de la branche dite de Vadan, épousa Jeanne de Lannoy, et mourut Gouverneur d'Arras en 1503. On le trouve le premier sur la liste des chambellans ordinaires du duc Philippe-le-Bon. Meyer le cite parmi ceux qui se distinguèrent au tournoi donné lors des noces du duc Charles-le-

Téméraire avec Marguerite d'Yorck, en 1468. Son fils était l'un des seigneurs qui, cette même année, accompagnaient Louis XI à l'entrevue de Peronne. Son frère Adrien fut Prévot de Furnes, de Cambrai, et de S.¹-Pierre de Lille.

(⁴) Page 5. — ladite ville et chastel est ducié de Bourgoingne.

Le comté de Bar-sur-Seine avait été cédé au duc de Bourgogne lors de la paix d'Arras, en 1435.

(⁵) Page 5. — Monsgr d'Eschiennet.

C'est-à-dire des Chenets. Gaucher de Dinteville, S.ʳ des Chenets, de Polisy, de Vanlay, Bailli de Troyes, fut gouverneur du Dauphin fils aîné de François I, et mourut en 1439. Son frère Jacques exerça la charge de grand veneur de France. Les Dinteville étaient une branche de la maison Faucourt.

(⁶) Page 5. — Monsg.ʳ le maréchal de Gyet de France...

Pierre de Rohan, comte de Marle et de Porcien, seigneur de Gyé, fut fait maréchal de France en 1475, et mourut en 1515.

(⁷) Page 5. — Zeleduc... ouquel on dist que feu Monsg.ʳ le duc Phelippe fut nourry....

Zeleduc n'est autre qu'Aizey-le-Duc (Cote d'or). Les chroniques nous apprennent que Philippe-le-Bon fut élevé en Bourgogne jusqu'à l'âge de huit ans.

(⁸) Page 7. — le bras de Nostre-Dame....

Le bon Lengherand n'a pas songé que la croyance générale qui honore l'Assomption de la vierge Marie en corps et en âme, n'admet pas qu'un de ses bras puisse être demeuré sur la terre.

(⁹) Page 7. — à présent elle est dezollée....

Auxonne avait été, six ans auparavant, assiégée et réduite en quelques jours par les troupes de Louis XI. Dans la même campagne elles s'emparèrent par surprise de Dôle qui subit les horreurs d'une prise d'assaut.

(¹⁰) Page 8. — à Mess.ᵉ Ghuy Dinsy....

Le sire d'Inchy (terre voisine de Cambray) était dans l'armée du comte de Charolais à la bataille de Montlhery. Meyer dit qu'il y fut pris; Gollut le signale comme fuyard.

(¹¹) Page 8. — Mess.ᵉ Olivier de Vauldré....

Olivier de Vauldrey figure comme Philippe de Poitiers sur la liste des chambellans du duc Philippe-le-Bon. Il paraît avoir été fait chevalier en 1468, durant la guerre de Liége. Il était contemporain et parent de Claude de Vauldrey qui organisa, en 1494, le pas d'armes où Bayard fit ses premières prouesses, aux applaudissements des dames lyonnaises.

(¹²) Page 8. — Mess.ᵉ Phelippe de Vienne.

Il était seigneur de Clervant, Persan, Betoncourt : marié en 1482 à Caterine de la Guiche, il mourut vers 1520.

(¹³) Page 8. — à Mons.ʳ de Chasteau Gion....

Hugues de Chalon S.ʳ de Chasteau Guyon était fils de Louis de Chalon prince d'Orange, et gendre d'Amédée IX duc de Savoye. Depuis quelques années il avait quitté le service de Bourgogne pour passer à Louis XI. Comines le qualifie *le plus grant seigneur de Bourgongne*. Il mourut en 1490.

(¹⁴) Page 9. — que Monsgr Derban rendy au roy....

Louis Aleman, chevalier, S.ʳ d'Arbent, de Mornay, etc., gouverneur du château de Joux pour la duchesse Marie de Bourgogne, le rendit aux troupes de Louis XI en avril 1480. Olivier de la Marche l'accuse formellement de s'être laissé gagner par une somme de 14,000 écus. En 1495 il avait un commandement dans les troupes françaises envoyées à la conquête de Naples.

La bataille de Granson eut lieu au commencement de 1476. Pontarlier et Jougne furent pris d'assaut à cette époque.

(¹⁴ᵇⁱˢ) Page 9. — et à chincq lieuwes de Nazareth.

Il n'y a pas de lieu ainsi nommé dans cette contrée, et je ne devine pas quel notre voyageur a eu en vue. Il aura été trompé par quelque consonnance mal saisie. Ce qui prouve qu'il a ici consigné des renseignemens pris à la volée, c'est qu'il place Granson à cinq lieues de Jougne, et Morat à huit lieues seulement. Or, il y a, en droite ligne, douze lieues de Jougne à Morat.

(¹⁵) Page 9. — à Monsgr de Lassara....

La noble et ancienne maison de La Sarraz s'éteignit en 1512, et la terre passa aux Gingins qui en prirent le nom. Guillaume de La Sarraz était, en 1460, Gouverneur du pays de Vaud.

(¹⁶) Page 9. — La ville de Clere qui est la première ville du pays de Savoye....

Il s'agit du lieu appelé les Clées, à l'entrée du pays de Vaud. Ce pays alors appartenait encore à la maison de Savoye à qui les Bernois l'enlevèrent en 1536.

(¹⁷) Page 10. — à messire George Menton....

Il s'agit d'un membre de l'illustre famille de Menthon qui tenait un rang important en Savoye et en Franche-Comté. Georges était peut-être fils de François de Menthon, chevalier, conseiller, chambellan, qui en 1467 exerçait la charge de Bailli d'Aval. Le baillage d'Aval était un des trois de la Franche-Comté, et comprenait Salins, Poligny, Arbois, Pontarlier.

(¹⁸) Page 10. — à Mons.ʳ de Baudeville, mareschal de Bourgoingne....

Lengherand désigne ici Philippe de Hochberg, Seigneur de Badenweiler, qui succéda en 1487 à son père Rodolphe de Hochberg dans la Principauté (alors Comté) de Neufchâtel, et mourut en 1503. Il était gendre d'Amédée IX duc de Savoye, et portait depuis 1480 le titre de maréchal de Bourgogne conféré par Louis XI. Probablement Rodolphe l'avait de son vivant mis en jouissance de la ville même de Neufchâtel.

(¹⁹) Page 11. — et y fut Monsgr de Lorraine....

René II duc de Lorraine en 1475, mort en 1508. Il se mit en 1476 à la tête des Suisses en guerre avec le duc de Bourgogne et le duc de Savoye.

(²⁰) Page 12. — à Monsgr de Romont....

Jacques de Savoye, Comte de Romont, Baron de Vaud, frère d'Amédée IX duc de Savoye, et fils du duc Louis. Il mourut au château de Ham le 30 janvier 1486.

(²¹) Page 13. — où il y a eu ung chasteau sur une roche....

C'est sans doute le château de la Bâtie, dont les ruines dominent Martigny.

(²²) Page 13. — sur la rive d'une eauwe... nommée le Rosne...

Notre voyageur fait ici confusion : c'est la Dranse que l'on cotoye en montant à S. Branchier, et non le Rhône.

(²³) Page 17. — il y a deux lieux ordonnez en fachon d'ospital....

Les choses sont encore ainsi. Le premier bâtiment s'appelle la *morgue*, ou chapelle des morts ; le second est désigné sous le nom d'*hôpital*.

(²⁴) Page 18. — avons toujours sieuwy une rivière....

C'est la Dora Baltea, qui, partant du S.-Bernard, arrose la vallée d'Aoste, et va se jeter dans le Pô un peu avant Verrue.

(²⁵) Page 19. — une porte de très belle arcure....

Cette voûte, taillée dans le roc, est attribuée aux Romains.

(²⁶) Page 19. — au comte de Jordain....

Je n'ai pu découvrir quel est ce comte dont le titre de seigneurie est peut-être estropié par Lengherand. En 1485, la maison de Bar était éteinte depuis plus de vingt ans par le décès de Jeanne, dernière héritière de ce nom, laquelle donna sa main à Louis de Luxembourg, comte de S. Pol, connétable de France. Leur fils, Pierre de Luxembourg, épousa Marguerite fille de Louis duc de Savoye. Le connétable lui-même, devenu veuf en 1462, prit en secondes noces Marie, sœur cadette de Marguerite. Trois ans plus tard, Janus de Savoye, comte de Genève, frère de Marguerite et de Marie, épousait Hélène de Luxembourg, sœur de Pierre. Enfin, Jacques de Savoye, comte de Romont, baron de Vaud, autre fils du duc Louis, épousa sa nièce Marie de Luxembourg, fille de Pierre. Voilà tout ce qui m'apparait des parentés entre les maisons de Bar et de Savoye.

(²⁷) Page 19. — des villes de Pyveron, Boulengho....

Bolengho est avant Piverone.

(²⁸) Page 20. — nous fut dit que le pape....

Le Pape alors était Innocent VIII ; le roi Ferrande était Ferdinand I d'Arragon, roi de Naples ; le duc de Calabre, Alphonse, son fils, qui lui succéda en 1494 ; le duc de Milan, Jean Galéas Marie Sforce, sous la tutelle de son oncle Ludovic Sforce, dit le More.

(²⁹) Page 20. — le droit chemin qui dudit Verseilles maisne à Romme.

Voici l'itinéraire tracé par notre voyageur, avec les noms actuels.

Mortara.	Firenzuola.
Gropello.	Scaperia.
Pavie.	Florence.
Castel S. Giovanni.	S. Donato.
Plaisance.	Sienne.
Borgo S. Donino.	Buoncouvento.
Fiorenzola.	S. Quirico.
Parme.	Acquapendente.
Reggio.	Montefiascone.
Modène.	Bolsena.
Castel franco.	Viterbe.
Bologne.	Sutri.
Pianora.	Torre dè Baccano.
Lojano.	Rome.

Franquelin est Francolino, à une lieue et demie de Ferrare, à l'est de Ponte lago oscuro.

Entre Florence et Sienne, le manuscrit porte S. Boucq; il y a évidemment erreur de copiste, par confusion de lettres. On doit dire la même chose pour Ydossebon, qui ne peut être que Buoncouvento.

(³⁰) Page 24. — Madame de Millan, sa mère....

C'était Bonne de Savoye, fille du duc Louis, seconde femme de Galéas Marie Sforce, veuve en 1476. Elle mourut cette même année 1485.

(³¹) Page 24. — l'églize Nostre Dame de Millan....

Il s'agit de la magnifique cathédrale dite le Dôme, commencée en 1386, et terminée seulement au XIX.ᵉ siècle.

(³²) Page 24. — la rivière de Alle....

La rivière qu'on passe à Cassano, l'Adda, ne se jette point dans le Tessin qui coule loin de là, à l'Est. Toutes deux vont parallèlement au Pô.

(³³) Page 26. — ledit sire Berthelemi Couillon....

Il s'agit de Barthélemi Colleoni, de Bergame, qui mourut général des armées vénitiennes en 1475, et dont la statue équestre orne la place S.-Jean et S.-Paul à Venise. Au sujet de ses singulières armoiries, je ne puis mieux faire que citer Lalande dans son voyage d'Italie (t. VIII, p. 75) : « on voit au pied de sa statue des armes *parlantes* » malgré leur indécence qui ne permet pas de les nommer, mais que » le nom du héros ne rappelle que trop. »

(³⁴) Page 28. — sur la rivière Dadus....

Il y a ici quelque confusion, qui est le fait ou de Lengherand ou du copiste. Dadus ne peut être que l'Adige, fleuve qui ne se jette pas dans le Pô, mais gagne parallèlement à lui l'Adriatique. Le manuscrit de Valenciennes écrit *Padus*, qui étant le nom latin du Pô est encore moins admissible.

(³⁵) Page 29. — qui avoient esté sgrs d'icelle terre....

Ce sont les tombes de deux princes de la Scala qui gouvernèrent Vérone au XIV.ᵉ siècle; Can Mastino mort en 1350, et Can Signorio mort en 1375.

(³⁶) Page 30. — au Douze de Venise....

C'était Marc Barbarigo, élu Doge le 19 novembre précédent, après la mort de Jean Mocenigo.

(³⁷) Page 31. — lequel n'est point canonisié.

Il s'agit sans doute de quelque saint personnage objet de la vénération populaire, et n'ayant point reçu les honneurs de la canonisation.

(³⁸) Page 31. — ung homme tout armé nommé Anthenor....

Notre voyageur a été mal renseigné par son cicerone. Cette statue représente, non Antenor, douteux fondateur de Padoue, mais le condottiere Erasme de Narni, dit Gattamelata, mort capitaine de la République de Venise en 1443.

(³⁹) Page 33. — tant eslevez que aultres en platte painture....

Eslevez veut dire ici en relief. On appelait *platte painture* celle appliquée sur une surface unie, par opposition au relief.

(⁴⁰) Page 34. — en la ville d'Acre lez Damiette....

Ces deux piliers qui sont encore au même endroit portent des caractères cophtes et des hiéroglyphes : ils viennent de l'église S.ᵗ-Sabas à Acre. Notre voyageur, sans doute sur la foi de son cicerone, commet une grosse faute de géographie en plaçant Acre, ville de Palestine, près Damiette, ville d'Egypte.

(⁴¹) Page 37. — l'on fait les voirres les plus beaux....

Murrano possède encore des fabriques de glaces, de verroteries, de cristaux.

(⁴¹ ᵇⁱˢ) Page 39. — le bonnet du Douze à cochille....

Le bonnet du Doge, recourbé par en haut, affecte la forme d'une coquille.

(⁴²) Page 39. — allans à Marke d'Anconne....

Il veut dire à Ancône. La marche d'Ancône est le district dont Ancône est le chef-lieu.

(⁴³) Page 43. — pardons de peine et de coulpe....

C'est-à-dire indulgence plénière. A propos du trésor de saint Marc dont Lengherand vient de parler, et dont il parlera encore à la page suivante, nous croyons faire plaisir au lecteur en mettant sous ses yeux l'énumération qu'en donnait dix-sept ans plus tard Pierre Choque, dit Bretagne, qui accompagnait comme roi d'armes Anne de Foix, reine de Hongrie, se rendant auprès de Ladislas son époux. C'était en 1502. Elle s'arrêta quelques jours à Venise où elle fut reçue avec de grands honneurs.

« Puis luy monstra l'on le trésor sainct Marc que je ne scauroys estimer...... Il y avoit quatre grans chandelliers d'église, hault de demye brasse, bien ouvrez, deux plus grans chandelliers où estoit la vie sainct Marc par ystoires, le tout garny de pierres de grant valleur; puis y avoit douze couronnes d'or, douze davans de curasse en façon d'escrevyce dalmans, ung gallice d'or de demye brasse de hault, où estoit ouvrée la passion Nostre Seigneur, deux enscensouers grans à merveilles, ouvrez en chef d'euvre, une croix qui autres foiz avoit esté au duc de Bourgongne, garnye de rubiz et poinctes de dyamens moult riches, le tout semé et couvert de pierrerie inestimable; douze couppes et potz, les ungs d'amatiste, autres d'agaste, les autres de grenatz, turquoisins de praze racine d'esmeraude; le tout de chascun d'eulx d'une pièce; neuf ballays carbos, gros comme œufz de pigeon, poisans sept ou neuf cens carratz; le chappeau duchal estimé valloir par gens en ce congnoissans cent mil ducatz, trois escarboucles grosses comme œufz..... Aussy y a deux licornes, l'une blanche comme lys, l'autre rouge changante en couleur de jaspe, l'une desquelles est si longue que le s.^r de la Guierche n'y povoit advenir de sa longueur, ne tant qu'il povoit lever son bras dextre. » (Bibl. de l'École des Chartes, 22.e année, livr. de novembre 1860, p. 181).

(44) Page 46. — qu'il y ot ung pape par ci devant....

C'est le Pape Alexandre III, que les Vénitiens soutinrent dans sa lutte contre l'Empereur Frédéric Barberousse. Mais toute cette légende sur sa disparition est fabuleuse, et l'on s'étonne qu'elle soit consacrée à Venise comme faisant partie de l'histoire nationale. Ainsi le Sénat en a fait peindre les divers incidents sur les murs de la Salle du Conseil, dans le palais ducal. (Voir encore page 80.)

(45) Page 47. — aussy espès que ung voile de nonnaing....

L'étoffe dite voile de religieuse était une étamine très claire.

(45 bis) Page 47. — il semble qu'elles voyent aux estaches.

C'est-à-dire qu'elles aillent avec des échasses.

(46) Page 48. — aux noepces archedeclin.

Notre voyageur veut parler des noces de Cana, et prend pour le nom de l'époux le titre du maître d'hôtel, *architriclinus*. Philippe Mouskès dit semblablement ; (v. 10665)

as noces St Arcedeclin.

L'Itinéraire du xiiie siècle, intitulé : *la citez de Jhérusalem*, dit aussi : « les noces de Archedeclin. »

(47) Page 53. — au filz de messire Robert....

Il s'agit de Robert Malatesta, dont la famille exerça l'autorité à Rimini pendant les xiiie, xive, xve siècles.

(48) Page 54. — le sgr d'icelle terre qui se dist duc d'Orbin....

C'était Guido Ubaldo de Montefeltro, né en 1472, qui régna de 1482 à 1508. Les ducs d'Urbin étaient vassaux du Saint-Siége.

(49) Page 57. — à Monsgr l'évesque de Tournay....

Jean Monissart, doyen de Terouanne, vint à Rome avec le cardinal Ferry de Clugny, évêque de Tournay, et fut après lui investi de cet évêché par le pape, en 1483. Il eut un concurrent élu dans le pays en vertu de la Pragmatique sanction, Louis Pot, et mourut à Rome le 17 août 1491. Le *Gallia Christiana* se trompe en le faisant mourir en 1484, c'est-à-dire un an avant que Lengherand n'en reçut accueil à Rome. (Voir *Chronica Tornacensis* dans le *Corpus Chronic. Flandriæ*, t. II, p. 577). La famille Monissart était du Hainaut : on trouve beaucoup de ses membres dans l'échevinage de Mons et dans divers emplois.

(50) Page 57. — de nostre saint père le Pape....

Nous avons déjà noté que le Pape lors régnant était Innocent VIII, élu le 29 août 1484. Il mourut en 1492.

(51) Page 58. — du cardinal Recanart....

Ce cardinal était Jérome Basso de la Rovere, du titre de Sainte-Balbine, évêque de Recanati, et plus tard de Palestrine, neveu du pape Sixte IV. Il mourut en 1507.

(52) Page 59. — que en ce lieu saint Silvestre....

Pape qui tint le Saint-Siége de 314 à 336 et fut contemporain de Constantin-le-Grand.

(53) Page 61. — Et là gist ung saint Pape....

Je pense qu'il s'agit du pape saint Fabien, martyrisé en 250. Quant à la voûte sous laquelle se *muchèrent* les douze apôtres dont bien peu sont venus à Rome, ou Lengherand a mal compris son cicerone ou celui-ci s'est moqué de lui. L'église a été rebâtie en 1611.

(54) Page 62. — sont empraintz la forme de deux pietz....

La tradition est que cette pierre garde la trace des pas de Notre Seigneur quand il apparut à saint Pierre fuyant de Rome. La petite église voisine, nommée *Quò vadis*, consacre cette tradition.

(55) Page 68. — le chief du Pape Actente....

Il n'y a point eu de pape ainsi appelé, et la légende rapportée ne m'a pas servi à le deviner. Le manuscrit de Valenciennes la passe sous silence, mais mentionne le pape Estienne comme enterré là. A la disposition et au nombre des lettres, il est permis de conjecturer que ce nom doit être substitué à celui d'Actente. Toutefois un seul pape du nom d'Estienne a été martyr; c'est Estienne I, massacré en 257 sur son siége pontifical dans les catacombes de Saint-Sébastien, où il fut enterré.

(⁵⁶) Page 68. — le Pape Ililarius qui là gist....

Le texte porte *Scilacius*, nom inconnu dans la liste des Papes : mais au premier coup-d'œil on rectifie le copiste qui d'un *H* a fait *Sc*, et d'un *c* un *r*. Cependant il faut remarquer que saint Hilaire, qui siégea de 461 à 468, fut inhumé à Saint-Laurent.

(⁵⁷) Page 69. — le corps saint Gregoire qui fut pape de Romme.

A l'époque du voyage de Lengherand douze papes avaient porté le nom de Grégoire. Aucun ne fut inhumé à Sainte-Marie Majeure.

(⁵⁸) Page 69. — et a nom *locus vaticanus*....

Le manuscrit porte *basilernus*, qui n'a point de sens et est évidemment une ânerie de copiste. J'ai rétabli la vraie leçon d'après le manuscrit de Valenciennes.

(⁵⁹) Page 75. — le bras saint Nicolas de Toulentine....

Ce saint appartenait à l'ordre des Ermites de saint Augustin, et mourut en 1308. Natif de Tolentino, il y passa la plus grande partie de sa vie, et fut inhumé dans la chapelle même où il célébrait la messe. Le pape Eugène IV le canonisa en 1446.

(⁶⁰) Page 76. — Et de touttes ces choses le pape .... en bailla bulles.

La tradition est que la sainte maison de Nazareth fut en 1291, année de l'expulsion totale des chrétiens de la Palestine, transportée miraculeusement dans un lieu de la Dalmatie, entre Fiume et Tersatz; puis en 1294 dans un bois de lauriers près Recanati, de l'autre côté de l'Adriatique; enfin, en 1295, dans le lieu qu'elle occupe actuellement, non loin du bord de cette mer. Les deux frères s'appelaient Antici. Il y eut deux commissions envoyées en Palestine, la première dès 1292, la seconde en 1296 par ordre du pape Boniface VIII. Ce que dit notre voyageur, que les Anges soutiennent la sainte maison en l'air, peut s'entendre de ce qu'effectivement elle repose sur un sol inégal, sans aucuns fondemens. Le beau bâtiment actuel dans lequel elle est enfermée, était commencé alors depuis quinze ans, par ordre du pape Paul II.

(⁶¹) Page 77. — et appartient au sgr de Pezero mesmes.

Ce seigneur était Guido Ubaldo de Montefeltro, duc d'Urbin.

(⁶²) Page 81. — et les deux piez de sainte Lucie....

Cette sainte fut martyrisée à Syracuse, au temps de la persécution de Dioclétien.

(⁶³) Page 83. — saint Josine, hermitte....

Je pense qu'il faut lire saint Zozime, anachorète en Palestine, honoré le 4 avril.

(⁶⁴) Page 83. — saint Extace qui fut patriarche de Jhérusalem....

Dans la liste des patriarches de Jérusalem on ne trouve pas ce nom. Il y a deux Anastase, l'un en 458, l'autre en 923 ; ils ne sont désignés ni comme martyrs, ni comme saints. Saint Zabias ou Bazas mourut au commencement de la persécution de Dioclétien, peut être martyr. S'il s'agit de lui, notre voyageur a bien altéré son nom.

(⁶⁵) Page 84. — messire Pierre Landre....

Le frère Le Huen qui partit de Venise pour la Terre Sainte en 1487, navigua aussi sur la galère de Pierre Landre, et le signale comme un patron d'assez mauvaise foi.

(⁶⁶) Page 84. — messire Augustin Contarin....

Nous le retrouvons dans les relations du Doyen de Mayence et du frère Le Huen.

(⁶⁷) Page 85. — aux neuces de saint Jehan où fist son premier miracle....

Ceci est contraire à la tradition qui n'admet point que saint Jean-Baptiste ou saint Jean l'Evangeliste ait été marié.

(⁶⁸) Page 87. — Collart le Beghin....

Ce nom, déjà mentionné à la page 55, figure sur les listes des échevins de Mons en 1476, 1487, 1488.

(⁶⁹) Page 87. — du grant de lait de thimont....

Il y a ici quelque faute du copiste qui se sera embrouillé dans l'emploi des termes de marine. Thimont est pour artimon. Le trinquet est la voile de misaine. Peut-être que medansne désigne la voile du milieu.

(⁷⁰) Page 89. — et à la mère de la royne de Cypres....

La reine de Chypre, femme du roi Jacques II, était une vénitienne, Caterine Cornaro, fille du sénateur Marc Cornaro.

(⁷¹) Page 89. — vcysmes une ville dezollée....

C'est Zara Vecchia.

(⁷²) Page 89. — à messire Lucas qui est légat du Pape....

Luc de Tolentis, dont Farlati dit dans l'*Illyricum sacrum* : « *Ma-
» gnus homo, nec magis ingenio et doctrinâ quàm rerum gerenda-
» rum solertiâ et illustribus legationibus insignis.* » D'abord chanoine et archidiacre de la cathédrale de Corfou, il fut, sur sa réputation d'habileté, appelé à Rome par Pie II qui lui conféra plusieurs emplois importants, et l'envoya, en 1462, Nonce près du roi de Bosnie, puis, en 1464, près de Philippe-le-Bon, duc de Bourgogne. Paul II lui conféra, en 1469, l'évêché de Sebenico vacant par la mort d'Urbain Vignacus, mais en le retenant à la cour Romaine. En 1476, Luc retourna comme Nonce à la cour de Bourgogne, près du duc Charles, qui l'apprécia beaucoup et lui confia une négociation délicate avec les Vénitiens dont il sut s'attirer aussi l'estime et l'affection. L'empereur Frédéric III et son fils Maximilien l'honorèrent d'une considération et d'une faveur particulières, et sollicitèrent vivement pour lui le chapeau de cardinal qu'il eut certainement obtenu si la mort ne l'eût enlevé en 1491.

Il est enterré dans la cathédrale de Sebenico, où probablement il n'est point venu de son vivant, ayant été toujours employé en divers pays. Il gouvernait son diocèse par un vicaire général. François Quirini, Vénitien, lui succéda.

(⁷³) Page 90. — près des villes nommées Mortet et Stragunt....

L'oreille de notre voyageur aura recueilli ces noms fort altérés par la prononciation des matelots. Peut être faut-il les appliquer à une île Morter qui se trouve à la hauteur de Sebenico, et à la ville de Trau, 8 lieues S. E. de Sebenico.

(⁷⁴) Page 91. — ce fut par ce que le roy Ferrant....

Le manuscrit de Valenciennes dit que cette expédition eut lieu trois ans auparavant.

(⁷⁵) Page 93. — qu'ilz n'ayment les Venissiens que bien à point.

Le frère Le Huen dit aussi : « Et nous fut dict qu'ils aimeroient
» mieulx estre subgectz au Turc que aulx Venitiens ; car bien
» congnoissent les exactions tyranniques. » Il qualifie d'ailleurs Raguse, « une belle, noble, riche cité, très puissante et très forte,
» quasi inexpugnable.... belles églises, très nobles monastères....
» très beau port de mer, belles fontaines ; vivres à grant marché ;
» dévotes à Dieu ; gent très humaine et de grant honneur plaine.
» Merveilles est de celle cité ; car sa chevance ou possession de terre
» n'a que x lieux de long et que deux de traverse. »

Le Doyen de Mayence, en parlant de l'indépendance de Raguse, dit : « est ville et cité de communaulté comme Venise, Flourence,
» ou Mes en Lorraine ; et ne reconnoit point aultre seigneur en la
» terre. »

(⁷⁶) Page 95. — Au dessus d'icelle ville il y a deux haultes roches....

Elles s'appelent Mont Abraham et Mont Saint-Sauveur.

(⁷⁷) Page 95. — S^{tus} *Spiridius archiepiscopus de Chipro*....

S. Spiridion fut évêque de la petite ville de Trimythonte en l'île de Chypre. Il confessa la foi chrétienne sous Galere, et assista au concile de Nicée.

(⁷⁸) Page 97. — qui parcidevant a esté destruicte....

Depuis une vingtaine d'années Mahomet II avait envahi et ravagé la Morée.

(⁷⁹) Page 97. — laquelle terre que l'on dist a de tour VIII milles....

Ce passage est reproduit d'une façon plus claire dans la relation de Miribel : « Et est la terre de Morée qui commence au chief de
» Clermont, sur lequel chief est un très bel chastel fort puissant,
» nommée Clermont.... en laquelle ne peut s'en entrer que VI

» milles de terre, qui font deux heures, encloses d'une grosse
» muraille, où sont aucunes portes bien gardées. Lequel pays est
» du dispost de Roménie frère de l'Empereur de Constantinople. »

Ce que notre voyageur appelle le chief (cap) de Clermont est le cap Tornese, du nom d'un château bâti au commencement du XIII.ᵉ siècle par Geoffroi de Villeharduin, et qui s'est appelé aussi Matagrifon et Clermont, dont la prononciation locale a fait Klemoutzi. Le château subsiste, à moitié ruiné, au dessus du village de Klemoutzi, à une heure de Clarentza, en face de Zante.

(⁸⁰) Page 97. — *et estoit au dispost de Rommenie....*

Morea, aliàs Romania. Ainsi parle Adorne, qui dit que l'Empereur de Constantinople avait fait son frère despote de Romanie. Cette dignité, au tems du bas empire, était devenue l'apanage du frère de l'Empereur. La Thrace, la Morée ont été appelées Romanie, puis le district de la Morée dont Napoli a pris son surnom. Ce district était la petite Romanie, autrement Sacania.

(⁸¹) Page 97 — *veymes ung chastel jous sur une haulte montaigne....*

On lit dans la relation du sire de Caumont, pp. 80, 90 : « de
» Modon au port de Joux, x milles.... à icelluy port de Joux ha
» ung chasteau hault sur une montaigne, que se nomme chasteau
» Navarres. » (Navarrin).

(⁸²) Page 98 — *le chief saint Anastasis qui fist le psalme de la foy....*

Il est bon de donner ici la variante du manuscrit de Valenciennes :
« Nous fut dict que le chief saint Anastase quy fit le psalme de la
» foy *quicumque vult*, y est; mais ne le veismes point; et le seu-
» mes par ung pélerin quy venait de Jérusalem; et fait ce chief de
» très beaux miracles. »

Le Huen dit : « là reposent le corps saint Léon pélerin de Jérusa-
» lem, et le chef saint Anastaise. » Le Doyen de Mayence donne à saint Anastase le titre d'évêque. Il y a eu plusieurs saints de ce nom, revêtus du caractère épiscopal. Mais le symbole *quicumque vult* appartient à saint Athanase.

(⁸³) Page 98. — Esquelz tigurions il y a grand partie de gens Egipciens....

Le doyen de Mayence et Le Huen évaluent le nombre des cabanes à trois cents, et dépeignent ces malheureux « noirs et difformes
» comme Ethiopiens ou Mores ; traistres et vendant souvent les Chres-
» tiens aux Turcs. » Ils ajoutent que leur nom d'Egipciens ne vient point de l'Egypte, mais d'une terre nommée Gypte ou Gippe, à seize milles de Modon.

(⁸⁴) Page 101. — et ne euvrent que de cyprès....

On lit également dans la relation de Jacques Lesaige : « se faict....
» des tables et des coffres grans et petis, des fuseaus, des patre-
» nostre, et mesmes des batteaus ; et nostre nave y avoit estée faicte ;
» qui estoit tout de chippres. »

(⁸⁵) Page 101. — la table de Dedalus.

Notre voyageur probablement veut parler du fameux labyrinthe.

(⁸⁶) Page 102. — l'isle de Langho....

Adorne place l'île de Langho (Stanco, l'ancienne Cos) après Saint-Nicolas de Kerki en venant de Rhodes, et compte cent milles entre elle et Pathmos. Il la dépeint très fertile, ayant quatre châteaux, et a soin de rappeler qu'Hippocrate y écrivit ses ouvrages.

(⁸⁷) Page 102. — la chapelle de Sainte Marie de Fylerme....

Philerme, nom d'une montagne à cinq milles de la ville de Rhodes : la chapelle était le but d'un pélérinage très fréquenté, sous le vocable de *Notre Dame de toutes grâces.*

(⁸⁸) Page 102. — Et tout premier l'enfermerie....

Frère Le Huen donne quelques détails sur le régime de cet hôpital :
« Et au millieu a très belle chapelle où tous les jours les messes sont
» chantées, les malades pensés, servis, medicinés.... servis tout
» en argent par les baillis et les seigneurs de Rhodes moult curieu-
» sement.... et l'enfermier moult curieusement invite les pellerins
» par grande affection, et leur fait ministrer très bonne refection en
» les servant moult joyeusement. »

(⁸⁹) Page 103. — Laquelle ville et le chastel furent fort batus...

Notre voyageur parle ici du fameux siége de Rhodes si vaillamment soutenu par le grand maître Pierre d'Aubusson, en 1480.

(⁹⁰) Page 104. — Chastel S. Pierre; Chasteau rouge.

Le chastel S.ᵗ-Pierre, appelé aujourd'hui Boudroun par les Turcs, fut bâti vers 1400 par le Grand-Maître Philibert de Naillac sur la côte de Carie, en face de l'île de Cos, sur les ruines mêmes du fameux tombeau de Mausole, près Halicarnasse. La consonnance aura trompé notre voyageur qui met ici la ville de Tarse, située bien loin, à l'extrémité opposée de la côte de l'Asie Mineure.

Le chastel S.ᵗ-Pierre était alors, selon Adorne, le poste des plus jeunes et vaillans chevaliers.

Frère Le Huen place les chiens au chastel S.ᵗ-Pierre; « lesquels de
» nuyt font merveilleuse garde hors le chasteau : et s'il eschappe
» aulcun crestien des Sarrasins et se tire là et les chiens le treu-
» vent, ilz l'ameneront au devant du chasteau; et se ilz treuvent
» un Turc s'il est possible ilz le feront mourir, ou pour abbaier
» en feront congnoissance jusques au chasteau de S.ᵗ-Pierre. »

Le baron d'Anglure dit : (p. 201) « le port du chastel rouge est au
» plus hault d'une petite isle qui est près de la Turquie, à demye
» lieue, et est de la seigneurie de Rodes... Le chastel rouge est un
» très fort chastel, bel et bien assis sur une haulte montagne de
» roche, tout environnée de la marine, et est à cent mille près de
» Rodes du costel devers Orient.... »

(⁹¹) Page 104. — assez près.... est l'isle de Pathmos....

Notre voyageur a été inexactement renseigné. Pathmos, la plus septentrionale des Sporades, est assez éloignée de Rhodes. La patrie d'Hippocrate n'est point Karki, mais Stanco, l'ancienne Cos, à égale distance à peu près de Pathmos et de Rhodes.

(⁹²) Page 104. — la grosse tour de Bourgoigne....

Elle subsiste encore sous le nom de tour S.ᵗ-Nicolas, et fut construite vers 1464 par le Grand-Maître Raymond Zacosta, grâce à la munificence de Philippe-le-Bon, duc de Bourgogne, qui envoya douze mille écus d'or pour les fortifications de l'île.

(⁹³) Page 106. — veymes une sainte espine....

La relation du baron d'Anglure dit : « sachiés qu'elle florist chas-
» cun an au jour du grant vendredy, à heure de midy; et ainsy la

» veismes nous toute florie le jour du grant vendredy, au retourner
» a Rodes. »

(⁹⁴) Page 107. — veymes l'isle de Quirindon....

On ne trouve sur la carte, se rapportant à cette indication, que l'îlot de Chelidon, en face du cap de ce nom, sur les côtes de l'ancienne Lycie. Adorne écrit : « *cavum de Kelidone in Turkyâ, infrà*
» *quem est Turkorum parvula civitas, ad quem Januenses sœpè*
» *navigant.* »

Je soupçonne notre voyageur d'avoir sur ses notes un peu brouillé l'ordre des lieux. Ainsi la ville de Baffa qu'il place après le golfe de Satallie, ne peut être que Baffa, l'ancienne Paphos, sur la côte occidentale de l'île de Chypre.

(⁹⁵) Page 108. — près dudit port sont les salines....

L'abbé Mariti qui visita l'île de Chypre dans la seconde moitié du siècle dernier, ne trouva plus aux salines que deux milles d'étendue. Elles étaient en mauvais état et affermées par le gouvernement Turc. Sous la domination Vénitienne la récolte annuelle fournissait la charge de soixante dix vaisseaux.

(⁹⁶) Page 109. — nous fut dit que saincte Caterine :....

Tout ce qui est dit de sainte Catherine n'a que valeur de légende. Une autre tradition place cette sainte à Alexandrie d'Égypte.

(⁹⁶ ᵇⁱˢ) Page 111. — quand ilz peschoient ou Nostre Seigneur les appella....

Erreur : Pierre et André pêchaient dans la mer de Galilée.

(⁹⁷) Page 112. — à cause que le frère du grand Turc....

Gem, autrement appelé Zizim, frère et rival du sultan Bajazet II, s'était en 1482 réfugié à Rhodes, d'où le Grand-Maître Pierre d'Aubusson l'avait fait passer en France. Il y habitait alors la commanderie de Bourgneuf. Le roi de France était Charles VIII.

(⁹⁸) Page 113. — mener et logier en croustes volsées....

Le frère Le Huen fait mieux comprendre encore les misères de ce premier gîte :

« .... et trois grandes fosses ou caves dérompues, là où les
» pourceaux, les bestes et chevaulx couchent au loing de l'an. Là

» sont logés tous les povres pélerins en prenant patience......
» A la descente y a grant mistere : car les seigneurs principaux
» capitaines l'un après l'aultre nous mettent en escript, nostre sur-
» nom et le nom propre de nostre père. Puis sommes mis dedens
» l'une des fosses jusques à tant que l'on a composé de la conduite
» et du paiement à leur plaisir. Devant icelles fosses viennent de
» Jhérusalem ou de Rama crestiens de la saincture ; et se disent de
» Sainct Paul ; et là apportent diverses marchandises de pierrerie,
» patenostres et semblables négoces; aussy des victuailles.... A
» l'entrée de la cave les Maures nous bailloient un marquet de jon-
» chée (paille, litière) pour nous assoir dessus. A l'issue de la cave
» avoit quatre Mamelus qui nous gardoient, et qui vouloit issir, il
» paioit un marquet pour aller au retrait. Coucher à terre, menger
» sur ses genoux, cela estoit commun à tous. »

(⁹⁹) Page 113. — Et illec aucuns crestiens de la chainture....
Le mot chrétiens de la ceinture ou saincture dans les auteurs du temps s'applique d'une façon un peu vague.

Le sire de Caumont dit (p. 54) : « les crestiens de le centure et
» les Jacobins (Jacobites) tiennent les quatre chapelles qui sont en
» la place devant leditte eglize (du S.ᵗ-Sepulcre). »

Le doyen de Mayence, parlant de la ville de Modon en Morée :
« est le commun langage de là le Grech, et sont pour la plus part
» appelés les gens de là les crestiens de la sainture, c'est-à-dire de
» saint Paul, autrement Pauli. » Plus loin il dit : « les crestiens de
» la sainture, c'est assavoir de la foy de saint Paul. »

Dans Adorne on lit : *Multi christiani de centuriâ aliisque sectis cismaticis... majores sunt christianorum Francorum hostes quàm Mauri.*

Villamont (livre II, chap. x) dit : « l'Attalla estoit un chrestien
» Maronite, autrement surnommé de la ceinture pour les grandes
» et larges ceintures de cuir qu'ils portent. »

A la fin du xv.ᵉ siècle, une grande partie des Maronites étaient encore Jacobites ou schismatiques grecs. Cent ans plus tard ils se rallièrent généralement à l'église Romaine.

L'annotateur du baron d'Anglure dit (p. 99) : « les chrétiens
» de la saincture sont les chrétiens qui habitaient le quartier du

» saint Sépulcre; le mot saincture au moyen âge, s'appliquait aux
» terres de l'église. » Cette explication est au moins incomplète,
d'après les citations précédentes, et d'après le texte même du baron
qui un peu plus loin parle des chrétiens de la saincture habitant
Gaza, et que l'on distinguait au mouchoir jaune dont leur tête était
enveloppée.

(100) Page 114. — sainte Tabia qui estoit servante des apostres...

Lisez Tabita. Le sire de Caumont l'appelle aussi la servante, le
baron d'Anglure la *demoiselle* des apostres. Néanmoins le récit des
Actes ne donne point cette qualité à Tabita, qui était une veuve
occupée de bonnes œuvres.

(101) Page 114. — où les femmes et les enfans nous ruoient
de pierres....

Le doyen de Mayence et le frère Le Huen signalent les mêmes
dangers courus par les pèlerins, et dont leur escorte avait peine à
les préserver. Les gens du pays leur jetaient « pierres, fanges, et
» autres ordures, que à grant peine... peuvent passer, que aucunes
» fois ne soient tués les pèlerins, comme par expérience advint à
» ung de nos gens. »

(102) Page 115. — Fûmes logiez en l'ostel des frères du Mont
de Sion....

Cet hôtel avait été acquis des deniers du duc de Bourgogne,
Philippe-le-Bon, à l'effet d'héberger les pèlerins. On le croyait bâti
sur l'emplacement de la maison de Joseph d'Arimathie.

(103) Page 116. — monsgr s.t George ot la teste copée....

C'est à Nicomedie que Dioclétien fit décapiter saint Georges, l'un
de ses principaux officiers, dont les reliques furent ensuite trans-
portées à Lydda, sa patrie.

(104) Page 116. — comme l'on diroit une croix d'oultre mer.

Je pense qu'il faut entendre par cette désignation la croix dite
patriarcale ou de Lorraine, qui a une double traverse, et que les
Templiers portaient au XII.e siècle.

(105) Page 116. — une aultre cité nommée Sarone.

Le nom est en blanc dans notre manuscrit. Je me suis servi de la leçon de celui de Valenciennes. Les Actes des apotres (ix. 35) désignent en effet Sarona comme voisine de Lydda.

(¹⁰⁶) De laquelle ville de Rames fut Rachel....

La Rama de Rachel n'était point ici, mais aux environs de Bethléem.

(¹⁰⁷) Page 116. — Ouquel lieu.... avoit une belle et bonne fontaine....

D'après les distances indiquées, ce lieu peut être Beer Ayoub, le puits de Job; dans l'Ecriture, Nephtoa.

(¹⁰⁸) Page 117. — à l'ospital de la religion de Roddes....

L'hôpital Saint-Jean, où l'ordre des chevaliers de Saint-Jean de Jérusalem prit naissance. Pendant les trois siècles qui suivirent la reprise de Jérusalem par Saladin, il servit encore de demeure aux pèlerins. Aujourd'hui il en reste à peine quelques vestiges.

(¹⁰⁹) Par 118. — par tous les pelerinages qui s'enssuivent.

Il semble à propos de donner ici un paragraphe de Miribel qui ajoute de curieux détails. « Au dehors de Jherusalem est le grant pa-
» lais de David, tout desrompu. Et là est les gardes de Jhérusalem.
» Ostent aux pèlerins leurs espées, et puis les maynnent prestement
» logier dedens la cité à l'ospital des pèlerins qui est une très povre
» chose. Et là fault dormir sur la paille et sur viez pourris mattras
» couvertes de drapeaux par terre. Mais les seigneurs et gens de
» bien qui de ce sont advisez font sur les asnes louez porter leurs
» litz de la galée, où ilz couchent dessus. Mais quant le gardien du
» Mont de Sion scet la venue des pèlerins, il les vient tantost veoir
» et savoir quelz gens ils sont, ne dont ils sont. Et aucune foys en
» emmayne logier au Mont de Syon des plus notables, espécialement
» de la nacion de France, car ce sont les plus privilegiez. Et lors
» il fait audit hospital venir de chaque nacion ung frère. Et fait les
» nacions desdits pèlerins chacunne mettre à part, et leur baille ce
» dit frère pour les confesser, qui les mènera et conduira par tous
» les voyaiges, et pour leur dire et déclairier que c'est, et les indul-
» gences. Et le matin enssuivant, ou l'autre matin se les pellerins
» estoient tant que les jours avant ne eussent peu estre tous confes-
» sez, lors quant tous le seroient, ledit gardien qui a le pouvoir

» papal leur donera à tous l'absolution. Après ce'il fait première-
» ment mettre le frère de la nacion de France, et puis tous ceulx
» de cette nacion, deux à deux ou troiz à troiz comme ils veullent
» fors que les seigneurs vont les premiers. Et puis mettre la nacion
» d'Allemaigne après, et puis la nacion d'Espaigne, enssievant toutes
» les aultres nacions, sans ce que ung seul de nulle nacion se meys-
» lat durant les voyaiges avec nul autre. »

Plus loin Miribel dit que les épées sont rendues aux pèlerins quand ils quittent Jérusalem.

(110) Page 118. — et le tiennent les Indiens.

C'est-à-dire, les Abyssins. Mirabel dit : « les chrétiens Abasin qui » sont noirs, et se appellent les Indiens. » Cette chapelle est celle de Notre Dame des douleurs, à présent aux Catholiques.

(111) Page 118. — pardevant la maison de Véronne....

La place est indiquée par une colonne de granit rouge. C'est la sixième station.

(112) Page 119. — où la glorieuse Vierge Marie se pasma....

Les pèlerins y font la quatrième station. Il y eut là une église dite de la Pâmoison.

(113) Page 119. — la maison de Hérodes....

Hérode Antipas. Cet emplacement est occupé par des ruines et par quelques maisons turques.

(114) Page 120. — le temple Sallomon où l'on n'oserait plus avant aller....

Lengherand parle de la mosquée d'Omar construite sur l'emplacement du temple; et dont l'entrée et même les abords sont rigoureusement interdits aux chrétiens.

(115) Page 120, — à main gauche l'église sainte Anne....

Le sultan Abdul-Medjid en a fait don à la France en 1856.

(116) Page 120. — allâmes vers la vallée de Jozaphat....

La tradition qui met en ce lieu le martyre de saint Étienne semble ne remonter qu'à quelques siècles, et est peut-être erronée. Les anciens documents le placent au nord et non à l'est, en dehors de la porte de Damas qui s'est appelée porte septentrionale de S. Étienne. C'est là que l'Impératrice Eudoxie bâtit vers 450, sous ce vocable, une église qui fut réédifiée par les premiers croisés, et détruite de rechef en 1187, au moment où Saladin allait assiéger Jérusalem. La porte indiquée par Lengherand est nommée par les Arabes *Bab el Sidi Mariam*, parce qu'elle conduit au tombeau de la sainte Vierge.

(117) Page 121. — l'église et sépulcre Nostre Dame....

L'église plus d'à moitié enterrée, a été reconstruite au xii.ᵉ siècle, et dépendait d'un couvent de Bénédictins entièrement détruit. Longtemps la propriété des Latins, elle leur a été enlevée par les Grecs.

(118) Page 123. — Et allâmes aussy jusques en Callilée....

Il ne s'agit pas ici du pays de Galilée, mais d'un des trois sommets de la montagne des Oliviers, lequel portait ce nom. « On suppose, » dit Monseigneur Mislin, que les Galiléens s'assemblaient en ce » lieu quand ils venaient à Jérusalem. » Le Sire de Caumont dit : « item, plus hault, à main senestre, est Galilée où les apostres » furent envoyés par l'Angeli, et là Jesu Crist se aparut à eux. » Fr. Le Huen : « vers Occident est Galilée, ou hault du mont où » l'ange envoya les disciples en la résurrection. » On a aussi donné le nom de Galilée à l'une des nefs inférieures de l'église rebâtie par les croisés sur l'emplacement du Cénacle, au mont Sion.

(119) Page 122. — là u sainte Pélage fit sa pénitence....

Cette sainte, comédienne à Antioche, se convertit, et vint faire pénitence dans une grotte du mont des Oliviers. Elle vivait au v.ᵉ siècle. Il ne reste de l'église qu'une chambre souterraine et obscure.

(120) Page 124. — et les apostles y firent l'évangille de *Beati mites*.

Il y a ici quelque confusion dans le texte. Le manuscrit de Valenciennes porte : « N. S.... y fit l'évangile des béatitudes. » Mais le sermon sur la montagne qui commence par l'énumération des béatitudes fut prononcé loin de là, dans le voisinage de Tibériade. Je n'ai point d'ailleurs trouvé d'indication semblable dans les relations contemporaines; ni d'évangile apocryphe portant ce titre.

(121) Page 124. — en l'église saint Marc....

Les ruines de cette église sont à deux cens pas de l'église de l'Ascension. Une autre tradition veut que le *Credo* ait été composé dans le Cénacle.

(¹²²) Page 124. — où saint Jacques fut.... cachié pour doubte des Juifz....

Le manuscrit de Valenciennes porte : « et dict en soi-mesmes que
» point ne buveroit ne mengeroit tant qu'il voiroit Jesu Crist estre
» resuscité de mort à vie ; et fut trois jours sans boire ne sans men-
» ger ; et après ces jours Jhésu Crist s'apparut à luy apportant à
» menger, et le fit menger, disant que le filz de l'homme quy estoit
» Jesu Crist estoit ressuscité de mort à vie, » Le Sire de Caumont et frère Le Huen parlent aussi du vœu de saint Jacques, auquel saint Jérôme accorde une mention dans son livre *de vir. ill.* c. 2. L'église subsiste encore.

(¹²³) Page 125. — mais l'arbre n'y est plus.

Miribel dit au contraire : « puis vait l'on au propre arbre qu'ilz
» appellent carubier, moult gros et moult viel tout viffz, où ilz
» disent que Judas se pendit ; et n'y a point de pardon. »

(¹²⁴) Page 125. — *castrum maly consilii*....

On croit que là était la maison de campagne de Caïphe, et que l'arrestation du Sauveur y fut discutée et résolue. Ce lieu est occupé par un couvent d'Arméniens.

(¹²⁵) Page 125. — est l'église Nostre Dame....

Lengherand a ici en vue la magnifique église de la Présentation édifiée par Justinien, et dont les Musulmans ont fait la mosquée *El Aksa*.

(¹²⁶) Page 126. — où saint Pierre *alla plourer*....

La tradition désigne comme le lieu où pleura saint Pierre une petite crypte abandonnée sur le flanc oriental du Mont Sion. Il y eut là jadis une église.

(¹²⁷) Page 127. — et en y a neuf manières....

L'énumération des communautés chrétiennes représentées à Jérusalem varie dans les relations.

Le doyen de Mayence (1487) en compte neuf comme notre voyageur, et les nomme: Grecz, Surians (Syriens), Jacobites, Maronites, Nestoriens, Arméniens, Géorgiens, Abbasiens (Abyssins) ou Indiens, Latins.

Miribel (1552) en compte douze : il ajoute les chrétiens de la Sainture, les Melliquy, et les Serfz. J'ignore ce que signifie cette dernière dénomination. Melliquy me parait répondre à Melchites. Comme son énoncé est accompagné de détails il m'a semblé utile de le reproduire ici.

« Cy s'enssievent quantes nacions de chrétiens sont habitans en
» Jhérusalem, servans les temples qui y sont.

» Et premier. Les chrétiens que l'on dit les chrétiens Frans. La-
» quelle nacion ne s'accorde point avec les aultres. Car ils font leurs
» sacrifices à la coustume et ordonnance de Romme.

» *Item,* puis sont les chrétiens Ermins (Arméniens) qui sont à
» par eulx, mais des habiz de l'église et du sacriffier s'accordent
» avec les chrétiens Francs, fors qu'ilz ne mettent point de l'yaue
» en leur calice. Et après ce qu'ilz ont sacriffié N.^{re} S.^{r} ne ès aultres
» seremonies des Frances, ne se accordent ilz point o les chrétiens
» Francz. Et est leur religion et habitation au mont de Calvaire. Et
» tiennent l'ostel de Cayfas qui maintenant est appellé l'ostel du
» S. Saulveur, où disent que est la propre couverture du S. Sepul-
» cre. Et aussy tiennent la maison de Anne qui dres est l'église
» des Angelz. Et aussy tiennent la chappelle de S. Jehan Baptiste
» à la place du S. Sépulcre. Et encoires tiennent le grant esglize
» de S. Jacques le Majour en laquelle habite leur évesque : lequel
» quant il est dans ses habiz pontificaux, il n'y a nulle différence
» des nostres.

» *Item* après sont les chrétiens Grecz.
» *Item* les chrétiens de la Saintisme (Sainture).
» *Item* les chrétiens Gorges (Géorgiens).
» *Item* les chrétiens Serfz.
» *Item* les chrétiens Melliquy (Melchites?).

» Lesquelles cincq nacions sont toutes en une foy, en une séré-
» monie, et ung service, fors que chascune nacion a sa forme des
» aornemens de l'esglize à par soy. Et font le sacriffice de pain
» levé. Et mettent l'yaue chaulde en leur sacriffice avec le vin. Et
» ces cincq nacions tiennent le grant autel du Saint Sépulcre, et le

» esglise de Mgr S. Michiel, et le esglise de S.te Marie Magdalene
» dedens Jherusalem. Et audehors de Jhérusalem le esglise de S.te
» Croix.

» *Item* sont les chrétiens Abasin qui sont noirs, et se appellent
» les Indiens.

» *Item* les chrétiens Jacopites.

» *Item* les chrétiens Suriens.

» Les trois nacions s'accordent en une foy et en une sérémonie
» de services. Et en leurs langaiges sont divisez, et font leurs sacrif-
» fices de pain levé. Mais les ungs sont baptisiez comme nous, et
» les aultres comme les Juifz, ainsy que plus est en devocion. Des-
» quelles trois nacions leur patriarche demeure au Caire. Ilz tien-
» nent deux des chappelles du S.t Sépulcre. Dont l'une est celle
» qui est derrière le S.t Sépulcre proprement. Lesquelles trois na-
» cions ne payent aucuns tribuz au Souldam pour ce que par leur
» pays passe le fleuve que l'on dit en latin *Gion,* et en commun
» parler le *Nille,* qui part du Paradis terrestre, et passe par le
» Cayre. Dont pour le doubte que le dit fleuve ne fust levé au Cayre
» et au pays qui en seroit destruit comme après s'enssieut, ilz sont
» tous francs, et en sy grant seureté de corps et de biens, assez
» plus que nulz des aultres chrétiens.

» *Item* une aultre généracion de chrétiens que ilz appelle chré-
» tiens Marrony, qui ont entre eux aultre manière de sacriffier de
» pain levé et des sérémonies. Ceulx cy quant ilz peuvent avoir ung
» prestre des parties de par deça qui baptize leurs enffans quant
» ilz sont ncz, très voullentiers et à grant joye le requièrent.

» *Item* il y a une aultre nacion de chrétiens que ilz appellent
» Nasturiny (Nestoriens) qui ont leurs sacriffices en sérémonyes
» aultrement fors que du pain levé, et ont leur évesque à par eulx.

» Et cy finent les xii nacions des chrétiens qui sont en Jhérusa-
» lem et par la Terre Sainte. Lesquelz ont tous quelques différences
» en sacriffices, en sérémonyes, et en leurs habiz sacerdotaulx.

» *Item* en Jhérusalem habitent encores pluiseurs nacions de mes-
» créans, comme Sarrasins, Turcs, Tartares, Persans, Azameny,
» Harabes, Assazy, et Juifs, qui tous sont soubz la seignourie du
» Soldam, lesquelz et chascun d'eulx peuvent tenir leurs loys public-
» quement et sans nulle contradiction. »

Villamont (1589) nomme les Grecs, les Syriens, les Jacobites, les Nestoriens, les Arméniens, les Georgiens, les Abyssins, les Maronites, les Coptites ou Goffites, c'est-à-dire Coptes. Ce qui fait neuf, sans les Latins.

Deshayes (1621) cité par M. de Chateaubriand (Itinér., IV.e partie) ne compte plus que huit nations : Latins, Grecs, Abyssins, Cophtes, Arméniens, Nestoriens ou Jacobites, Georgiens, Maronites.

(128) Page 129. — le corps saint Estienne et Abilon....

Le sire de Caumont écrit Abibon ; Guillebert de Lannoy, Abiron : lisez, Abibas. C'est le nom du fils de Gamaliel, dont le cercueil reposait près celui de saint Etienne. Leurs reliques furent trouvées en 415, et l'église en fait mémoire le 3 août. Il y eut jadis un couvent et une chapelle en ce lieu.

(129) Page 129. — est la sépulture David....

Monseigneur Mislin a visité en 1855 ce prétendu tombeau de David : il en fait la description dans son deuxième volume.

(130) Page 129. — en l'église du mont de Sion.

Ce lieu fut envahi par les musulmans vers le milieu du siècle suivant. Le cénacle est hélas ! une mosquée.

(131) Page 130. — lava les piez et les mains de ses apostles....

Le récit évangélique implique au contraire qu'il lava seulement les pieds.

(132) Page 131. — où il y a partie de la coulompne....

Dans le siècle suivant on en envoya plusieurs fragmens en Europe : ce morceau est aujourd'hui assez petit, et repose dans la chapelle dite de l'*Impropere*.

(133) Page 132. — au pourchas de sainte Hélaynne par Judas...

La légende dit qu'un juif nommé Judas fournit à sainte Hélène des indications pour la recherche des instruments de la passion ; qu'il se convertit, prit le nom de Quiriace, et aurait même occupé le siége épiscopal de Jérusalem, puis subi le martyre.

(134) Page 137. — et y a apparence d'unne église.

Sainte Hélène y avait fait construire une église : il n'en reste que la crypte souterraine ; elle appartient aux Grecs, et s'appelle la Grotte des pasteurs.

(¹³⁵) Page 137. — où saint Jehan fut chassié....

Le copiste a-t-il écrit ainsi pour *cachié* (caché)? Cela est d'autant plus vraisemblable que le manuscrit de Valenciennes porte *muchié*; ce qui est le même sens. Plus loin, p. 162, nous lisons encore que Moyse se *chassa* sous le roc, pour se cacha.

(¹³⁶) Page 137. — où saint Philippe baptiza Enuch.

Comme à la page 48, Lengherand prend encore une qualification pour un nom propre. Il veut parler de l'eunuque Ethiopien, trésorier de la reine Candace, baptisé par saint Philippe sur le chemin de Jérusalem à Gaza. (Act. VIII)

(¹³⁷) Page 138. — à une fontaine distante de Jhérusalem six milles....

C'est sans doute la fontaine dite des Apôtres, (*Bir el Chot*).

(¹³⁸) Page 138. — nous trouvâmes *terra Rubea*....

Ces mots semblent indiquer le lieu appelé en italien *terra rossa*, en français *Tour rouge*, en hébreu *Adummim*, en arabe *Kalaat el domm*. Une tradition y place la scène du bon Samaritain.

(¹³⁹) Page 138. — où le bon Joachim demoura....

Ceci est une légende qui a sa source dans les évangiles apocryphes, notamment dans ceux dits de saint Jacques le Mineur et de la Nativité de sainte Marie. On y raconte qu'après vingt ans de mariage Joachim et Anne n'avaient pas d'enfants, que c'était pour eux un sujet de douleur et de confusion, qu'enfin un ange leur apparut, leur annonçant la naissance prochaine et les augustes destinées de Marie.

(¹⁴⁰) Page 139. — où Nostre Seigneur juna la XL.^{ne}....

Ce lieu est appelé le désert de la quarantaine.

(¹⁴¹) Page 139. — la fontaine que le profete Hélisée beneit...

Voyez le livre IV des Rois, chap. 2, v. 19. Cette fontaine subsiste, abondante et excellente.

(¹⁴²) Page 140. — y a une grosse pierre....

On l'appelle la pierre du colloque, ou de sainte Marthe.

(¹⁴³) Page 140. — à la maison de Simon le Lepreux....

On donne ce nom à quelques ruines aujourd'hui informes; il y eût jadis une église.

(¹⁴⁴) Page 142. — une fontaine en laquelle Nostre Dame....

Monseigneur Mislin a vu là les choses telles que Lengherand les décrivait 350 ans auparavant. Il a compté deux rampes descendant à la source par 18 et 14 marches, et retrouvé les buandières Arabes.

(¹⁴⁵) Page 143. — Jehan, duc en Bavière....

Je ne puis démêler à qui appartient cette dénomination. Il n'y avait alors dans les États de Bavière que trois duchés : Neubourg, Simmern et Deux Ponts. Neubourg était sans titulaire depuis 1448 ; Simmern était possédé par Jean qui vécut jusqu'en 1509, tandis que celui mentionné ici mourut dès 1486 ; Deux Ponts appartenait à Louis surnommé le *Noir*, auquel je vois bien un fils du nom de Jean ; mais il fut chanoine de Strasbourg. Les généalogies de la maison de Bavière mentionnent un prince mort au retour de la Palestine ; mais elles placent son décès à Rhodes en 1493, et le nomment Christophe.

(¹⁴⁶) Page 143. — Guillaume, conte de Vernenburch....

Le manuscrit de Valenciennes écrit Werdenberg. Ce doit être une erreur, car nous trouvons ce Guillaume comte de Virnenbourg. Il ne laissa qu'une fille, mariée à Conon comte de Manderscheid. Au commencement du xiv.ᵉ siècle, Henri de Virnenbourg fut Prévôt, puis archevêque de Cologne. Les comtes de Virnenbourg étaient au nombre des vassaux les plus considérables de l'archevêché de Treves. Le bourg chef-lieu du comté est situé dans l'Eyffel, sur la Neit, à huit lieues ouest de Coblenz.

(¹⁴⁷) Page 143. — Loys de Rechbergh....

Les Rechberg, comtes de Hohen Rechberg dans le cercle de Souabe, étaient une ancienne et importante maison, ayant une origine commune avec les Pappenheim. Louis fut probablement l'un des treize fils du comte Georges qui vivait à cette époque. On trouve en 1469 Christophe de Rechberg à qui le duc de Bourgogne Charles-le-Téméraire engage Ferrette pour 7,000 florins d'or.

(¹⁴⁸) Page 143. — Franchois de Tournemine seig.ʳ de la Gherche....

François de Tournemine était fils de Jean, seigneur de la Guerche, grand Veneur du duc de Bretagne. Né en 1457, il mourut en 1529 dans sa maison de Porterie, sans avoir été marié.

On le voit figurer en 1484 au nombre des seigneurs Bretons qui entrèrent par surprise au château de Nantes, et pénétrèrent à main armée jusqu'auprès du Duc pour enlever son favori Landais, devenu l'objet de la haine générale. Cette tentative ne réussit point, mais Landais succomba l'année suivante. Tournemine était ami particulier du chancelier Chauvin que Landais avait fait périr en prison. Il fut grand voyageur, visita une fois le Sinaï et Lorette, deux fois le Saint Sépulcre, plusieurs fois Rhodes, et prit part à diverses expéditions des chevaliers contre les Turcs. C'est probablement lui qui est le seigneur de la Guierche cité dans la relation de Pierre Choque comme accompagnant, en 1502, la reine de Hongrie, Anne de Foix. (Voir la note 43).

(149) Page 144. — au lieu de la pichine....

C'est la piscine probatique de l'Evangile. Elle est aujourd'hui desséchée et en partie comblée.

(150) Page 145. — et pour veoir aussy le camp Damascene...

Adorne en parlant de cette route, dit : « là est le champ Damas-
» cene où Adam fut créé, et où Caïn tua son frère Abel. A un mille
» se trouve la grotte où Adam et Eve pendant cent ans pleurèrent
» le péché de leur fils Caïn. »

(151) Page 150. — aucuns arbres grans portans fighes....

Notre voyageur désigne sans doute ici l'espèce de figuier d'Egypte dite Sycomore.

(152) Page 158. — une grand pierre chutte desdiz rochiers...

C'est la roche dite *Meribah*. Elle est, selon Shaw, en granit rose, d'environ six pieds en carré.

(153) Page 159. — une aultre montaigne dont ne me recorde du nom....

Il y a plusieurs sommets au Sinaï : le mont des Juifs, le mont Horeb, le mont S. Episteme, le pic dit de sainte Catherine, etça.

(154) Page 159. — ung jardin enclos de pierres seiches....

Cent ans auparavant le baron d'Anglure trouvait ce jardin en très bel état. (p. 152 de sa relation).

(¹⁵⁴ ᵇⁱˢ) Page 163. — là furent enterrez XL martirs....

Une bande de Sarrasins venant de Thor fondit un jour sur les moines qui habitaient en ce lieu, et en massacra quarante.

(¹⁵⁵) Page 163. — où saint Offre fist sa pénitance....

Saint Onuphre. Un anachorète de ce nom qui vécut en Thebaïde, et mourut vers l'an 400, est inscrit dans le martyrologe romain, au 12 juin.

(¹⁵⁶) Page 164. — Oreb, qui est à dire feu en Morisque....

Horeb, nom de la montagne, en Hébreu veut dire, désert; *Oreb*, nom d'homme, veut dire, corbeau. Mais *Hor* veut dire, lumière, feu.

(¹⁵⁷) Page 164. — Là voit on comment le roc se amolia....

Adorne dit que la pierre de cette cavité est si dure qu'il ne réussit pas à en détacher un fragment.

(¹⁵⁸) Page 166. — et semble qu'ilz ayent jetté huille....

Mirihel dit : « il est vrai que de son chief sault humidité comme
» huille qui peu à peu coulle ; et c'est la magne qui en sault. »

L'huile du tombeau de S.ᵗᵉ-Caterine était en grande vénération au moyen-âge. Hugues, abbé de Flavigny, chroniqueur du commencement du XII.ᵉ siècle, rapporte en détail cette pieuse tradition, et ajoute qu'un vase contenant de cette huile parfumée était conservé dévotement en l'abbaye de la Trinité du Mont, près Rouen. Bauduin II, comte de Guines, fondant en 1170 la chapelle de la Montoire, y déposa de l'huile de sainte Caterine. Un inventaire de la sainte Chapelle de Paris, en 1363, mentionne un reliquaire contenant de cette même huile. Actuellement encore on en conserve dans un des reliquaires de la basilique d'Aix-la-Chapelle.

Phil. Mouskès dit : V. 10,942 :

> « Et si rent oile à grant fuison
> » Dont li malade ont garison..»

(¹⁵⁹) Page 167. — trouvasmes pluiseurs arbres portant espines....

On a beaucoup disserté pour découvrir à quelle espèce appartient la plante qui a fourni les épines dont fut couronné Notre Seigneur. La place nous manquerait pour résumer ici ce qui a été écrit sur cette question. Mais il nous paraît que l'arbrisseau désigné par notre voyageur doit être le jujubier (*rhamnus ziziphus, ziziphus vulgaris*) appelé dans le pays *épine du Christ*, et que Linnée catalogue *rhamnus spina Christi*. Ses feuilles alternes ont à leur base deux stipules subulées, très aiguës, persistantes, et se changeant en aiguillons : ses fruits sont arrondis, gros comme de petites noix, d'une saveur agréable ; on les mange crus. Il croît en Syrie, en Egypte, et aussi en Chine.

(160) Page 168. — lez la fontaine de Gérondel....

C'est celle que Shaw, dans le second chapitre du tome II de ses voyages, nomme Corondel. Elle est près de la baie dite Berk el Corondel, où l'on croit que la mer Rouge rejeta une partie des cadavres de l'armée de Pharaon.

(161) Page 172. — à deux milles prés de la Matharie....

Ici se termine la course de Lengherand à travers le désert. Il l'accomplit, soit en allant au Sinaï, soit au retour, sans trop de fatigues ni de dangers. Seize ans plus tôt, Adorne fut moins heureux. Il fait une description effrayante des difficultés et des périls de ce trajet où l'eau est très rare, parfois fétide et impotable, où les reptiles venimeux foisonnent, où l'on court risque sans cesse de s'égarer parmi les sables et les roches, où aux vexations des guides et aux exactions des Arabes se joint l'appréhension continue de la spoliation et du massacre. Il dépeint les Arabes comme Lengherand, mais avec une nuance de férocité plus marquée.

(161 bis) Page 173. — l'on nous mena voir le jardin du balsme.

Les traditions rapportées ici, et que l'on retrouve dans les récits de beaucoup de pélerins, ont eu cours de très bonne heure, et sont consacrées notamment par les évangiles apocryphes.

(162) Page 174. — comme Nostre Dame lava les drapeles de Nostre Sgr....

Ceci est raconté dans l'évangile apocryphe dit, de l'enfance du Sauveur.

(¹⁶³) Page 175. — le Soudan qui est de présent....

Ascraf Kaïtbaï qui régna de 1468 à 1496. Il soutint de grandes guerres contre le sultan Bajazet II.

(¹⁶⁴) Page 176. — avec la grandeur du Caire est Babilonne....

Babylone d'Egypte et le Caire étaient deux villes distinctes, quoique très rapprochées. Guillebert de Lannoy y fut quarante ans avant Lengherand : sa description sera citée ici à propos.

« Est le Kaire la maitresse ville d'Egipte, assise sur la rivière du
» Nyl qui vient de Paradis terrestre, et ne vient point plus près de
» la ville que à Boulacq, où il y a environ trois milles. Boulacq
» est ung village joignant à Babillone, et sont là les maisons d'iceluy
» assises et fondées sur le bort de la rivière. Est à scavoir que le
» Kaire, Babillonne, et Boulacq furent jadis chascune ville à par
» lui, mais à présent s'est tellement édiffiée que ce n'est que une
» mesme chose, et y a aucune manière de fossez entre deux plas sans
» eaue, combien qu'il y a moult de maisons et chemins entre deux.
» Et peut avoir du Kaire à Babillonne trois mille, et de Boulacq au
» Kaire trois mille. Est la ville du Kaire très grande ville à mer-
» veilles, et a bien parmy Babillonne trois lieues franchoises de
» long, et une lieue et demye de large.... Elle est moult pleine
» de peuple et très marchande, et y a marchans de Inde et de
» toutes les parties du monde.... Au bout de la ville du Kaire,
» dessoubs une montaigne, il y a ung très beau et gros chastel,
» bien muré, ouquel le Soudan demeure.... »

(¹⁶⁵) Page 177. — et maintenant n'en y a que six ou sept.

Il s'agit des fameuses pyramides. Miribel en compte encore quatorze. Adorne dit seulement que ces monuments en forme de pyramide sont nombreux, et que la tradition qui les nomme greniers de Pharaon n'a aucune vraisemblance, leur construction ne les rendant nullement propres à cette destination. Le Doyen de Mayence en porte le même jugement, et y voit d'antiques sépultures royales; ce qui n'est plus contesté.

Les mesures relevées à la fin du siècle dernier donnent à la grande pyramide une hauteur de 421 pieds, et pour la base une largeur de 700 pieds sur un côté; quelques assises du haut paraissent avoir été enlevées.

La grosse tête est le fameux Sphinx ; on a retrouvé sous les sables le conduit menant à l'intérieur.

(¹⁶⁵ ᵇⁱˢ) Page 180. — de monter sur cheval ne selle close....

Je pense qu'il faut lire, ne en celle close ; ce qui signifierait : nul ne peut monter à cheval ni en chaise fermée.

(¹⁶⁶) Page 180. — et de présent en y a deux.... qui ont été despointiez....

Abousaïd Balbaï élu en octobre 1467, déposé en décembre ; Abousaïd Tamarboga qui le remplaça pendant trois mois, et fut à son tour supplanté par Ascraf Kaïtbaï, lequel sut garder le sceptre durant vingt neuf ans.

(¹⁶⁷) Page 181. — Il fut né.... en l'an de.... nostre $\overline{\text{Sgr}}$ VIe XII....

Mahomet naquit en 570 et mourut en 632. Saint Grégoire I siégea de 590 à 604.

(¹⁶⁸) Page 182. — beaucop de serpens.... en forme de lézardes....

Il est aisé de reconnaître à cette description les crocodiles.

(¹⁶⁹) Page 183. — un poisson semblable à ung homme....

Miribel donne ce même singulier récit à peu près dans les mêmes termes.

(¹⁷⁰) Page 183. — grand forche d'arbres portans casse fistules....

Lengherand désigne l'arbre qui produit la casse fistule employée en médecine ; il désigne ensuite le bananier.

(¹⁷¹) Page 188. — pour la grâce qu'il congnoit avoir du dit prêtre Jehan à cause de ses fleuves.

Le Prêtre ou Prête Jean tient une grande place dans les récits romanesques du moyen-âge. L'imagination populaire attachait ce nom, dont l'origine a été fort controversée, à un prince des Tartares, ou plus communément au roi d'Abyssinie. On le trouve déjà mentionné dans une lettre de Jacques de Vitry adressée en 1219 au pape Honorius III. Ce prélat y parle d'une invasion de l'Egypte par David, roi des Indiens, (c'est-à-dire Abyssins) prince puissant, habile, belliqueux, le fléau des Payens et des Mahométans. (Spicil. t. III, p. 591, in-f.°) En 1448, le Grand-Maître de Rhodes, Jacques de Milly, écrit au roi de France Charles VII, pour l'informer que le grand roi des Turcs a réuni des forces considérables pour assiéger Constantinople par terre ou par mer, mais que sa flotte ayant pénétré dans le Danube y a été détruite par le feu, ce qui a délivré d'une grande appréhension et Constantinople et les îles de la mer Egée. Il ajoute :

« Le Prêtre Jean Empereur des Indiens, selon le narré de quel-
» ques prêtres Indiens venus à Rhodes, a fait un grand carnage des
» Sarrasins ses voisins, surtout de ceux qui se disent de la race
» de Mahomet.... En outre il a dépêché un ambassadeur avec des
» présens à la façon orientale vers le Soudan de Babylone, pour
» lui signifier de cesser de tourmenter les chrétiens; sinon il por-
» tera la guerre à La Mecque, en Egypte, en Syrie, en Arabie,
» interceptera le Nil dont dépend l'arrosement et la subsistance de
» l'Egypte, et détournera son cours. L'ambassadeur fut d'abord bien
» accueilli, et obtint toute facilité de visiter le saint Sépulcre.
» Revenu au Caire, le Soûdan le mit en prison, résolu de ne le
» point relâcher, que son propre ambassadeur retenu dans l'Inde ne
» fut de retour. » (Spicil. t. III, p. 777).

Les faits rapportés dans cette lettre ont servi de fondement aux récits amplifiés, recueillis par Lengherand quarante ans plus tard.

Quelque chimérique que puisse sembler la menace de priver l'Egypte des eaux du Nil, cette entreprise a longtemps été regardée comme possible. Les annales d'Abyssinie, analysées par le voyageur Bruce, affirment que le roi Lalibala qui régnait vers l'an 1200, et a laissé une mémoire vénérée, avait commencé dans ce but d'énormes travaux à l'effet de rejeter dans une autre direction plusieurs grandes rivières dont le Nil s'accroissait dans ses États. Il y employait une population chassée de l'Egypte par les Sarrasins, désireuse de se venger de ses oppresseurs. On assurait, en 1770, à Bruce, que les vestiges de ces gigantesques ouvrages existaient encore dans le pays de Choa. Au commencement du siècle dernier le roi Tecla Haimanout I renouvelait au Pacha du Caire la menace de frustrer l'Egypte de l'inondation du Nil. El Macin, historien arabe du XIII.ᵉ siècle, raconte que le calife Mostansir obtint du roi des

Abyssins le percement d'une digue qui empêchait les eaux de descendre en quantité suffisante. On prête au célèbre Alphonse d'Albuquerque un dessein analogue à celui de Lalibala. Guillebert de Lannoy dans sa relation dit : « Est à scavoir que le Soudan ne laisse » nul christien passer en Inde par la mer Rouge ne par la rivière » du Nyl vers le Prestre Jehan, pour la paour qu'il a que les chris- » tiens ne traittent à lui à ce que ceste rivière lui soit ostée.... »

(172) Page 189. — fûmes constrains de prendre port au havre de Quaquenau.....

Guillebert de Lannoy en quittant l'île de Chypre fut également poussé « par fortune de vent à ung port nommé Cacquau, jadis ville » fondue en abisme. » Cacamo n'est plus aujourd'hui qu'un château entouré de quelques maisons, au-dessous duquel se trouvent l'île Kakava ou Kakabo, et le port de Tristomo ayant des roches à son entrée. Les alentours sont couverts de nombreuses ruines antiques et du moyen-âge. Là étaient les villes d'Aperlœ et de Cyanæ. (Voyage de Texier, III. 204.)

(173) Page 189. — que la guerre estoit entre le roy de France...

Les hostilités commencèrent en effet dans les premiers mois de 1486 entre Charles VIII, roi de France, et Maximilien d'Autriche, roi des Romains. Cette guerre dura sept ans.

(174) Page 197. — au long d'une grosse rivière....
C'est la Brenta, qui prend sa source dans le Trentin.

(175) Page 197. — le corps saint Simon....

Ce crime des Juifs eut lieu le 24 mars 1472. L'enfant avait deux ans. Les assassins furent découverts, juridiquement convaincus et condamnés à mort. On détruisit la Synagogue, et l'on érigea une chapelle sur l'emplacement du meurtre.

(176) Page 198. — la ville de Merrant qui est à un seigneur subgect....

C'est-à-dire à un seigneur médiat, ne relevant pas directement de l'Empire. Cette classe était assez nombreuse en Allemagne, et, dans la langue féodale de ce pays, était désignée par la qualification de *Landsasse*.

(¹⁷⁷) Page 201. — Et pour lors y estoit l'Empereur, accompaignié de . . . .

L'Empereur était Frédéric III, l'archevêque de Cologne Herman de Hesse, le comte Palatin Philippe, dit l'Ingénu.

(¹⁷⁸) Page 207. — me tiray à l'église pour saluer Nostre Dame . . . .

Halle, près Bruxelles, possède une image de la Vierge, objet d'un pèlerinage célèbre et fréquenté. . . .

(¹⁷⁹) Page 207. — le visce gerent de l'église sainte Waudrut... mon curé . . . .

A cette époque le curé de la paroisse de Sainte-Waudru exerçait sa juridiction sur tous les ecclésiastiques, nobles, magistrats, officiers de tous ordres militaires et civils, et sur les étrangers, dans la ville entière. La cure de la paroisse Saint-Germain proprement dite était réunie au chapitre de ce nom. En 1486, si l'on s'en rapporte aux listes de Gilles de Boussu, historien de Mons, le doyen de Sainte-Waudru était Fernagil Lebon, et le curé de Saint-Germain, Jean Cliquet.

Glossaire.

A.

Absolut, page 42, voyez Joedy.
Absubgir, 192, assujetir.
Actinté, 80, préparé, arrangé, garni, orné, paré.
Adonc, 63, alors, jusqu'à présent.
Affréant, 105, pour *afférant*: utile, convenable; du latin *afferre* : on le trouve employé en ce sens dans le roman de Gilles de Chin, p. 33.
Agister, 148, coucher, mettre au lit.
Ague, 63, aigu.
Aheurer, 95,
Ahorer, 89, } adorer.
Aix, 10, ais, planche.
Alefois, 15,
Allefois, 22, 107, } parfois, quelquefois.
Amplier, 67, augmenter, agrandir.
Angourie, , sorte de pastèque ou melon d'eau.
Anoy, 148, ennui, chagrin.
Anthyphone, 134, antienne, (*antiphona*).
Apas, 69, marche d'escalier; palier.
Apenser (s'), 63, réfléchir, songer à part soi.
Apperent, 61, apparaissent.
Appointier, 113, préparer, disposer, mettre en état.
Araine, 54,
Arrene, } sable (*arena*).
Arcure, 12, 119, voûte, cintre, arche.
Ardismes, 167, brulâmes.
Art, 95, brule.
Armoyrie, 81, magasin, collection d'armes.
Atourné, 32, orné, garni. L'usage a conservé le substantif *atour*, dans le sens restrictif de la toilette.
Atout, 39, 116, avec.
Atre, 71, cimetière.
Attre, 69, porche.

Attinté, 47, 72, voyez *actinté*.
Autel, 57, 82, semblable, pareil.
Avaller, 9, 40, 65, descendre.

B.

Baghes, p. 117, 139, bagages, effets. L'usage a conservé l'expression, vie et bagues sauves.
Ballet, 44, balay, espèce de rubis d'un rose clair.
Balsme, 173, baume.
Bancquié, 6, lambrissé.
Bargette, 31, petite barque.
Baston à pouldre, 81, arme à feu. Baston s'employait pour arme.
Batelé, 88, bateler une cloche, c'est la sonner en manière de carillon.
Beghude, 13, cabaret isolé, auberge de campagne.
Bers, 69, berceau.
Blanc jeudy, 65, le jeudi saint.
Bloucquette, 2, sorte de lacet pour la chaussure; petite boucle.
Bon vendredy, 64, le vendredi saint.
Bordoyer, 10, suivre le bord, cotoyer.
Botkin, 3,
Boitkin, 49, } petit bateau.
Botte, 110, 189, tonneau : s'employait dans le sens de vase, de recipient (on dit encore en quelques pays une botte de vin); et aussi dans le sens de mesure de capacité pour les navires. On lit dans Adorne : *una magna navis* XII *bottarum*.
Bouge, 4, partie basse de la maison, destinée à la cuisine, ou à la salle à manger.
Bourgatre, 19,
Bourgastre, 28, } méchant bourg; terme de mépris.
Bove, 141, cave, souterrain.
Brayes maridanes, 184, sorte de pantalon. On écrit aussi marinades.
Bringandine, 81, sorte de cuirasse.
Brondir, 174, brandiller.
Bullette, 23, bulletin, billet de passe.

C.

Cailliau, p. 2, caillou, pierre.
Calogier, 159, caloyer, moine grec Basilien.
Camel, 146, chameau.
Cassidonne, 31, 33, calcédoine, pierre précieuse de la nature de l'agathe.
Cauchée, 185, chaussée.
Cazal, 146, 158, maison, logis.
Ceur, 70, 134, chœur, partie de l'église où sont les chantres.
Ceuvre chief, 118, mouchoir, linge pour couvrir la tête.
Chaingler, 77, cingler (en parlant de la marche d'un navire).

Chainture, 113, voir la note 99.
Challemie, 201,
Chalmie, 174, } flûte.
Chasser, 186,
Chassier, 137, } cacher. Voir la note 135.
Chartrois, 6, chartreux.
Chayère, 46, 140,
Cheère, } chaire, chaise, siége.
Chemetaire, 186, cimeterre.
Chengler, 40, voir *chaingler*.
Chercier, , chercher.
Chevanche, 81, avoir, richesse.
Chief, 100, cap.
Chimentière, 122, cimetière.
Chucade, 12, sucrerie.
Cibole, 45, *ciborium*, tabernacle, saint ciboire.
Clamacion, 40, clameur, cri.
Clocquette, 40, tumeur, ampoule, petite cloche.
Cloyère, 4, circonférence, tour, grosseur.
Cochille, 39, coquille.
Coer, 6, voyez *ceur*.
Combe, 165, 176, terrain creux, enfoncement, vallon.
Commistre, 86, probablement pour comite, commandant de chiourme.
Composer, 145, imposer une taxe, une avanie.
Composition, 145, taxe, avanie.
Concavé, 201, creusé.
Confès, 62, confesseur.
Connin, 152, lapin.

Contre teneur, 45, haute contre.
Costier, 168, côtoyer.
Costière, 51, côte, bord de la mer.
Couillon, 25, testicule.
Coullombe, 53, 62,
Coulompne, 131, } colonne.
Courtaulx, 81, sorte de canons fort courts.
Couverte (en), 62, caché, recouvert.
Cravelle, 36, caravelle, sorte de navire.
Crebbe, 136, crèche. (Phil. Mouskès écrit crêpe).
Croisetier, 48, ordre de chanoines réguliers, dits porte-croix.
Croix d'oultremer, 116, voir la note 104.
Croller, 174, remuer, branler.
Crouste, 113, grotte, cave, caveau.
Croysie, 4, croix, croisée.
Cruchar, 198, kreutzer, petite monnaie allemande.
Crute, 70, crypte, grotte.
Cuidier, 1, 23, 34, penser, croire, avoir intention, prétendre.

D.

Dade, 39, datte, fruit du dattier.
Dadier, 91, dattier.
Darrain, 6, 25, dernier, dernièrement.
Déchassier, 164, chasser, expulser.

Défaulte, 195, à sa défaulte; pour, à son défaut.
Dehaictié, 115, malade, fatigué, défait.
Délaier, 15, différer, retarder, délaisser.
De légier, 62, facilement.
Delouvre, 157, ce mot que je ne trouve pas dans les glossaires semble formé de *diluvium*, déluge.
Demaine, 8, *Demeine*, 24, } taxe, impôt, revenu public.
Département, 58, départ, séparation.
Départir, 121, partir, séparer.
Descendue, 18, descente.
Déservir, 35, 67, mériter.
Deseure, 33, 45, dessus.
Despointier, 180, destituer, supplanter.
Desrigle, 76, dérèglement.
Desrigleté, 75, dérèglement.
Destre, 4, mesure de longueur; à Douai elle était de 33 pouces.
Destroict, 6, 14, 74, resserré, difficile.
Destrousse, 2, faire la destrousse, c'est détrousser, dépouiller.
Deusit, 64, pour *deut*; du verbe devoir.
Dévaller, 16, descendre.
Dispost, 97, despote; titre de souveraineté chez les Grecs du bas Empire.

Doubte, 24, 61, appréhension.
Douze, 50, 59, Doge.

E.

Eauwe, p. 3, eau.
Emmi, 52, 59, dans, parmi.
Emprès, 5, 73, auprès.
Enchachier, 156, chasser, repousser.
Encleng, 83, gauche. Je présume qu'il faut lire, escleng. A l'esclenche, pour dire, à gauche. (Chron. de J. de Wavrin, t. II, p. 152).
Encommenchier, 59, commencer.
Encoste (d'), 15, à côté, par côté, sur le côté.
Enfrumé, 68, enfermé, clos.
Engien, 52, 103, engin, instrument, machine.
Engourie, 123, voir *angourie*.
Enluminer, 125, donner la lumière, la vue.
Entretaillié, 33, 71, ciselé, gravé, sculpté.
Esclitre, 84, éclair.
Esconsant, 77, 155, soleil esconsant; soleil couchant.
Escrinerie, 101, menuiserie.
Esparder, 174, disperser, poser çà et là.
Esquipart, 108, pelle, pioche.
Estache, 47, probablement échasse.
Estapler, 99, mettre des marchandises en vente, à l'étalage.

Estoef, 63, éteuf, petite balle à jouer.
Estoffé, 81, garni, ayant tout son accoutrement.
Estoille journade, 152, étoile du matin.
Estoupper, 134, boucher, fermer.
Estre (en), 175, être en estre; être en état, à usage.
Euvrer, 32, ouvrir.
Euvrer, 24, 102, travailler, ouvrer, fabriquer.
Extime, 5, valeur.

F.

Fallace, 178, tromperie; d'où l'adjectif *fallacieux*.
Feste (à), 177, pour, *au faite*.
Fiertre, 31, châsse, reliquaire.
Flourette, 71, ornement fleuri, fleuron.
Fondicle, 36, bazar; lieu de réunion des marchands.
Fourme, 42, stalle, forme.
Frummer, 103, 140, fermer, enclore.
Frummeté, 30, clôture, enceinte fortifiée.
Frummeture, 30, idem.
Fuste, 57, 80, galère, navire.
Futanne, 199, futaine, étoffe mélangée de coton et de fil.

G.

Gallée, 78, 96, galère, navire.
Galliot, 96, 113, matelot; homme de l'équipage de la gallée.
Gent, 105, 160, gentil, agréable.
Germe, 177, 182, djerm, nom arabe des barques employées sur le Nil.
Godet, 83, écuelle, gobelet.
Gorgiase, 80, magnifique, somptueux, richement paré.
Gratinner, 184, égratigner.
Graynne, 82, drap de graynne; probablement, étoffe à grains.

H.

Hakebute, 81, arquebuse.
Hancque, 85, hanche.
Hatreau, 72, le cou, la nuque.
Hault de pièce, 44, le manuscrit de Valenciennes remplace ce mot par celui de *pectoral*.
Haulx vens, 45, 79, ce mot semble désigner une trompette à son aigu.
Haxe, 14, hache.
Herese, 127, hérétique.
Huisserie, 52, porte, sortie ménagée.

I.

Illec, 5, 56, ici, là.
Inconsutille, 132, sans couture; c'est le mot latin *inconsutilis*.
Issiée, 58, issue.

J.

Jasoit, 16, 86, quoique.
Jenestre, 90, genêt.
Joedy absolut, 42, jeudi saint.
Joincte, 106, jointure.
Joindy, 1, pour *joignit*.
Journel, 165, 175, morceau de terre d'une certaine superficie.
Jus, 133, en bas, au bas, par terre.

K.

Keuvre, 72, cuivre.

L.

Là endroit, 26, 60, là même, en ce lieu.
Léans, 16, 84, là, en ce lieu. On écrivait aussi *layans*.
Lez, 64, côté.
Lettre de pas, 26, passeport.
Librarie, 72, bibliothèque.
Liépars, 164, léopard.
Lieuwe, 1, forme wallonne du mot français, *lieue*.
Lignie, 129, lignée, race.
Longtain, , long.
Longtaineté, 112, longueur, lenteur.
Lucrature, 113, gain, profit, bénéfice.

M.

Magne, 166, manne.
Maisonner, 9, édifier, bâtir une maison.
Malvisée, 101, 145, malvoisie; vin de Malvoisie en Morée.
Marche, 27, frontière, province frontière.
Marescaille, 2, marécage.
Maron, 14, nom donné aux ouvriers et gens de peine du mont Saint-Bernard.
Marquaix ou *marchet*, 31, petite monnaie de billon vénitienne au type du Lion de Saint-Marc.
Mat, 115, fatigué, abattu, triste.
Medin, 150, monnaie turque; elle équivalait à deux sols de France, d'alors.
Mendre, 4, moindre.
Merselle, 31, petite monnaie d'argent vénitienne, prenant son nom du Doge Nicolas Marcello, et pouvant valoir 74 centimes.
Mettre jus, 133, mettre en bas, par terre; descendre.
Montance, 190, le montant, l'importance.
Moucre, 114, c'est le nom qu'on donne aux muletiers et âniers dans le Levant.
Mucher, 61, cacher.
Murdre, 75, meurtre.
Musquée, 165, mosquée.

N.

Nave, 81, navire, nef.

O.

Ongement, 134, 140, onguent, substance pour oindre.
Ord, 153,
Ort, 95, } sale; d'où *ordure*.
Ordene, 126, arrangement, ordonnance.
Ossellement, 165, ossement.
Ostrice, 72, 103, autruche.
Otel, 60, semblable, pareil.
Oyl, 23, 169, oui.

P.

Paelsgreve, 201, *Pfalzgraf*; c'est le mot allemand pour désigner le comte Palatin.
Palle, 61, la salle commune chauffée.
Palmar, 151, je ne trouve point ce mot dans les glossaires; il me parait désigner le cerf ou daim ayant le sommet du bois en *paumure*, c'est-à-dire présentant cinq pointes ou espois disposées comme une main d'homme.
Papegai, 188, perroquet.
Parfait du jour, 166,
» *de la nuit*, 165, } le restant du jour, de la nuit; ce qui l'achève.

Parfont, 15, 98, profond.
Parfrummé, 25, enceint, clos, enfermé.
Partement, 49, 98, départ.
Partisienne, 152, pertuisane, pique, lance.
Paternotre, 192, chapelet.
Pavais, 36, 82, bouclier, écu.
Pel, 183, peau.
Penanchier, 58, pénitencier.
Peneuze sepmaine, 41, la semaine douloureuse, où l'on célèbre la Passion de N.-S. J.-C.
Perron, 86, patron d'un navire; qui le dirige; de l'italien *Padrone*.
Pertruys, 136, pour *pertuis*; trou, ouverture.
Picos, 44, pointe, bâton pointu.
Piecha de, 171, déjà, jadis, précédemment.
Pieur, 55, 157, pire.
Pillot, 37, pieu.
Pillot, 86, pilote.
Platte painture, 33, 43, voir la note 59.
Plenté, 27, 90, quantité, abondance. *Plantureux* en dérive.
Poissance, 150, faire leur poissance, c'est faire leur possible.
Potestat, 29, *Podesta*; c'est le nom italien du premier magistrat municipal.
Pouldre, 180, poussière.
Pourchas, 152, poursuite, recherche, instigation.

Pourmener, 27, 38, promener.
Pourtraict, 118, figuré, dessiné.
Poyée, 30, appui de fenêtre ; balcon, balustrade.
Poyser, 4, peser.
Premiers, 1, 118, premièrement, d'abord.
Prime fache (de), 1, de prime abord.
Pronnier, 27, prunier.
Punage, 161, punaise.

Q.

Quayère, 64, voir *chayère*.
Quenne, 85, cruche, vase. On dit encore en patois, *une quenette de bière*.
Quonquille, 85, coquille, (*conchylium*).
Quoye, 171, calme, tranquille, coie.

R.

Raconsuire, 155, rattraper, recouvrer.
Raddeur, 74, rapidité.
Rade, 37, rapide.
Rader, 205, monnaie allemande. Voir *Wytspenninck*.
Radrechier, 86, redresser, remettre dans le droit chemin.
Rebras, 45, retroussis, rebord d'un vêtement.

Recordation, 76, souvenir, mémoire.
Recueil, 57, accueil.
Regracier, 41, remercier.
Relent, 127, qui sent le moisi. L'auteur emploie adjectivement ce mot que l'usage admet seulement comme substantif.
Remain, 56, 81, reste.
Remanant, 17, idem.
Renoyé, 178, renié, rénégat.
Repaistre, 1, lieu où l'on repait, où l'on mange.
Retenir, 3, 101, entretenir, réparer.
Riglé, 41, régulier.
Robement, 75, vol, larcin.
Rober, 116, 151, dérober, voler.
Robes, 192, bagage, effets. L'italien dit en ce sens, *la roba*.
Roe, 4, 110 ; roue.
Rommenie, 101, vin de Romanie, l'un des districts de la Morée.
Rondeau de pierre, 131, pierre taillée en rond.
Roye, 3, sillon, raie.
Ruer, 114, jeter.
Ryeme, 57,
Ryme, 81, } rame.
Risme, 56,

S.

Sacqueboute, 45, espèce de pique armée d'un croc.

Sacquie, 110, sachée ; plein un sac.

Sacre, 101, nom d'une variété du faucon; plus grande que le pèlerin, mais laide de plumage, et mal empiétée.

Sallade, 81, sorte de casque.

Saudar, 36, soldat.

Saulch Sallenghe, 27, saule marceau; *salix caprœa*.

Sauldoyer, 98, soldat; homme de guerre soldé.

Saunière, 8, endroit où se fait et recueille le sel.

Scippe, 40, esquif, barquette.

Seignourieusement, 30, avec splendeur, magnificence.

Seille, 170, seau, baquet.

Senestre, 119, gauche; par opposition à droite.

Sente, 17, petit chemin, sentier; encore en usage parmi le peuple.

Serpentine, 81, canon sur lequel était une figure de serpent.

Soldin, 114,
Soudiñ, 113, } monnaie turque.

Soller, 160, 184, soulier.

Soubit, 185, subitement.

Soubtille, 96, gallée soubtille ; vaisseau léger.

Sourjon, 155, source ; le manuscrit de Valenciennes écrit, *sourton*.

Soyer, 10, 125, 142, scier.

Soyeur, 10, scieur.

T.

Targe, 36, bouclier.

Targier, 60, tarder.

Tempre, 207, de bonne heure, promptement.

Thude, 51, 143, tudesque, allemand.

Tigurion, 98, chaumière, maisonnette, case; c'est le latin *tugurium*.

Tirer, 7, 20, aller, se rendre en tel lieu.

Tolle, 203, péage, taxe, tonlieu.

Touaille, 184,
Touelle, 174, } toile.
Toulle,

Toudis, 169, toujours, cependant.

Touppier, 62, faire des circuits.

Tourpier, 157, idem.

Tourble, 182, pour *trouble*; cette ancienne forme est selon l'étymologie, *turbare*.

Trac, 2, 152, traite.

Tradition, 141, trahison; action de livrer.

Treluyre, 44, reluire; le patois dit *terluire*.

Treslé, 131, treillissé, garni d'un treillis.

Treu, 123, tribut, impôt.

Trivion, 119, carrefour, c'est le latin *trivium*.

Trousse, 81, carquois.

Truceman, 151, interprète, guide.

U.

Ung petit, 171, un peu, un instant.

V.

Vallue, 25, valeur, prix.
Viaire, 6, visage.
Vierscare, 29, mot flamand consacré pour désigner le tribunal des échevins.
Vieze, 76, vieille.
Vireton, 81, sorte de flèche.
Vironicle, 70, le linge sur lequel, selon la tradition, est empreinte la sainte face de N. S. allant au calvaire.
Voirre, 57, verre.
Voller, 172, chasser au vol, à l'oiseau.

Volsé, 27, 113, voûté, cintré.
Volsure, 113, 141, } voussure,
Vaulsure, 52, } arc d'une voûte, voûte.
Volte, 179, voûte.

W.

Widenghe, 19, 176, sortie.
Widier, 18, 38, quitter, évacuer, sortir.
Wytspennynck, 201, 205, petite monnaie allemande; *wyt*, blanc, *pfenning*, denier : elle représentait environ 25 centimes de notre monnaie, le florin d'or du Rhin valant 6 fr. 50. Le *rader*, blanc à la roue ou blanc au cavalier, monnaie de Mayence, environ 20 centimes.

Index Géographique.

N. B. p. *renvoie au chiffre de la page;* n. *au chiffre de la note.*

A.

Adus,   p. 28,   n. 34,   *L'Adige,* fleuve de l'Italie septentrionale, qui traverse le Tyrol, le Trentin, le Véronais, et se jette dans l'Adriatique.

Aghor,   p. 50,   *Goro,* sur l'une des bouches les plus méridionales du Pô.

Aille,   p. 11,   *Aigle,* petite ville du canton de Vaud, fort ancienne, à 3 lieues de la pointe orientale du lac de Génève.

Aix,   p. 205,   *Aix-la-Chapelle,* ancienne et célèbre ville impériale, dans la province Rhénane; aujourd'hui à la Prusse.

Alle,   p. 24,   n. 32,   lisez *Atte;* l'Adda, rivière de la haute Italie, qui se jette dans le fleuve du Pô.

Allides,   p. 14,   *Liddes,* bourg de 1300 âmes, sur la route qui monte de Martigny au grand S.ᵗ-Bernard.

Ancosne, p. 77,   *Ancône,* port de mer sur l'Adriatique, dans l'État Pontifical.

Archies, p. 3, — *Arcis-sur-Aube*, chef-lieu de sous-préfecture du département de l'Aube : 30 kil. N. de Troyes.

Arragouze, p. 93. — voyez *Sarragouze*.

Artois, p. 146, — ancienne province du nord de la France, dont la capitale était Arras.

Auxonne, p. 7, n. 9, — petite ville forte du département de la Côte-d'Or; à 31 kil. S.-E. de Dijon.

B.

Babilonne, p. 176, n. 164, — ville contiguë à celle du Caire, en Egypte.

Bac à Berry, p. 2, — *Berry-au-Bac*, village de l'arrondissement de Laon, sur l'Aisne, à mi-chemin de Laon à Rheims.

Bachrach, p. 202, — *Bacharach*, petite ville sur la rive gauche du Rhin, à 8 lieues Sud de Coblentz.

Baffa, p. 107, — l'ancienne *Paphos*, sur la côte S.-E. de l'île de Chypre.

Bar sur Sainne, p. 4, n. 4, — *Bar-sur-Seine*, petite ville chef-lieu de sous-préfecture du département de l'Aube; à 35 kil. S.-E. de Troyes.

Barduin, p. 28, — *Bardolino*, sur le côté oriental du lac de Garde, dans la haute Italie. Ce lieu produit d'excellentes figues.

Bars, p. 18, — *Bard*, petite ville du Piémont, dont le fort faillit arrêter Napoléon I.er à la descente du S.t-Bernard; à 6 lieues S.-E. d'Aoste.

Barült, p. 180, }
Barut, p. 110, } *Beyrouth*; l'ancienne Beryte; port de la côte de Syrie.

Behagne, p. 6, — la *Bohême*.

Bellem, p. 28, — station entre Peschiera et Verone, dans la haute Italie, que je ne trouve point sur les cartes.

Berchem, p. 205,	*Bergheim;* à mi-chemin de Cologne à Juliers, sur la rivière d'Erft.
Bernes, p. 11,	*Berne*, ville chef-lieu du grand canton de ce nom, en Suisse.
Betanie, p. 140,	aujourd'hui *El Azarieh*, chétif village à $5/4$ de lieue E. de Jérusalem; c'est là qu'habitait Lazare.
Bethléem, p. 135,	ville de Judée célèbre par la naissance de N.-S. Jésus-Christ.
Binch, p. 178,	*Binche*, petite ville de la province de Hainaut; à 3 l. de Mons. (Belgique.)
Bofalora, p. 22,	*Buffalora*, premier village de la Lombardie en venant de Novarre; sur la rive droite du Tessin.
Bolano, p. 50,	*Volano*, sur l'embouchure la plus méridionale du Pô.
Bonne, p. 203,	*Bonn*, ville de 10,000 âmes sur la rive gauche du Rhin, à 5 lieues S. de Cologne; siége d'une université.
Boulengho, p. 19,	*Bolengo*, village à une lieue et demie E. d'Ivrée, en Piémont.
Boullac, p. 182,	port du grand Caire sur la rive droite du Nil, en Egypte.
Bourg Francq, p. 19,	*Borgo Franco*, dans la vallée de la Dora Baltea, à une lieue N. d'Ivrée, en Piémont.
Bourghe, p. 22,	*Borgo Vercelli*, à une lieue de Verceil, en Piémont.
Boutentro, p. 95,	*Bucentro*, l'ancienne Butronte, sur la côte d'Albanie, au bord d'un petit lac, à peu près en face de Corfou.
Boutrye, p. 11,	*Lutry*, petite ville du canton de Vaud, sur le lac de Genève, à une lieue de Lausanne.
Bresse, p. 26,	*Brescia*, ville considérable de la Lombardie, chef-lieu de province; à 16 lieues E. de Milan.

Brinquant, p. 25,	*Brignano*, village de la Lombardie, entre Cassano et Chiari, au N.-E. de Treviglio.
Brondelo, p. 49,	petite ville à l'une des embouchures de la Brenta dans l'Adriatique.
Bruxelle, p. 200.	*Bruchsall*, ville du grand duché de Bade, sur la Salza; à 5 lieues S. de Heidelberg.
Bruxelles, p. 206,	*Bruxelles*, ville capitale du royaume de Belgique.
Bubarttes, p. 202,	*Boppart*, petite ville sur le Rhin, faisant partie du district de Coblentz.
Burghet, p. 74,	*Borghetto*, bourg de la Sabine sur les confins de l'Ombrie, dans l'État pontifical.

C.

Cabelias, p. 19,	sans doute *Cavaglia*, à l'Est du petit lac de Viverone, dans la province d'Ivrée, en Piémont.
Callengea, p. 54,	le copiste doit avoir ainsi travesti le nom d'*Acqualagna*, sur le Metaure, dans la délégation d'Urbin (État Pontifical).
Cambava, p. 18,	*Chambave*, village de la vallée de la Doire, entre Aoste et Chatillon (Piémont). Ses vins ont quelque célébrité.
Candie, p. 100,	ville chef-lieu de la grande île de ce nom, autrefois *Crète*, dans la Méditerranée : c'est l'ancienne *Heraclea*.
Cantianne, p. 54,	*Canziano*, château élevé sur les ruines de l'ancienne Luccola, entre Cagli et Foligno, dans la délégation d'Urbin. (État Pontifical.)
Carfa, pp. 150, 175,	village à quelques lieues au Sud de Gaza. Serait-ce Rafa?

Cassang, p. 24, — *Cassano*, petite ville de Lombardie, sur l'Adda, entre Milan et Chiari.

Chaalon en Champaigne, [p. 3,] — *Châlons-sur-Marne*, ville chef-lieu du département de la Marne.

Chambelée, p. 8, — *Chamblay*, village du dép.^t du Jura, arrond.^t de Poligny, canton de Villiers.

Chastel en Cambresis, p. 2, — *Le Cateau Cambresis*, ville chef-lieu de canton de l'arrond.^t de Cambrai, dép.^t du Nord.

Chastel Jous, p. 97, n. 81, — ce doit être le château *Navarin*, près Modon, en Morée.

Chastel Noefve, p. 192, — *Castel Nuovo*, entre Trevise et Feltre, dans la Vénétie.

Chastel Rouge, p. 140, — lieu à six milles de Béthanie; les pèlerins modernes ne le nomment point.

Id. pp. 104, 107, n. 90, — *Castel Rosso*, autrement *Casteloryzo*, sur la côte d'Anatolie, entre les sept caps et Myra. J'ai cependant trouvé une indication qui le placerait un peu plus à l'Est, à la pointe du cap Chelidoine. La chronique de J. de Wavrin le met à 60 milles de Rhodes.

Chastel S. Pierre, p. 104, [n. 90,] — aujourd'hui *Boudroun*. Il fut bâti vers 1400 par le Grand-Maître de Rhodes, Ph. de Naillac, sur les ruines mêmes du fameux tombeau de Mausole, près d'Halicarnasse, en face de l'île de Cos. Boudroun dépend de l'Anatolie.

Chastillon, p. 18, — *Châtillon* ou *Castiglione*, entre Aoste et Ivrée, dans la vallée de la Dora Baltea. (Piémont.)

Chastillon sur Saine, p. 5, — *Châtillon-sur-Seine*, ville chef-lieu d'arrondissement, dans le dép.^t de la Côte-d'Or.

Chault, p. 7,	La forêt de Chaux s'étend encore aujourd'hui à l'Est de Dôle jusqu'au départ.¹ du Doubs.
Chillon, p. 11,	château construit dans le lac de Genève, à une lieue Ouest de Villeneuve, en face de la rive Vaudoise.
Chiose, p. 48,	*Chioggia* ou *Chiozza*, île et ville à l'extrémité Sud des lagunes de Venise.
Chisterne (la), p. 116, n. 107.	Je ne retrouve point ce lieu dans les relations modernes qui décrivent la route de Jaffa à Jérusalem.
Cifflenye, p. 97,	*Cephalonie*, l'une des îles Ioniennes.
Cippres, p. 108,	l'île de Chypre, dans la Méditerranée.
Civitas Chastellaine, p. 74,	*Civita Castellana*, petite ville de l'État Pontifical, à 12 lieues N. de Rome.
Clere, p. 9, n. 16,	Les *Clées*, lieu à l'entrée du canton de Vaud, dans la vallée de l'Orbe. Les ducs de Savoye y avaient un château que les Bernois brûlèrent en 1475. Ce village est du cercle de Romain Motier.
Clermont (le chief de) p. 97, n. 79,	le cap Torneze près de Clarenza, sur la côte occidentale de la Morée, en face de Zante.
Cocqualy, p. 26,	*Coccaglio*, village entre Chiari et Brescia, dans la Lombardie.
Comparée, p. 97,	les marins donnaient ce nom à l'île d'Ithaque, aujourd'hui Thiaki, l'une des Ioniennes. (Villamont, livre 2, chap. 4).
Corfou, p. 95,	ville capitale de l'île de ce nom qui est la principale des Ioniennes.
Coron, p. 99,	l'ancienne *Coronis*; ville et port à la pointe Sud-Ouest de la Morée; à l'opposite de Modon.
Costehay, p. 54,	peut-être *Costacciaro*, sur la route de Cagli à Nocera, dans la délégation

d'Urbin (État Pontifical). Mais il faut supposer que Lengherand l'a placé par erreur avant Canziano.

Coullongne, p. 25,   *Cologno*, entre Cassaro et Chiari (Lombardie).

Coullongne, p. 203,   la grande et célèbre ville de Cologne, sur le Rhin.

Courselles,
Coursella, } p. 91,   *Curzola*, ville chef-lieu de l'île de ce nom, sur les côtes de la Dalmatie autrichienne.

Covillie, p. 11,   *Cully*, petite ville du canton de Vaud, à deux lieues S.-E. de Lausanne, sur le bord du lac de Genève.

D.

Dadus, p. 28,   voyez *Adus*.

Damiette, pp. 183, 188,   ville et port de la basse Egypte, sur le bras oriental du Nil.

Datilly, p. 172,   lieu voisin du Caire, de l'autre côté du Nil, et qui ne figure plus sur les cartes.

Dezincela, p. 28,   *Dezensano*, petite ville à 5 lieues Est de Brescia, sur le lac de Garde. (Lombardie.)

Diest, p. 206,   ville du Brabant méridional, sur la Demer. (Belgique.)

Digion, p. 7,
Digon, p. 6, } Dijon, ancienne capitale de la Bourgogne, chef-lieu du département de la Côte-d'Or.

Dolle. p. 7, n. 9,   *Dôle*, ville chef-lieu d'arrondissement dans le département du Jura.

Donas, p. 19,   bourg de la vallée d'Aoste. (Piémont.)

Doronis, p. 198,   ce lieu, voisin et à l'Est de Meran, en Tyrol, n'est pas inscrit sur la carte.

— 265 —

Douz, p. 8,	le *Doubs*, rivière qui donne son nom à l'un de nos départements de l'Est, prend sa source dans le Jura, et se jette dans la Saône.

E.

Emaulx, p. 117,	*Emaüs;* c'est probablement Kariath El Enab, nommé par les Européens S. Jérémie, à 3 lieues de Jérusalem, sur la route de Jaffa : d'autres le placent plus à l'Est entre S. Samuel et Jérusalem.
Esclavonie, pp. 75, 90,	grande province de l'empire autrichien, entre la Hongrie et la Croatie : Essek en est la capitale. Ce nom jadis s'étendait à la plupart des pays à l'Est de l'Adriatique.
Espine (l'), p. 74,	*Spina*, village au Nord-Est de Spolette (État Pontifical).
Espolette, p. 55, *Spolette*, p. 74,	*Spolette*, ville d'Ombrie et chef-lieu de délégation; à 26 lieues Nord de Rome. (État Pontifical).
Esselin, p. 200,	*Esslingen*, sur le Neckar, ancienne ville libre, aujourd'hui chef-lieu de grand-bailliage dans le royaume de Wurtemberg; à 3 lieues Nord-Est de Stutgard.
Estroibelet, pp. 16, 17,	*Etrouble*, village sur la route qui descend du mont St-Bernard à Aoste.
Evrea, p. 19,	ce ne peut être que Viverone, village et lac de la province d'Ivrée (Piémont).

F.

Fainghe, p. 200,	*Vachingen*, petite ville du royaume de Wurtemberg.

Famagouste, p. 110, l'ancienne *Arsinoé :* ville à peu près ruinée sur la côte orientale de l'île de Chypre.

Feltre, p. 196, ville de la province de Bellune, dans la Vénétie; à 17 lieues Nord-Ouest de Venise.

Fillix, p. 199, *Vils*, bourg non loin de la frontière du Tyrol et de la Bavière, vers la jonction de la Vils et du Lech.

Folligne, p. 55, *Foligno*, ville épiscopale à mi-chemin d'Ancone à Rome. (État Pontifical).

Fontaines, p. 6, village où naquit saint Bernard, près de Dijon, département de la Côte-d'Or.

Fossade, p. 54, *Fossato*, village sur la route de Cagli à Foligno. (État Pontifical.)

Fosson, p. 49, *Fossone*, à l'embouchure de l'Adige dans l'Adriatique.

Fournaise, p. 49, lieu un peu au Sud de Fossone.

Freminago, p. 54, *Fermignano*, à 3 milles Sud d'Urbino. (État Pontifical.)

G.

Gado, p. 54, *Gualdo*, lieu sur la route de Cagli à Foligno. (État Pontifical.)

Gallilée, p. 123, n. 118, un des sommets de la montagne des Oliviers.

Garda, p. 28, bourg de la haute Italie, sur le bord oriental du lac de Garde, auquel il a donné son nom.

Gazera, pp. 146, 149, l'ancienne Gaza, la célèbre capitale des Philistins : elle compte encore 5,000 habitants.

Gazopo, p. 94, *Kassopo*, l'ancienne Cassiopée ; sur la côte orientale de l'île de Corfou.

Gente, p. 97, *Zante*, l'une des îles Ioniennes.

Ghesselin, p. 200,	*Geislingen*, ville du royaume de Wurtemberg, dans le cercle du Danube, sur le Rohrach.
Ghilenghin, p. 191,	*Ghislenghien*, village du Hainaut, entre Ath et Enghien. (Belgique.)
Ghuyse, p. 2,	*Guise*, ville chef-lieu de canton de l'arrondissement de Vervins, dép.ᵗ de l'Aisne.
Grantson, pp. 9, 10,	*Granson*, petite ville du canton de Vaud, sur le bord du lac de Neufchâtel, célèbre par la défaite du duc Charles-le-Téméraire, en 1475.
Gyet, p. 5,	*Gyé-sur-Seine*, canton de Mussy, arrond.ᵗ de Bar-sur-Seine, dép.ᵗ de l'Aube.
Gyon, p. 176,	nom donné au fleuve du Nil. Une tradition en vogue supposait qu'il était un des quatre du Paradis terrestre.

H.

Hasselt, p. 206,	ville de la province de Limbourg (Belgique), sur le Demer, à 5 lieues N.-O. de Maestricht.
Haulx, p. 207,	*Hal*, petite ville à 4 lieues S.-O. de Bruxelles. (Belgique).

J.

Jaffe, *Japha,* pp. 110, 113,	*Jaffa*, l'ancienne Joppé; ville et port à 13 lieues N. de Jérusalem.
Jarre, p. 87,	*Zara*, capitale de la Dalmatie autrichienne, ville forte et port. On disait autrefois *Jadera*.
Jerico, pp. 138, 139,	aujourd'hui Richa, pauvre village qui a remplacé la célèbre Jericho, prise par les trompettes de Josué.

Jérusalem, pp. 117, 145,   la ville sainte, capitale de la Judée.
Jette, p. 116,   *Gath* (Geth dans la Bible), patrie de Goliath, l'une des cinq villes des Philistins.
Joingne, p. 9,   *Jougue*, bourg du canton de Mouthe, arrond.ᵗ de Pontarlier, département du Doubs.
Jou, p. 9, n. 14,   *Joux*, forteresse à une lieue de Pontarlier.
Jourdain, p. 138,   célèbre fleuve de la Palestine, qui se jette dans la mer Morte.
Jous, p. 97,   voir *Chastel Jous*, et la note 81.
Juillers, p. 205,   *Juliers* (en allemand Gülich), jadis capitale d'un duché, aujourd'hui chef-lieu de cercle dans la régence d'Aix-la-Chapelle (Prusse).

K.

Kaire, p. 192,   *Quero*, lieu sur la route de Trevise à Feltre, non loin de cette dernière ville. (Vénétie.)
Kayre (le), pp. 175, 178,   *Le Caire*, capitale de l'Egypte.
Kempe, p. 199,   *Kempten*, ville du royaume de Bavière, sur l'Iller, dans le cercle du haut Danube.
Keppin, p. 200,   *Gepping*, ville du royaume de Wurtemberg, sur la Vils, à 9 lieues Est de Stutgard.

L.

Loye (la), p. 7,   *Loye*, village du canton de Montbarrey, arrondissement de Dole, dép.ᵗ du Jura.
Laluet, p. 8,   *La Loue*, rivière qui se jette dans le Doubs, près de Molay, dép.ᵗ du Jura.

Langho, p. 102, 104, n. 86,	aujourd'hui *Stanco* ; l'ancienne Cos ; une des îles de l'Archipel.
Lassara, pp. 9, 10,	*La Sarraz,* bourg du canton de Vaud, à 2 lieues S. d'Orbe, et à 4 lieues N.-O. de Lausanne.
Lendecque, p. 198,	*Landeck,* lieu dans la vallée de l'Inn. (Tyrol.)
Lermues, p. 199,	*Lermoos,* même situation.
Lescarpento, p. 102,	*Skarpanto,* l'ancienne Carpathos, île de la mer Égée, entre Candie et Rhodes.
Lesqueche, p. 54,	probablement *Scheggio,* sur la route de Cagli à Nocera, dans l'Etat Pontifical. Mais il faut supposer que Lengherand l'a mis par erreur avant Canziano.
Lestrée, p. 3,	*Lettrée,* hameau situé entre Bussy-Lettrée et Dammartin-Lettrée, arrond.ᵗ de Châlons, dép.ᵗ de la Marne.
Levier, p. 8,	chef-lieu de canton de l'arrond.ᵗ de Pontarlier, dép.ᵗ du Doubs.
Levigho, p. 197,	*Levico,* bourg du Tyrol, près du petit lac du même nom, à 5 lieues S.-E. de Trente, et à la naissance de la vallée de la Brenta.
Lezena, p. 90,	*Lesina,* petite ville chef-lieu de l'île du même nom, sur les côtes de la Dalmatie autrichienne.
Lidia, p. 115,	*Lidda,* aujourd'hui *Loud,* célèbre par le miracle de saint Pierre, et comme lieu natal de saint Georges, ce martyr si populaire en Orient; à 5 l. S.-E. de Jaffa.
Lignart, p. 28,	d'après les indications de Lengherand le bourg qu'il nomme ainsi ne peut être que Peschiera, petite ville forte bâtie sur le Mincio à sa sortie du lac de Garde.

Limechon, p. 107, — *Limisso*, l'ancienne *Amathonte*, ville sur la côte S.-E. de l'île de Chypre.

Lintz, p. 203, — petite ville sur la rive droite du Rhin, à 6 lieues N.-O. de Coblentz.

Liquarquy, p. 102, — *Karki*, l'ancienne *Chalcé*, îlot à l'Ouest de Rhodes.

Lolendola, p. 28, — ce lieu qui devait être au Sud du lac de Garde, près Dezensano, ne figure plus sur la carte.

Louvain, p. 206, — ville du royaume de Belgique, sur la Dyle, siége d'une célèbre université.

Lozanne, p. 10, — *Lausanne*, ville chef-lieu du canton de Vaud, sur le lac de Genève.

Lozanne (le lac de), p. 10, — autrement le lac Léman et de Genève.

Lutore, p. 11, — ce nom évidemment défiguré désigne la Tour du Peil, petite ville faisant suite à Vevey, sur le lac de Genève.

Lyesse, p. 2, — *Notre-Dame de Liesse*, canton de Sissone, arrond.ᵗ de Laon, dép.ᵗ de l'Aisne.

Lyzo, p. 90, — sans doute *Lissa*, l'une des îles qui bordent la Dalmatie autrichienne, et où la sardine abonde.

M.

Machy Mory, p. 172, — ce nom, peut-être estropié par Lengherand, ne se trouve plus sur les cartes des environs du Caire en Egypte. Le ms. de Val. porte Mathuneri.

Mainbaka, p. 50, — *Magnavacca*, petit port sous Comachio dans le Ferrarais (État Pontifical.)

Margaire, pp. 191, 193, — *Malghera*, à l'entrée des lagunes de Venise du côté de Mestre.

Marle, p. 2, — petite ville sur la rivière de Serre ; chef-lieu de canton de l'arrond.ᵗ de Laon, dép.ᵗ de l'Aisne.

Martelengo, p. 23, — *Martinengo*, petite ville de Lombardie, entre Cassano et Chiari.

Matharie (la), p. 172, — *El Matarieh*, à 2 lieues N.-E. de la ville du Caire, en Egypte.

Maugentain, p. 22, — *Magenta*, bourg à l'entrée de la Lombardie, sur la route de Novarre à Milan, que vient d'illustrer la bataille du 4 juin 1859.

Mayence, p. 202, — ancienne capitale de l'électorat de ce nom, à la jonction du Mayn et du Rhin.

Mech (la), p. 170, *Mecque* (la), p. 172, — *La Mecque*, capitale du Hedjaz, dans l'Arabie, célèbre par le grand pèlerinage des Musulmans.

Meminghe, p. 199, — *Memminghen*, ville du royaume de Bavière, dans le cercle du bas Danube; bâtie sur l'Iller, à 11 lieues S.-E. d'Ulm.

Melion Mapan, p. 100, — il est probable que Lengherand désigne ainsi le Magne, long promontoire de la Morée terminé par le cap Matapan. Aura-t-il mal saisi la prononciation du mot Magne, ou bien ouï nommer le village de Milias qui regarde cette côte au-dessus de Koutouphari? La relation du sire de Caumont écrite en 1418, dit: *le chief de Maley Matapan* (p. 40). Celle de Miribel dit: *Mellion Mapan*.

Merrant, p. 198, — *Meran*, petite ville du Tyrol, au confluent de la Passeyer et de l'Adige.

Mertigny, p. 13, n. 21, — *Martigny*, petite ville du Valais, au confluent de la Dranse et du Rhône.

Mestre, pp. 39, 191, 193, — bourg à l'entrée des lagunes de Venise par la route d'Allemagne.

Millan, pp. 23, 24, — la grande et célèbre ville de Milan, capitale de la Lombardie.

Modon, p. 98, ville et port à la pointe Sud-Ouest de le Morée, à l'opposite de Coron. C'est l'ancienne Methone.

Mons, p. 1, ville capitale de la province de Hainaut. (Belgique).

Montagu, p. 2, n. 1, *Montaigu*, canton de Sissone, arrondissement de Laon, département de l'Aisne.

Monte Flore, p. 53, *Montefiore*, près de la vallée de la Conca qui aboutit à la Cattolica, sur l'Adriatique. (État Pontifical.)

Monte Halte, p. 19, *Montalto*, villlage à une lieue Nord d'Ivrée, en Piémont.

Monte Rotonde, p. 74, *Monte Rotondo*, petite ville sur la rive gauche du Tibre, au Nord-Est de Rome.

Mont Jouet, p. 18, petit village sur la route d'Aoste au mont S.ᵗ-Bernard.

Morant, p. 37, n. 41, *Murrano*, l'une des îles de Venise.

Morat, p. 9, ville au bord du lac de ce nom. Elle appartient au canton de Fribourg en Suisse.

Mordion le Petit, p. 3, ce nom ne se trouve point sur les cartes, ni dans les descriptions de la Champagne. D'après la situation, il est évident que c'est Mourmelon-le-Petit, canton de Suippe, arrondissement de Châlons-sur-Marne, à mi-chemin de Rheims à Châlons.

Mourée, p. 97, n. 79, 80, la *Morée*, l'ancien Peloponèse, grande presqu'île formant la partie méridionale du royaume de Grèce.

Mussy l'Evesque, p. 5, *Mussy-sur-Seine*, chef-lieu de canton, arrond.ᵗ de Bar-sur-Seine, dép.ᵗ de l'Aube.

N.

Nazareth, p. 9,	lieu dans le Jura ; inconnu. Voir la note 14 bis.
Nazareth, p. 199,	*Nassereit*, dans le Gurglthal, au Nord-Ouest de Landeck (Tyrol).
Nergne, pp. 55, 74,	*Narni*, petite ville dans la Délégation de Spolette. (État Pontifical.)
Neufchastel, p. 10,	ville chef-lieu du canton de ce nom en Suisse.
Nevorya, p. 22,	*Novarre*, ville chef-lieu de province en Piémont, à 12 lieues Ouest de Milan.
Nicossie, p. 109,	*Nicosie*, ville capitale de l'île de Chypre.
Nissery, p. 102,	*Nissari*, anciennement Porphyris, et aussi Nissyrus ; île de l'Archipel, en face du cap Crio, ayant des eaux thermales et de nombreuses traces d'éruptions volcaniques.
Nistilbancq, p. 199,	*Nesselwang*, bourg du royaume de Bavière, dans le cercle du haut Danube, sur la Wertach.
Nochera, p. 54,	*Nocera*, petite ville dans la Délégation de Spolette. (État Pontifical.)
Nodris, p. 198,	*Naturns*, dans la vallée de l'Adige, à l'Ouest de Meran. (Tyrol.)
Noldris lez le Mont p. 198, S. Nicolay,	*Nauders*, bourg au Nord duquel est le Nicolaus Mauer. (Tyrol, vallée de l'Inn).
Nuisse, p. 18,	*Nuz*, village dans la vallée de la Doire, entre Aoste et Châtillon. (Piémont).

O.

Openem, p. 202,	*Oppenheim*, ville sur le Rhin, à 4 l. S.-E. de Mayence.

Orbin, p. 53,	*Urbino*, ville chef-lieu de la Délégation de ce nom dans l'État Pontifical. Lors du passage de Lengherand, le grand peintre Raphaël venait d'y naître.
Orchilles, p. 14,	*Orsières*, bourg sur la route de Martigny au grand S.ᵗ-Bernard.
Orguart, p. 25,	*Urguano*, village au Nord et tout près de Cologno, dans les environs de Treviglio, en Lombardie.
Ospital (l'), p. 197,	*Ospedaletto*, village sur la Brenta, à 10 lieues Est de Trente.
Oste, p. 17,	*Aoste*, ville chef-lieu de province, dans la vallée de la Doire. (Piémont.)
Ostrevant, p. 146,	on donnait ce nom à une petite contrée renfermée entre les rivières de la Scarpe, de la Sensée et de l'Escaut, dont Bouchain était le chef-lieu. Elle dépendait du Hainaut.
Oulme, p. 199,	*Ulm*, ville importante du royaume de Wurtemberg, sur la rive gauche du Danube, au confluent de l'Iller et de la Lauter.
Ourmes, p. 202,	*Worms*, ville sur la rive gauche du Rhin, à 12 lieues S.-E. de Mayence.

P.

Padua, pp. 30, 37,	*Padoue*, ville chef-lieu de province, sur la Brenta, à 8 lieues Ouest de Venise.
Parence, p. 86,	*Parenzo*, petite ville et port sur la côte d'Istrie, en face de Chioggia.
Pathmos, p. 104,	*Patmo*, la plus septentrionale des îles Sporades, dans l'archipel Grec.
Pezero, p. 77,	*Pesaro*, p. 77, ville chef-lieu de la Délégation d'Urbin, à l'embouchure

Pierrepont, p. 2,   de la Foglia, dans l'Adriatique. (État Pontifical.)
bourg du canton de Marle, sur la petite rivière de Serre, à 6 lieues de Laon, dép.ᵗ de l'Aisne.

Pissevache, p. 13,   célèbre cascade formée par le ruisseau de la Sallanche, non loin de Martigny en Valais.

Polisy, p. 5,   village au bord de la Seine, canton de Mussy-sur-Seine, dép.ᵗ de l'Aube.

Poloveryne, p. 75,   *Polverino*, lieu à quelque distance Sud Ouest de Tolentino, dans la Délégation de Macerata (Etat Pontifical).

Ponce, p. 198,   *Pfunds*, dans la vallée supérieure de l'Inn (Tyrol).

Pontarly, p. 9,   *Pontarlier*, ville chef-lieu d'arrond.ᵗ dans le dép.ᵗ du Doubs.

Pontay, p. 26,   *Pontoglio*, village sur l'Oglio, à 6 l. Ouest de Brescia (Lombardie).

Poth, p. 18,
Pocq, p. 28,   Le fleuve du Pô, qui arrose l'Italie septentrionale, et se jette dans l'Adriatique.

Premare, pp. 51, 78,   *Primaro*, petit port sur l'Adriatique, à 5 lieues Nord de Ravenne (État Pontifical).

Pusuol, p. 102,   *Pouzzole*, dans le voisinage de Naples : tout près se trouve la célèbre Solfatara.

Pyveron, p. 19,   *Piverone*, village à 3 lieues Est d'Ivrée (Piémont).

Q.

Quaille, p. 54,   *Cagli*, petite ville dans la Délégation d'Urbin (État Pontifical).

Quaquenau, p. 189, n. 172,   *Cacamo*, sur la côte méridionale de l'Anatolie ; à l'Est de Myra.

Querquy, p. 104,   *Karki*, l'ancienne Chalcé, îlot à l'Ouest de Rhodes.

Quirindon, p. 107, n. 94,   *Chelidoines* ou *Scheliden Adassi*; groupe de trois îlots en face du cap de ce nom sur la côte d'Anatolie.

R.

Rakanart, p. 75,   *Recanati*, petite ville dans la Délégation de Macerata, à 2 lieues S.-O. de Lorette (État Pontifical).

Rains, p. 3,   *Rheims*, archevêché, et chef-lieu d'arrond.ᵗ du département de la Marne.

Rames, p. 114, n. 106,   *Ramleh*, ville qu'on croit l'ancienne Arimathie, à l'extrémité de la plaine de Saron, route de Jaffa à Jérusalem.

Ravynes, pp. 52, 77,   *Ravenne*, ville à l'embouchure du Montone dans l'Adriatique; chef-lieu de Légation dans l'État Pontifical.

Rens, p. 203,   *Rhense*, bourg sur le Rhin à 2 lieues Sud de Coblentz.

Revolcela, p. 28,   *Rivoltella*, entre Dezensano et Peschiera, près du lac de Garde (Lombardie).

Ricoyer, p. 146,   station entre Bethléem et Gaza, dont le nom, probablement défiguré par Lengherand, ne figure point sur les cartes de la Palestine. Le ms. de Valenciennes écrit *Ricours*.

Rodes, p. 102, n. 89,
Roddes, p. 104,   *Rhodes*, grand île de la Méditerranée, près des côtes de l'Asie Mineure, qui fut pendant 210 ans le siége de l'Ordre depuis appelé de Malte.

Roitpos, p. 19,   sans doute *Ropoli*, à l'Est du petit lac de Viverone, dans la province d'Ivrée (Piémont).

Rolanzette, p. 203,	*Rolandseck,* sur la rive gauche du Rhin, au Nord de Coblentz.
Romant, p. 25,	*Romano,* village entre Cassano et Chiari (Lombardie).
Romme, pp. 57-73,	la célèbre ville de Rome, séjour du Pape.
Roménie, p. 97, n. 80,	*La Roumélie.* Cette dénomination a beaucoup varié dans son objet. Au xv.e siècle elle désignait plutôt les contrées au Nord du golfe de Lépante.
Rudessem, p. 202,	*Rudesheim,* bourg sur la rive droite du Rhin, à 6 lieues Ouest de Mayence, renommé pour ses vins.
Ryme, pp. 53, 77,	*Rimini,* ville de la Délégation de Forli, à l'embouchure de la Marechia dans l'Adriatique (État Pontifical).

S.

S.ª Agatha, p. 19,	probablement Santhia, bourg situé sur le chemin de fer de Turin à Novarre, entre Chivasso et Verceil. (Piémont).
S. Archangele (Le chief de) [p. 100,]	c'est le cap Malée, autrement Santo Angelo, qui forme l'extrême pointe Sud-Est de la Morée.
S. Bernard (Mont), pp. [14, 17,]	célèbre montagne des Alpes, où se trouve l'un des passages les plus fréquentés de Suisse en Italie.
S. Branchier, pp. 13, 14,	bourg, le premier à la montée du St. Bernard, venant de Martigny.
S. Forin, p. 11,	*S. Saphorin,* sur le lac de Genève, à 3 lieues Est de Lausanne.
S. Germain, pp. 19, 20,	*S. Germano,* bourg à 3 lieues Ouest de Verceil (Piémont).
S. Lienart, p. 198,	ce lieu, indiqué à 6 lieues Nord de Trente dans la vallée de l'Adige,

	n'est pas inscrit sur la carte. C'est probablement le village de S^t. Paul.
S. Marie de Lorrette, p. 75,	Lorette, petite ville sur la côte Est de l'Adriatique, célèbre par son pèlerinage ; à 5 lieues d'Ancône.
S. Maurisse, pp. 11, 12,	S. Maurice, petite ville, la première du Valais en venant du canton de Vaud ; avec une célèbre abbaye.
S.^{a} Maurra, p. 97,	l'île Ste-Maure, anciennement Leucade, une des Ioniennes.
S. Nicolay du Bar, p. 189,	Bari, ville principale de la Pouille, au royaume de Naples ; ainsi nommée à cause des nombreux pèlerins qu'y attirait le tombeau de S. Nicolas.
S. Pierre, p. 14,	bourg, sur la montée du S^t. Bernard, venant de Martigny.
S. Remy, pp. 15, 16,	bourg, à la descente du S^t. Bernard, vers Aoste.
S. Rennon, p. 28,	probablement S^t. Zeno, dans les environs du lac de Garde (haute Italie).
S. Saine, p. 5,	S. Seine, abbaye de Bénédictins, aujourd'hui chef-lieu de canton dans l'arrond.^{t} de Dijon (Côte d'Or).
S. Venedigo, p. 100,	petite île en face du cap Gallo, à la pointe Est de la Morée. C'est l'ancienne Theganusse, aujourd'hui Venetico.
S. Vincent, p. 18,	village ayant des sources minérales, dans la vallée de la Doire, entre Aoste et Verrex (Piémont).
Sallines, p. 107,	petit port de l'île de Chypre, au Sud, non loin du cap Gatto.
Sallins, p. 8,	Salins, ville chef-lieu de canton dans l'arrondissement de Poligny, dép.^{t} du Jura.
Sallo, p. 28,	petite ville au fond d'une baie du lac de Garde, en Lombardie.

Sansiau, p. 5,	*Chanceaux*, arrond.' de Semur, canton de Flavigny (Côte-d'Or).
Santers, p. 146,	*Le Santerre*, portion de la Picardie, fertile et bein cultivée. Péronne en est la ville principale.
Sarone, p. 116, n. 105,	ville peu éloignée de Lydda, en Palestine ; citée dans le verset 55 du chap. IX des Actes des apôtres. Elle n'existe plus.
Sarragouse, p. 92, n. 75,	*Raguse,* ville sur la côte de Dalmatie ; jadis indépendante, maintenant à l'Autriche.
Sathalie, p. 107,	*Satalie* ou *Adalie*, au fond du golfe de ce nom, dans la province de Kutaieh (Anatolie), est l'ancienne Attalie. C'était au moyen-âge une des plus importantes Echelles de l'Asie mineure.
Saynne, p. 4,	le fleuve de la Seine, qui passe à Paris.
Scalle (le), p. 196,	*Scala*, sur la rive gauche de la Brenta, entre Feltre et Trente (Vénétie).
Sept Eglises, p. 198,	je ne trouve, correspondant à cette situation, que Tschengels, entre Meran et Nauders (Tyrol).
Septowiton, p. 19,	*Settimo Vittone*, bourg dans la vallée de la Doire, à 2 lieues Nord d'Ivrée (Piémont).
Seringho p. 100,	*Cerigo*, l'ancienne Cythère, la plus méridionale des îles Ioniennes.
Silloé, pp. 125, 141,	nom d'une vallée qui touche à Jérusalem.
Sinay, pp. 158, 166,	montagne d'Arabie célèbre par la promulgation de la loi de Moyse.
Sonne, p. 7,	la rivière de Saône, qui se jette dans le Rhône, à Lyon.
Souelz, p. 170,	*Suez*, ville d'Egypte au Nord de la mer Rouge.

Spiere, p. 201,   *Spire,* célèbre ville épiscopale, sur la rive gauche du Rhin, aujourd'hui à la Bavière.

Spolette, p. 74,   voir *Espolette.*

Subgello, p. 54,   *Sigillo,* sur la route entre Cagli et Foligno. (État Pontifical).

Surie, p. 179,   la *Syrie,* pays qui forme le côté Est de la Méditerranée.

Sybeny, p. 89,   *Sebenico,* ville de la Dalmatie autrichienne, sur l'Adriatique, à l'embouchure de la Kerka.

T.

Tallent, p. 6,   village près de Dijon, département de la Côte-d'Or.

Tarce, p. 104,   *Tarsous,* sur le fleuve Cydnus que les Turcs nomment Karasou. Elle est dans le pachalik d'Adana (Anatolie). Voir la note 90.

Tergne, pp. 55, 74,   *Terni,* ville sur la Nera, dans la Délégation de Spolette. (État Pontifical).

Termine, p. 198,   *Tramin,* sur la rive droite de l'Adige, entre Meran et Trente. (Tyrol).

Terra, p. 28,   probablement *Torri,* village sur la rive orientale du lac de Garde (haute Italie).

Thezin, pp. 22, 24,   le *Tessin,* rivière qui part du S^t. Gothard et se jette dans le Pô à Pavie.

Toulentine, p. 75,   *Tolentino,* petite ville dans la Délégation de Macerata, sur le Chienti. (État Pontifical).

Thour (port de la), p. 172,   *El Thor,* petite ville et port sur la rive droite du golfe de Suez, au-dessous du Sinaï.

Tour de la Confine, p. 28,   *Torre del Confinio,* à l'entrée du Veronais, venant de Brescia.

Trente, p. 197,	ville du Tyrol, sur l'Adige, célèbre par le dernier Concile général.
Treth sur Meuse, p. 206,	*Maestricht*, capitale du Limbourg. (Pays-Bas).
Trevise, p. 191,	ville de la Vénétie, chef-lieu de province ; à 8 lieues N.-O. de Venise.
Trevy, p. 24,	*Triviglio*, bourg de la province de Bergame; à 8 lieues E. de Milan.
Triculy, pp. 55, 74,	*Otricoli*, bourg à 14 lieues Nord de Rome, dans la Délégation de Spolette.
Troyes, p. 4,	ancienne capitale de la Champagne, à présent chef-lieu du dép.^{t} de l'Aube.

V.

Vadan, p. 8,	*Vadans*, canton d'Arbois, arrond.^{t} de Poligny, dép.^{t} du Jura.
Val de Suzon, p. 6,	village du canton de S. Seine, arrond.^{t} de Dijon, dép.^{t} de la Côte-d'Or.
Vallenchiennes, p. 1,	*Valenciennes*, ville chef-lieu d'arrond.^{t} dans le dép.^{t} du Nord.
Vauldrey, p. 8,	*Vaudrey*, canton de Montbarrey, arrond.^{t} de Dole, dép.^{t} du Jura.
Vaulx (le pays de), p. 12,	Le pays de Vaud, formant aujourd'hui l'un des cantons Suisses ; chef-lieu, Lausanne.
Venise, pp. 32-48, 78-85,	La célèbre ville de Venise, sur l'Adriatique.
Verachs, p. 18,	*Verrex*, bourg dans la vallée de la Doire, à 7 lieues Nord-Ouest d'Ivrée (Piémont).
Verdun, p. 10,	*Yverdun*, petite ville du canton de Vaud, à la pointe méridionale du lac de Neufchâtel.
Véronne, p. 28,	ville considérable de la haute Italie, sur l'Adige, à 25 l. O. de Venise.

Verseilles, p. 20,	*Verceil*, ville du Piémont, sur la Sesia, à mi-route de Turin à Milan.
Versianne, p. 74,	lieu sur la route de Spolette à Tolentino. (État Pontifical).
Vesvet, p. 11,	*Vevey*, ville du canton de Vaud, sur le lac de Genève.
Vicence, p. 50,	ville chef-lieu de province dans la Vénétie, sur le Bacchiglione, à 15 l. N.-O. de Venise.
Villefrance, p. 18,	*Villefranche*, village dans la vallée de la Doire, un peu au Sud d'Aoste. (Piémont).
Villeneufve, p. 8,	*Villeneuve d'amont*, canton de Levier, arrond.ᵗ de Pontarlier, départ.ᵗ du Doubs.
Villenove, p. 10, *Villeneufve*, p. 10, *Villenoefve*, p. 11,	*Villeneuve*, bourg du canton de Vaud, à l'extrémité orientale du lac de Genève.
Viterbe, p. 74,	ville chef-lieu de Délégation dans l'État Pontifical, à 15 lieues N.-O. de Rome.

Y.

Yvories, pp. 18, 19,	*Ivrée*, ville chef-lieu de province, sur la Doire, à 8 lieues N. de Turin. (Piémont).

Z.

Zacharies, p. 146,	*Sakarieh*, village au S.-O. de Bethléem.
Zania, p. 149,	lieu sur les confins de l'Egypte et de l'Arabie ; les cartes ne l'indiquent point.
Zeleduc, p. 5, n. 7,	*Aizey-le-Duc*, maintenant Aizey-sur-Seine, canton et arrond.ᵗ de Châtillon-sur-Seine, dép.ᵗ de la Côte-d'Or.

Table Alphabétique.

N. B. p. *renvoie au chiffre de la page;* n. *au chiffre de la note.*

A.

ACHELDAMACH,	champ acheté des 30 deniers de Judas, pp. 125, 141.
ALEXANDRE III, pape,	tradition sur son séjour à Venise, pp. 46, 80, n. 44.
Ambassade,	des Bressans vers les Vénitiens, p. 29; — du prêtre Jehan vers le Soudan, p. 186.
Arabes,	leur costume, p. 152; — leurs exigences, pp. 152, 156, n. 161.
ARROUSSE,	femme tenue pour sainte par les musulmans, p. 169.
Arsenal,	de Venise, p. 81.
Autruche,	à Rome, p. 72; — à Rhodes, p. 103.

B.

BALTASAR,	serviteur de Loys de Rechberg, p. 143.
BAUDE LE CLERC,	curé à Mons, p. 207,
BAUDEVILLE (Mons.ʳ de)	maréchal de Bourgogne et possesseur de Neufchâtel, p. 10, n. 18.

Baume, comment il est recueilli, p. 173 ; — son origine miraculeuse, p. 174.

Beauchamp (Mons.ʳ de) vend le château de Gyé, p. 5,

Beauraiges (Jehan de) associé au sire de Commercy pour dévaliser la duch. de Bourgogne, p. 2.

Bernard, maréchal au pays du duc de Stettin, pèlerin du mont Sinaï, p. 143.

Bonne, fille du roi de Bohême, et femme de Jean roi de France, p. 6.

Bousledon (Bernard), second de la gallée pèlerine de Pierre Landre, p. 84 ; — accompagne à Nicosie la mère de la reine de Chypre, p. 108 ; — brutal envers un pèlerin anglais, p. 109 ; — cadeau qu'il reçoit de la reine de Chypre, p. 110.

Boussart (Ghuyot), chevalier, s.ʳ de Mursay, pèlerin du mont Sinaï, p. 143 ; — tue un oiseau dans le désert, p. 168.

Broudehans, compagnon du maréchal Bernard pour le voyage du Sinaï, p. 143 ; — tombe malade le second jour, et est ramené au mont de Sion, p. 146.

Bugentor, Bucentaure ; barque de cérémonie du Doge, p. 79.

Burghet (David), pèlerin rencontré à Noldrys, par Lengherand, p. 198.

C.

Calis, trucheman de S.ᵗᵉ-Catherine, loge plusieurs pèlerins à Jérusalem, p. 117 ; — dirige le voyage au Sinaï, p. 147 ; — sa mauvaise foi, p. 148.

Cambe (Guillaume, dit de la Roque), serviteur de Ghuyot Boussart, pèlerin du mont Sinaï, p. 143.

CAMP DE DIEU, cimetière contigu à S.ᵗ-Pierre du Vatican, p. 71.

Cardinal de Reconart,	p. 58, n. 51.
Cargent,	mameluc chargé d'amener les pèlerins au Caire, p. 175.
Castrum mali consilii,	maison de Caïphe, pp. 135, 141, n. 124.
Catacombes	de S.t-Sébastien, à Rome, p. 62.
Catherine (Sainte),	traditions à son sujet, p. 109, n. 96; pp. 164, 165; — huile de son tombeau, p. 166, n. 158.
Cérémonial,	pour la réception des ambassadeurs au Caire, p. 185; — pour le Doge de Venise, pp. 45, 78.
Chartreux	de Dijon; leur église, p. 6.
Château	du Soudan au Caire, pp. 176, 178; — de Marthe, près Béthanie, p. 140.
Chasteau Gyon (Mons.r de)	ses possessions en Franche Comté, pp. 8, 9, n. 13.
Chiens	gardant le chastel S.t-Pierre, p. 104, n. 90.
Chrétiens,	dits de la ceinture, p. 113, n. 98-99; — combien de sortes de chrétiens à Jérusalem, p. 127, n. 127.
Cloches	du beffroi, à Troyes, p. 4,
Collart le Beghin,	de Mons, fait chevalier du S.t-Sépulcre, p. 36; — son écusson à Venise, pp. 35, 36; — son nom écrit chez les Cordeliers de Parence, p. 87; — sur un tombeau à Nicosie, p. 110; — en une église du Caire, p. 179, n. 68.
Commarsy (Le s.r de),	dévalise la duchesse de Bourgogne, p. 2, n. 1.
Contarin (Augustin),	capitaine d'une gallée, part de Venise, p. 84; — est rencontré à Candie, p. 100; — à Rhodes, p. 102; — à Limechon, p. 107; — à Jaffa, p. 110; — défend les pèlerins devant Messieurs de Venise, p. 194, n. 66.

COUILLON (Bertelmieu),	capitaine des Vénitiens, p. 25; — sa succession recueillie par la République, p. 25; — ses armoiries, p. 25, n. 33; — son hôtel à Brescia, p. 27.
CROCQUEVILLAIN (Arnoul),	compagnon de voyage de Lengherand, p. 1; — se sépare de lui à Milan, p. 24.
Croix du bon larron,	p. 108.

D.

DELEBORGNE AGACHE,	prêtre de Mons, rencontré à Noldrys par Lengherand, p. 198.
DENTIERS (Jérome),	compagnon de voyage de Lengherand, p. 1.
DERBAN (Le s.ʳ),	rend le château de Jou, p. 9, n. 14.
Désert,	où baptisait saint Jean, p. 138; — où jeuna Jésus-Christ, p. 139, n. 140; — où sainte Marie Egyptienne fit sa pénitence, p. 139.
DIERIC VAN BEEST DIERYCXSONE,	Hollandais, pèlerin du mont Sinaï, p. 143.
DINSY (Ghuy),	le sire d'Inchy, propriétaire du château de Vauldrey, p. 8, n. 10.
Division des apôtres,	où elle se fit, p. 129.
Doge de Venise,	sa présence à S. Marc, pp. 39, 44, 45, 78; — pompe qui l'entoure, pp. 45, 78; — épouse la mer, p. 79.
DUFORT (Guillaume),	prêtre de Dijon, admis à l'audience du Pape avec Lengherand, p. 58.

E.

EDELIN (Pietre),	cuisinier du comte de Virnenbourg et de Loys de Rechberg, p. 143.
Egiptiens,	auprès de Modon, p. 98, n. 85.

Eglise	de *Ara Celi*, à Rome, p. 72.
	des Chartreux, à Dijon, p. 6; — des Chartreux, à Venise, pp. 48, 84.
	des Cordeliers, à Padoue, p. 31,
	des Croisetiers, à Venise, pp. 48, 83.
	du mont de Sion, à Jérusalem, p. 129.
	de Notre Dame, à Bethléem, p. 155; — à Jérusalem, p. 125, n. 125; — à Lorette, p. 76, n. 60; — à Milan, p. 24; — à Rheims, p. 5.
	de Ste-Anne, à Jérusalem, p. 120.
	de Ste-Croix des Georgiens, p. 157; — de Ste-Croix, à Rome, p. 68.
	de St-Jean de Latran, à Rome, p. 63.
	de St-Laurent, à Rome, p. 67.
	de St-Marc, à Venise, p. 32.
	de Ste-Marie Majeure, à Rome, p. 68.
	de St-Paul, à Rome, p. 60.
	de St-Pierre du Vatican, à Rome, p. 69.
	de St-Sauveur des Arméniens, à Jérusalem, p. 128.
	de St-Sébastien, à Rome, p. 61.
	de St-Zacharie, à Venise, pp. 48, 84.
	des Quarante Saints Martyrs, au Sinaï, p. 163.
	du St-Sépulcre, à Jérusalem, p. 131.
	du St-Sépulcre de N.-D., à Jérusalem, p. 121, n. 117.
	du Sinaï, p. 160.
	des Trois Rois, à Cologne, p. 205.
Epine	fleurissant à Rhodes le vendredi saint, p. 106, n. 95; — dont fut couronné N.-S. pp. 157, 167, n. 159.
ESCHIENNET (Monsr d'),	Gaucher de Dinteville, s.^r des Chenets, propriétaire du château de Polisy, p. 5, n. 5.

Etienne (Saint),	lieu de son martyre, p. 120, n. 116; — où fut trouvé son corps, p. 129.
Evrard (Johannes),	chantre à S.t-Marc de Venise, p. 32; — Lengherand logé chez lui, p. 32.

F.

Femmes	du Caire et de Damiette, pp. 180, 184; — de Rhodes, p. 105; — de Venise, pp. 47, 80; — de Verone, p. 29.
Figuier	de Pharaon, p. 173.
Fontaine	Acrie, p. 168; — Aduphrin, p. 168; — Alssine, p. 153; — d'Elisée, p. 139, n. 141; — Elmarzabeth, p. 152; — Gagerot, ou du Soudan, p. 170; — Gerondel, p. 168, n. 160; — Golemmosse ou de Moyse, p. 169; — Hierkat, p. 156; — Lequedaire, pp. 157, 166; — Magemaque, p. 155; — Moylehat, p. 167; — Sequey, p. 156; — de N.-D. hors de Jérusalem, p. 142, n. 144; — de N.-D. en Egypte, p. 173, n. 162.
Franchois (Messire),	chapelain du cardinal de Recanati, p. 58; — entend la confession de Lengherand, p. 59.

G.

Garennes	de rats, p. 152.
Gavardin,	grand trucheman au Caire, loge les pèlerins revenant du Sinaï, pp. 179, 182.
Gazelle,	consul du Soudan à Jérusalem, loge une partie des pèlerins, p. 117; — ses exigences envers eux, p. 145.

Georges (Saint),	lieu de son martyre, p. 116, n. 103.
Gomgnies (Jehan de),	son nom écrit sur un rocher au Sinaï, p. 165.
Gouffre	de Sathalie, p. 107.
Grégoire (Saint),	pape, enterré à Ste-Marie Majeure, p. 69, n. 57.
Greniers	de Pharaon, p. 117, n. 165.
Grotte	de l'agonie de N.-S., p. 121.
Gyé (Le maréchal de),	acquiert le château de ce nom, p. 5, n. 6.

H.

Habacuc,	prophète, lieu où il fut enlevé par l'ange, p. 135.
Hancs,	serviteur de Jehan duc en Bavière, p. 143.
Hélène (Sainte),	Impératrice; sa chapelle à Jérusalem, p. 132, n. 134; — son corps à Venise, p. 47.
Helye,	prophète; lieu de sa naissance, p. 135; — souvenirs de lui au Sinaï, p. 162.
Hilarius,	pape, p. 68, n. 56.
Hôpital,	au mont St-Bernard, p. 17; — à Jérusalem, pp. 117, 126, n. 108; — à Rhodes, p. 102, n. 88.
Hostel,	des frères de Sion à Rames, p. 115.
Huile	du tombeau de Ste-Catherine, p. 166, n. 158.

I.

Indiens,	autrement Abyssins, p. 118, n. 110.
Isabeau de Portugal,	femme de Philippe-le-Bon, duc de Bourgogne, dévalisée par le sire de

	Commersy, p. 2, n. 2; — inhumée aux Chartreux de Dijon, p. 6.
ISAYE,	prophète; lieu où il fut scié et enseveli, pp. 125, 142.

J.

JACOBZONE (Claes),	pèlerin du mont Sinaï, p. 143.
JACQUES LE MAJEUR (Saint),	lieu où il fut décollé, p. 135.
JACQUES LE MINEUR (Saint),	lieu où il se cacha, p. 124; — son vœu, n. 122.
Jardin	du baume, p. 173, n. 161 bis; — Burquet, p. 172; — d'Olivet, p. 122; — du Sinaï, p. 163, n. 154.
JEHAN BAPTISTE (Saint),	lieu où il naquit, p. 137; — où il fut caché, p. 137; — où il baptisait, p. 188.
JEHAN L'EVANGELISTE (S.ᵗ),	lieu où il chantait messe à la sainte Vierge, p. 128; — où il laissa ses habillemens, p. 128.
JEHAN,	duc en Bavière, pèlerin du mont Sinaï, p. 143, n. 145; — ne peut supporter la route, et revient mourir au mont de Sion, p. 148.
JEHAN,	duc de Bourgogne : son tombeau chez les Chartreux de Dijon, p. 6.
JEHAN,	voyez *Prêtre*.
JÉROME (Saint),	son chef à S.ᵗᵉ-Marie Majeure, p. 69; sa sépulture à Bethléem, p. 135; — son monastère, p. 139; — a composé les messes du rit Esclavon, p. 88.
JOACHIM (Saint),	sa maison, pp. 120, 144; — repoussé du Temple, p. 138, n. 139.
JORDAIN (Le comte de),	propriétaire de plusieurs châteaux en Piémont, p. 19, n. 26.

JUDAS,	apôtre; sa maison, lieu où il se pendit, p. 125, n. 123.
JUDAS,	juif qui concourut à l'Invention de la vraie Croix, p. 132, n. 135.

L.

LANDRE (Pierre),	capitaine de la gallée pèlerine sur laquelle navigua Lengherand, p. 84; n. 65; — la quitte à Raguse, p. 93; — est fils du patriarche de Candie, p. 101.
LASSARRA (Monsg.r de),	seigneur de la ville de ce nom, p. 9, n. 15.
LAWE (Jean),	vicaire de Ghislenghien, chapelain de Jean de Northeode, rencontré à Venise par Lengherand, p. 191.
LAZARE,	lieu de sa résurrection, p. 140.
Légendes,	sur sainte Catherine, pp. 110, 164, 166; — sur Constantin, pp. 63, 65, 66; — sur la sainte Famille en Egypte, pp. 173, 174, 179; — sur saint Jacques le Mineur, p. 124, n. 122; — sur saint Joachim, p. 138, n. 139; — sur la sainte maison de Lorette, p. 75, n. 60; — sur saint Maurice, martyr, p. 12; — sur un prêtre non en état de grâce, p. 71; — sur le pape saint Silvestre, pp. 59, 63; — sur le Sinaï, pp. 161, 162, 164.
LENGHERAND,	auteur de cette relation. Détails sur lui et sa famille, p. VIII; — part de Mons, p. 1; — rejoint ses compagnons de voyage à Valenciennes, p. 1; — ses émotions au passage du mont Saint-Bernard, pp. 15, 17; — dans une

tempête à Venise, p. 41; — il change son itinéraire, p. 20; — ses fatigues dans le trajet de Venise à Rome, pp. 51, 53; — se sépare de ses compagnons pour gagner Rome, p. 56; — y arrive par le Tibre, p. 57; — va à l'audience du Pape, p. 57; — se confesse et fait les stations de Rome, pp. 59 et suiv.; — boit de l'eau de la piscine probatique, p. 144; — se sépare de ses compagnons du Sinaï à Quaquenau, p. 189; prend congé de ses deux compagnons anglais à Diest, p. 206; — s'arrête à Haulx (Hal), et y rencontre plusieurs Montois, p. 207; — rentre à Mons, p. 207.

LORRAINE (Monsg.r de), occupe les châteaux voisins d'Aigle, p. 11, n. 19.

LUCAS (Messire), évêque de Sebenico, nonce à la cour de Bourgogne, p. 89, n. 72.

M.

MACOMMET, *Mahomet*, fondateur de l'Islamisme: digression à son sujet, p. 181, n. 167.

Maison, d'Anne, p. 127; — de Caïphe, p. 127; — d'Hérode, p. 119; — de Joachim, p. 144; — de Jacob, p. 135; — de Judas, p. 125; — de Marie Madeleine, p. 140; — du mauvais riche, p. 119; — de Pilate, pp. 119, 144; — de saint Siméon, p. 137; — de Simon le lépreux, p. 140; — de Véronique, p. 118; — de Zacharie,

	p. 157; — où s'arrêta N.-D. en Egypte, p. 173.
Mallquin (Melchior),	natif du Hainaut, chapelain du patriarche de Venise, p. 43.
Mamelus,	en Egypte, p. 180; — leur tyrannie envers les chrétiens, p. 178; — envers les Mores, p. 180.
Marguerite de Bavière,	femme de Jehan duc de Bourgogne; son tombeau à Dijon, p. 6.
Mathias (Saint),	lieu où il fut élu, p. 129.
Menton (Messire Georges),	ancien propriétaire du château de Lausanne, p. 10, n. 17.
MER MORTE,	p. 159.
MER ROUGE,	p. 170; — conte sur sa formation, p. 185; — endroit ou passèrent les Israélites, p. 171.
Monissart (Jean),	évêque de Tournay et maître d'hôtel du Pape, p. 57, n. 49; — introduit Lengherand près du Pape, p. 58; — lui donne à souper, p. 59.
Mont	Abacorba, p. 157; — d'Olivet, p. 122; — Oreb, pp. 159, 164; — Sinaï, pp. 159, 161, 163; — de Sion, pp. 125, 127; — S.-Bernard, p. 14; — manière de le franchir, p. 15; — difficultés du trajet, pp. 15, 16; — réception à l'hospice, p. 16.
Mores,	leurs danses deshonnêtes, p. 174; — sont exclus de toutes fonctions, p. 180.
Moyse,	souvenirs de lui au Sinaï, pp. 158, 160, 162, 163, 165, 166; — à Babillonne, p. 176.
Murailles,	de Padoue, p. 58; — de Rhodes, p. 103.

N.

Nicolas de Toulentine (S.t)	son bras conservé à Tolentino, p. 75, n. 59.
Nil,	détails sur ce fleuve, pp. 182, 183, 185, 188; — serpens crocodiles, pp. 182, 185, n. 168.
Northeode (Jehan de),	noble anglais, rencontré à Venise par Lengherand, p. 191.

O.

Obyt (Le seigneur d'),	conduit un détachement de troupes papales à Viterbe, p. 74.
Offre (Saint),	pénitent au Sinaï, p. 163; n. 155.

P.

Palais,	du Pape à Rome, p. 72; — de la Seigneurie à Venise, pp. 54, 80; — de la ville, à Brescia, p. 27; — à Padoue, p. 30.
Pasquier Bringot,	hôtelier à Mordion-le-Petit, p. 3.
Pélage (Sainte),	pénitente au mont d'Olivet, p. 125, n. 119.
Pharaon,	où il se tenait lors de la persécution des Juifs, p. 176; — où était son palais, p. 177.
Philippe-le-Hardi,	duc de Bourgogne; son tombeau chez les Chartreux de Dijon, p. 6.
Philippe-le-Bon,	duc de Bourgogne; élevé au château d'Aizey le Duc, p. 5, n. 7; — démolit le château de Montaigu, p. 2, n. 1; — fait faire la tour de Bourgogne à Rhodes, p. 104, n. 92; — fonde un repas pour les pèlerins de Terre Sainte, p. 126; — fonde l'hô-

	pital du mont de Sion à Jérusalem, n. 102; — y envoie une chapelle de bois, p. 130; — son tombeau chez les Chartreux de Dijon, p. 6.
Philippe de Poictiers,	chevalier, propriétaire du château d'Arcys-sur-Aube, p. 3; — et du château de Vadan, p. 8, n. 3.
Pierre (Saint),	lieu où il renia, p. 128; — où il se souvint, p. 128; — où il pleura, p. 126, n. 126.
Pierre,	angulaire, p. 125; — d'Helie, p. 342; — de Moyse, pp. 150, 165, 166; — des tables de la Loi, p. 162; — d'où parlait J.-C., p. 124; — où il se reposa en allant au Calvaire, p. 118; — fermant le S.ᵗ-Sépulcre, p. 128; — où se pâma N.-D., p. 119; — où reposait N.-D., p. 124; — où trépassa N.-D., p. 129; — d'où l'Ange parla aux Maries, p. 134.
Piscine,	probatique, p. 144, n. 149; — de Siloé, pp. 125, 142.
Poisson	dans le Nil, semblable à un homme, p. 183, n. 168.
Porte dorée,	à Jérusalem, p. 122.
Portugal,	voyez *Isabeau*.
Prêtre Jehan,	souverain d'Abyssinie, p. 185, n. 171; — son ambassade vers le Soudan, pp. 185, 188.
Puits,	pour conserver les grains, p. 151.

R.

Rechberg (Loys de),	pèlerin du mont Sinaï, p. 143, n. 147.
Reliques,	à Dijon, p. 7, n. 8; — à S.ᵗ-Maurice en Valais, p. 12; — à S.ᵗ-Marc de Venise, p. 42; — à S.ᵗ-Nicolas, *ibid.*,

p. 85; — à St-Georges et St-Sauveur, *ibid.*, p. 85; — à St-Etienne et Ste-Lucie, *ibid.*, p. 81; — chez les Croisetiers de Venise, p. 83; — chez les Cordeliers de Padoue, p. 31; — à St-Jean de Latran, à Rome, pp. 64, 65; — à Ste-Croix, *ibid.*, p. 68; — à Ste-Marie Majeure, *ibid.*, p. 69; — à Zara, p. 88; — à Nicosie, p. 109; — à Rhodes, p. 106; — au mont Sinaï, pp. 160, 165; — au Caire, p. 179; — à Cologne, p. 205; — à Corfou, p. 95.

Robert (Messire),	capitaine des Vénitiens, p. 53, n. 47.
Roche,	fendue en la vallée de Siloé, p. 142.
Romont (Monsr de),	ses villes rachetées par le duc de Savoye, p. 12, n. 20, 26.

S.

St Genois (Arnoul et Nicolas de),	compagnons de voyage de Lengherand, p. 1; — partent avec lui pour le Sinaï, p. 142; — obligés de revenir à Jérusalem, p. 148; — détails sur leur famille, p. x.
Salines	en Chypre, p. 108, n. 95.
Serpent	dont les ravages font déserter la ville de Gazopo, p. 94.
Silvestre (Saint),	pape; traditions à son sujet, pp. 59, 63, n. 52.
Simon (Saint),	enfant martyrisé par les Juifs de Trente, p. 197, n. 175.
Spiridion (Saint),	son corps à Corfou, p. 95, n. 77.
Stations,	à Bethléem et entours, p. 135 et suiv.; — à Jérusalem, p. 118 et suiv.; — à Rome, p. 59 et suiv.

Statue,	d'Antenor à Padoue, p. 51, n. 58; — dans la cour de S.t-Jean de Latran, p. 66.

T.

TABIA,	servante des apôtres, p. 114, n. 100.
TIBAULT (Messire),	pèlerin allemand, meurt de fatigue à Rames, p. 115.
Tir	à Venise, p. 82.
Tombeaux,	d'Absalon, p. 124; — de David, pp. 120, 130, n. 129; — d'Isaïe, pp. 125, 142; — de S.t-Jérome, p. 135; — de JÉSUS-CHRIST, p. 134; — de Lazare, p. 140; — de NOTRE-DAME, pp. 121, 127; — de Rachel, p. 135; — des ducs de Bourgogne à Dijon, p. 6; — des Scala à Verone, p. 29, n. 35.
Tordoirs à huile,	nombreux à Troyes, p. 4.
Tour de Bourgogne,	à Rhodes, p. 104, n. 92.
TOURETTES (Guy de),	prêtre, écolâtre de Saintes, pèlerin du Sinaï, p. 143.
TOURNEMINE (François de),	seigneur de la Guerche, écuyer d'écurie du duc de Bretagne, pèlerin du Sinaï, p. 143, n. 148.
Trivion,	à Jérusalem, p. 119.
Trésor	de Venise, pp. 42, 44, n. 43.

V.

Val	de Josaphat, pp. 120, 126.
VAULDRÉ (Messire Olivier de),	propriétaire du château de Vauldré, p. 8, n. 11.
VERNENBURCH (Guillaume de),	pèlerin du mont Sinaï, p. 143, n. 146; — malade dans le désert, p. 154.

Vienne (Messire Philippe de),	sa maison près de Vadan, en Franche-Comté, p. 8, n. 12.
Vierge (La sainte),	sa maison transportée à Lorette, p. 75, n. 60; — souvenirs d'Elle à Jérusalem, pp. 118, 119, 120, 121, 122, 123, 124, 125, 126, 128, 129, 131, 142, 144; — à Bethléem, pp. 136, 137; — en Egypte, pp. 175, 178, 179.
Vinchant (Gilles),	son nom trouvé chez les Cordeliers de Parence, p. 87; — à Raguse, p. 93; — à Venise, p. 36; — lieu de sa mort dans le désert, p. 169.

Z.

Zacharie,	prophète, fils de Barachée; lieu de sa sépulture, p. 124.

TABLE DES MATIÈRES.

	PAGE	
Introduction		V.
Itinéraire	»	XVI.
Récit de l'auteur	»	1-207.
Notes et éclaircissements	»	209.
Glossaire	»	246.
Index géographique	»	256.
Table alphabétique	»	281.

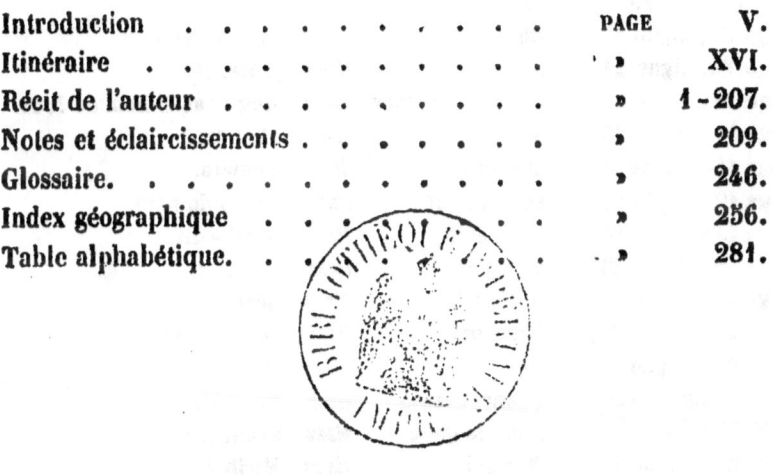

Errata.

Page 1, ligne 2,	Languerand	*lisez*	Lenguerand.
Page 16, ligne 15,	requeroit	*lisez*	requieroit.
Page 19, ligne 12,	Yvoric	*lisez*	Yvorie.
Page 23, ligne 8,	malletes	*lisez*	mallettes.
Id. Id.	toutte	*lisez*	touttes.
Page 58, ligne 25,	de Racanart	*lisez*	de Recanart.
Page 82, ligne 27,	jour	*lisez*	jours.
Page 97, ligne 30,	ung chastel sous	*lisez*	ung chastel nommé Jous.
Page 111, ligne 12,	actendant	*lisez*	attendant.
Page 114, ligne 20,	moncre	*lisez*	moucre.
Page 127, ligne 2,	en y a neuf	*lisez*	en y a de neuf.
Page 143, ligne 18,	Cambedit	*lisez*	Cambe dit.
Page 150, ligne 28,	chargiez	*lisez*	chargier.
Page 164, ligne 14,	déchassier	*lisez*	déchasser.
Page 210, ligne 13,	Faucourt	*lisez*	de Jaucourt.
Page 214, ligne 16,	dè	*lisez*	di.
Id. lignes 9 et 22.	Buoncouvento	*lisez*	Buonconvento.
Page 226, ligne 10,	après le golfe	*lisez*	avant le golfe.
Page 230, ligne 11,	Mirabel	*lisez*	Miribel.
Page 231, ligne 11,	en Callilée	*lisez*	en Gallilée.
Page 231, ligne 22,	page 122	*lisez*	123.
Page 277, ligne 4,	bein	*lisez*	bien.

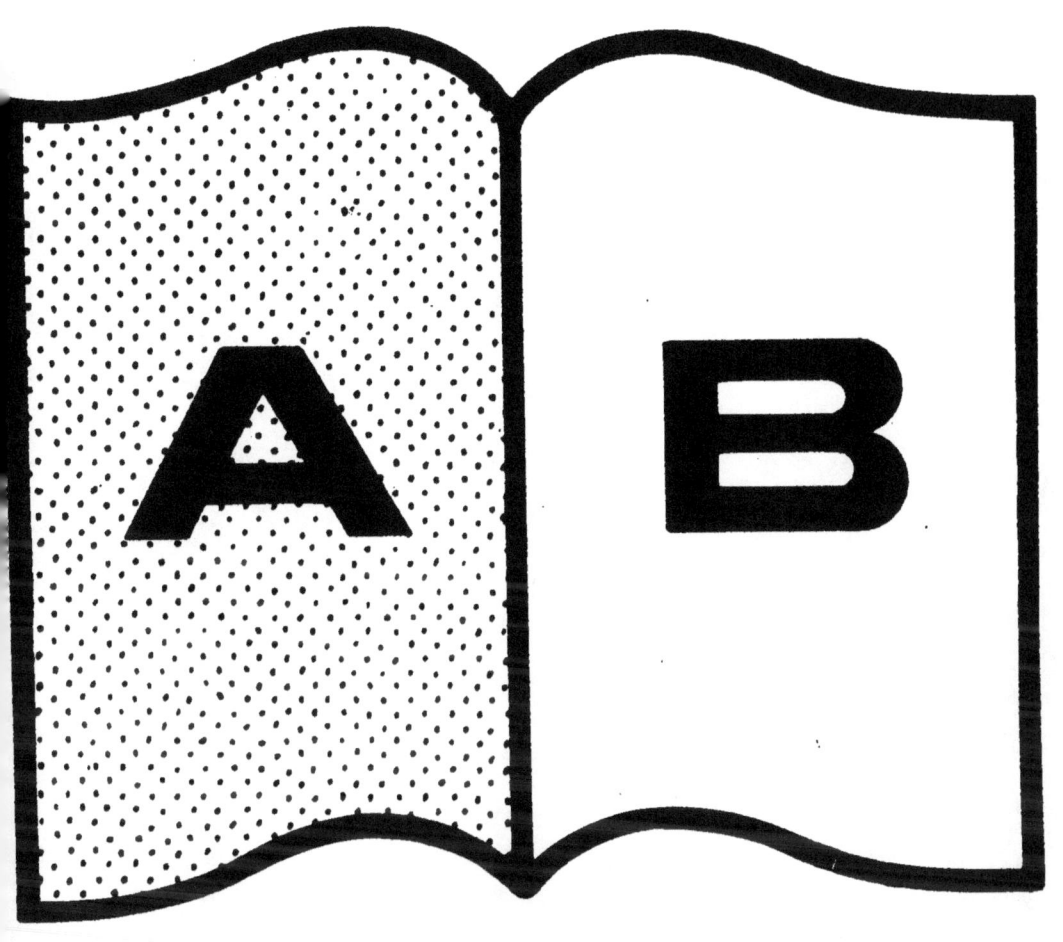

Contraste insuffisant

NF Z 43-120-14

www.ingramcontent.com/pod-product-compliance
Lightning Source LLC
Chambersburg PA
CBHW071511160426
43196CB00010B/1484